KB007377

공부머리의 발견

사교육&학군지 고민 전 반드시 확인해야 할
4가지 공부 역량

공부머리의
발견

심정섭 지음

거인의 정원

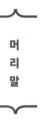

머
리
말

내 아이를 정확히 파악하는 것이 입시 정보보다 중요하다

엄마의 정보력이 자녀 입시의 성공을 좌우한다는 이야기가 많다. 이 말처럼 좋은 정보를 갖추고 아이에게 좋은 학군과 좋은 학원이라는 환경을 만들어 주면 좋은 입시 결과가 나올 것 같다. 그런데 그 '정보'라는 것이 무엇인지 찬찬히 살펴보면 대부분 학원과 학교, 학군에 관한 정보다. 구체적으로 말하면 어느 유치원에 가고, 어느 사립초등학교에 가고, 어느 학원에 가서 어느 선생님의 지도를 받아, 어느 특목고나 자사고에 가고, 어떤 과목은 어느 학원 어느 선생님께 배우고, 최종적으로 어디서 수시, 정시 컨설팅을 받아 어느 대학에 지원했더니 이런저런 입시 성과가 난다는 정보다. 그리고 이렇게 입시정보에 목을 매는 학부모들은 원하는 대학, 원하는 학과에 갈 수 있는 어떤 표준화된 경로가 있다고 '착각'한다.

현실적으로 대치동으로 상징되는 명문 학군에서는 매년 의대, 서울대 합격자가 쏟아져 나온다. 이런 모습을 보면 남들이 하는 대로 이른바 표준화된 경로에 들어가야만 내가 바라는 입시 성과가 나올 것 같은 착각에 더 쉽게 빠져든다. 그런데 조금만 이성적으로 생각하면 표준화된 경로를 밟았다고 해서 다 입시 성과가 좋지는 않다는 것을 알 수 있다.

그런 식이라면 대치동에 일찍 들어와 사교육을 많이 받은 아이들은 다 좋은 대학에 가야 할 것이고, 우리나라 상위권 대학 정원이 꽉 차 자리가 없으면 그 아이들이 전 세계 유수 대학을 다 석권해야 하는 게 아닐까? 필자가 《강남에서 서울대 많이 보내는 진짜 이유》라는 저서에서 말했듯이 대치동의 입시 성과가 좋은 것은 대치동 학원이 잘 가르쳐서라기보다, 좋은 입시 자원들이 계속해서 대치동으로 들어오기 때문이다. 그래도 대치동에서는 무언가 특별하게 아이들을 가르치지 않느냐고 반문할 수 있다. 하지만 지금은 인터넷을 통해 대치동 최고 강사의 동영상 강의를 자기 집에서 언제든지 보고 들을 수 있는 시대다. 이제 내가 대치동에 못 가는 바람에 좋은 강의를 못 들어 원하는 대학에 못 갔다는 변명을 할 수 없게 되었다.

필자가 대치동에서 20여 년간 입시지도를 하며 많은 아이를 가르쳐본 결과, 대치동이 실적을 내는 구조는 다음과 같았다. 만약 대치동의 명문 고등학교에서 Top 10위권 대학 진학 이상의 입시 성적을 낸 학생들이 100명이라면 이 중 20~30%는 대치동에서 영어 유치원부터 시작해 학원, 학교에 다닌 아이들이다. 나머지 70~80%는 초등 고학년 내, 중학교 때 심지어는 고등학교 때 대치동으로 진학 와서 입시 성과를 내주는 이른바 외부 입시 자원이다. 이 학생들의 대부분은 원래 지역에 있었더라도 수시 교과나 학생부 전형을 통해 어느 정도 입시 성과를 냈을 것이다. 하지만 여러 가지 불안 심리나, 특목고 또는 자사고가 안 되었을 때 갈 만한 일반고가 없다는 고민 등으로 자꾸 대치동으로 오게 된다.

엄밀히 말하면 대치동 유치원에서 시작한 아이들 가운데 절반 이상은 평범 또는 그 이하의 입시 성적을 내고, 오히려 경쟁이 심한 곳에서 학교와 학원에 다니며 자존감만 계속 떨어질 수 있다. 비싼 돈 내고 영·유아 대상 영어 학원(영어 유치원)을 다니고도 수능 영어 시험에서 3~4등급 이하를 받을 수도 있고, 대치동에 있는 전국 100위권 일반고를 다니고도 Top 30위권 대학에 입학하지 못하는 입시 결과를 받아 들 수 있다. 똑같은 학원에 다녀도 상위 10~15%는 그 학원 명성을 높여주는 입시 결과를 내지만 대다수 학생은 그 학원에 다닌 목표와 동떨어진 결과를 받아들여야 한다.

아이들이 행복하지 않고 슬프기만 한 경쟁

이런 경우 염려되는 것은 경쟁이 심한 학군지 중·하위권 아이들의 정신 건강이다. 지금까지 필자는 대치동과 목동 등의 명문 학군에 살면서 성적이 잘 안 나오는 아이들 가운데 회복탄력성 검사(KRQ-53) 점수가 평균 이상인 아이들을 한 번도 본 적이 없다. 만점이

265점이고 한국인 평균이 195점인데, 이런 아이들의 점수는 대부분 170점대 이하다. 그리고 이는 비단 학군지만의 문제는 아니다.

OECD 회원국의 2021년 어린이·청소년 행복지수에서 우리나라는 79.5로 조사 대상 22개국 가운데 꼴찌를 기록했다. 이는 인지 능력이 부족한 아이들에게 초·중·고 12년 동안 계속 문제지 푸는 공부를 시킬 때 나오는 행복지수라고 할 수 있다. 상위권 국가는 네덜란드, 노르웨이, 스페인, 오스트리아, 덴마크, 그리스, 아이슬란드, 스웨덴, 스위스였다.

《평균의 종말(The End of Average)》을 쓴 하버드 대학교의 토드 로즈(Todd Rose) 교수는 아이들에게 표준화되고 획일화된 경로를 강요하지 말고, 자신만의 경로를 찾게 도와주자고 말한다. 이를 '경로의 법칙(pathways principle)'이라고 하는데 A에서 B로 가는 길이 하나만 있지 않으니, 아이가 자신에게 맞는 길을 찾도록 도와주자는 내용이다.

그러면 아이에게 맞는 길을 어떤 근거로 찾을 수 있을까? 이 책은 바로 그런 근거가 될 수 있는 중요한 4가지 검사 도구를 제시한다. 바로 공부머리 테스트, 다중지능 검사, 회복탄력성 검사, DiSC 검사다. 공부머리 테스트는 아이가 최대한 노력해서 문제지 푸는 공부를 했을 때 어느 점수까지 올라갈 수 있는지를 보여 준다. 다중지능 검사는 아이의 강점 지능과 약점 지능을 파악하고 어떤 진로와 교육 로드맵을 택해야 하는지를 알려준다. 회복탄력성 검사는 이른바 아이의 '멘탈'과 정신력, 마음 근력 상태를 확인하고 역시 자기에게 맞는 학교를 선택하거나 입시 전략을 세울 수 있게 도와준다. 마지막으로 DiSC 검사는 아이의 행동 성향을 파악해 자신에게 맞는 진로 계획과 학습 전략을 세울 수 있게 해준다. 공부머리 테스트는 앞서 말했듯 좁은 의미로는 성적 향상 정도를 알아볼 수 있는 시험 문제지의 오픈북 테스트를 말하며, 이 4가지 검사를 총칭하기도 한다. 이 책의 각 장에서는 각각의 테스트나 검사의 자세한 방법과 해석 그리고 구체적인 상담 사례를 정리했다.

우리 아이들은 저마다 타고난 재능과 주어진 환경에 대응하며 생긴 기질과 성향을 지니고 있다. 그리고 아이마다 현재 가진 근성과 마음 근력 수준이 다르다. 아이들의 이런 고유성을 무시하고 무조건 더 '노력'하라고 주문하는 대신, 아이들에게 맞는 공부와 진로를 찾기 위해 좀 더 합리적이고 이성적으로 판단하는 데 이 책이 조금이나마 도움이 되었으면 좋겠다.

이 책은 단순히 한 번 읽고 흘려보내는 책이 아니다. 책의 내용을 내 것으로 만들려면 책에서 소개한 검사를 실제로 해보고, 우리 아이 교육에 적용해 봐야 한다. 그리고 뜻을 같이하는 가정과 함께 읽고, 과연 필자의 말이 맞는지 토론하며 지속적으로 실천하면 더 좋겠다. 아무쪼록 이 책을 통해 우리 가정만의 교육 중심을 단단히 잡고, 아이가 행복한 교육을 실천하는 가정이 한 가정이라도 더 나오길 소망한다.

2023년 여름 심정섭

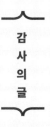

학군과 사교육에 지나치게 의존하는 부모님들이 자주 하는 착각 중 하나는 모든 아이가 좋은 환경에서 열심히 노력하면 시험 성적이 오를 거라고 생각하는 것이다. 하지만 여기서 빠진 중요한 전제는 모든 아이가 다 문제지 푸는 공부를 잘할 수 있는 인지 능력을 가지고 있지는 않다는 점이다. 특히 그 공부가 열심히 노력해서 몇 점 이상을 넘으면 되는 절대평가가 아니라, 1에서 9등급으로 상대평가 등급을 매기고 그 등급에 따라 대학이 결정되는 경쟁적인 공부라면 이미 승자와 패자는 결정되어 있다고 볼 수 있다. 그리고 우리 아이가 이 문제지 푸는 경쟁에서 상위 11%의 2등급에 들지, 혹은 상위 23%의 3등급에 들지, 아니면 더 많은 비율의 하위 그룹에 들지는 조금만 상식적으로 사고하면 쉽게 알 수 있다.

이런 현실에서 자기가 원하는 대학에 갈 수 있는 상위 등급 아이들뿐 아니라, 하위 등급 아이들도 문제지 푸는 공부 이외에 자신의 강점을 기르며 미래를 준비할 수 있도록 다양하게 교육해야 하는데 이게 쉬운 일이 아니다. 오히려 시간이 갈수록 입시와 사교육 경쟁이 더 일찍 시작되고 치열해지며 시대의 흐름을 거스르는 모습이 나타나고 있다.

지난 20년간 필자는 입시 현장에서 '교육에 관심 있는 부모님들께 우리 아이가 입시로 달려야 할지 말지를 알 수 있는 좋은 지침을 드릴 수 있다면, 각 가정의 교육에 큰 도움이 되지 않을까?'라는 생각을 오랫동안 해왔다. 이런 객관적인 지침이 있다면 전부는 아니라도 '정말 이렇게까지 해야 하나?'를 고민하는 합리적인 부모님들은 무모한 입시 경쟁에서 벗어날 수 있을 것이기 때문이다. 그런 부모님들은 무리한 사교육비 지출을 줄여 자신의 노후와 아이들의 자존감을 지킬 수 있을 것이다. 그래서 나름대로《심정섭의 대한민국 입시지도(이하 입시지도)》,《심정섭의 대한민국 학군지도(이하 학군지도)》등의 책과 칼럼에서 몇 가지 방법을 소개해 왔고, 20년 동안 학생들의 진로나 교육 상담을 할 때 사용했던 도구들을 좀 더 체계적으로 정리해서 언젠가는 책으로 내야겠다고 생각해 왔다.

이런 필자의 생각을 좀 더 구체화한 계기는 '웅달책방'의 이웅구 대표님과의 만남이었다. 이 대표님과의 인연은《1% 유대인의 생각 훈련》을 주제로 유튜브 촬영을 하며 시작되었는데, 이후 웅달책방에서《학군지도》에 대해 이야기하며 필자가 말하는 공부머리 테스트나 중요 검사 도구를 유튜브와 학습 공동체와 연계해 널리 알리면 어떻겠냐는 제안을 주셔서 우선 이 내용을 부모 교육 콘텐츠로 만들어 보기로 했다. 그리고 처음에는 전자책 형태의 매뉴얼로 만들려고 했던 것을 거인의 정원 이지현 대표님과의 협업을 통해 책으로 출간하게 되었다. 이 귀한 작업의 물꼬를 터 주신 두 분께 다시 한번 감사 말씀을 드린다.

또 이 자리를 빌려 《내면소통》을 쓰신 김주환 교수님께 특별한 감사의 말씀을 드리고 싶다. 김 교수님과는 개인적으로 한 번의 만남과 이메일 소통, 몇 번의 교육 프로그램 참석 정도의 깊지 않은 인연이지만, 저서인 《회복탄력성》과 《내면소통》을 통해 그리고 유튜브 '김주환의 내면소통' 강의를 통해 교수님의 가르침에 큰 영향을 받았다. 특히 《내면소통》을 읽고 그동안 고민하던 몸과 마음의 공부 그릇에 관한 대부분의 의문이 뇌 과학적으로 해소되었고, 이를 교육 현장에 적용해 볼 다양한 길을 찾을 수 있었다. 평생을 바쳐 연구한 내용을 책으로 내 주신 것도 감사한데, 매주 주말마다 '김주환의 내면소통' 유튜브 강의를 통해 가치를 매길 수 없는 귀한 강의를 무료로 나눠 주시고 여러 가지 문제로 힘들어하는 많은 분을 돕는 모습에 큰 감명을 받았다. 아무쪼록 더 건강하게 활동하시며 우리 사회와 전 세계에 선한 영향력을 미치시길 진심으로 기원한다.

〈월급쟁이 부자들(cafe.naver.com/wecando7)〉 카페와 유튜브의 너바나님과 너나위님, 코크드림님과 일일이 이름을 말씀드리지 못해 죄송한 많은 〈월부〉 가족들에게도 다시 한번 큰 감사의 말씀을 드린다. 카페에 부족한 글을 올릴 때마다 뜨거운 반응을 보내 주셔서 늘 기쁜 마음으로 글을 쓸 수 있었다. 또 〈광주새벽나비〉 독서 모임을 통해 제가 말하는 '경제독립'과 '교육독립'을 몸소 실천하시고 많은 분께 선한 영향력을 끼치고 있는 《부자는 내가 정한다》의 김은정 작가님과 근검절약과 투자뿐 아니라 자녀 교육에서도 정석을 밟고 있는 《아들 셋 엄마의 돈 되는 독서》의 김유라 작가님께도 감사 말씀을 드린다. 부족한 블로그 글에 늘 관심을 가져 주시고 격려해 주셔서 큰 힘이 되었다.

부족한 저자의 글쓰기 고향이자 따뜻한 댓글로 꾸준히 글을 쓸 수 있도록 격려해 주시는 〈텐인텐(cafe.daum.net/10in10/)〉 카페의 박범영 소장님과 카페 회원님들께는 언제나 빚진 마음이다. 〈텐인텐〉에서 '사교육비 경감' 칼럼과 교육 칼럼을 쓰지 않았더라면, 이렇게 많은 글을 쓸 기회를 얻지 못했을 것이다. 〈텐인텐〉은 진정 필자의 글쓰기에서 친정 같은 곳이다.

만나면 늘 긍정적인 에너지를 주시고 '새로운 세계'를 경험하게 해주시는 이영석 대표님과 대한민국 최고의 '소통테이너' 오종철 대표님께도 감사의 말씀을 드린다. 대한민국 최고의 가정 행복 코치 이수경 회장님과 웃음박사에서 '머니패턴' 박사로 진화하시는 이요셉·김채송화 소장님, 〈밥딜런〉 모임을 통해 늘 새로운 인사이트를 주시는 이구환 대표님과 김욱진 대표님, 이재훈 본부장님께도 감사의 말씀을 전한다. 또 제 인생의 멘토이자 늘 함께하고 싶은 이용각 생각디자인 연구소 소장님과 늘 부족한 후배를 친동생처럼 챙겨 주시는 소호섭 원장님과 홍준기 교수님께도 큰 감사의 말씀을 드린다. 이 귀한 선배님들의 격려와 성원이 없었다면, 이런 작은 성취도 이룰 수 없었을 것이다. 또 나의 건강 선생님이자 스쿼트 산행 훈련 조교인 백용학 건강독서 문화 연구소 소장님과 ENF 메딕스의 권영희 대표님 그리고 건강독서 모임 가족들께도 감사의 말씀을 전한다.

그리고 나와 오랫동안 가정 중심의 더 나은 교육을 실천하고 있는 경원이네, 관우네, 규리네, 라온이네, 연재네 가족들과 사자소학 실천 모임, 부모독서 모임, 역사 하브루타 토요 독서토론 모임, 자연 출산, 자연 육아 가족들에게도 감사의 말씀을 드린다. 여러분이 있어 이 새로운 길을 걷는 것이 외롭지 않고 늘 즐거웠다.

인생의 중요한 고비마다 함께 기도해 주고 응원해 주시는 고수영 선교사님과 정환욱 원장님, 남연화 대표님, Samuel, Elizabeth, Caleb, Jenny 그리고 필리핀과 유럽에 있는 수많은 하비루(Habiru) 가족들에게도 감사의 말씀을 전하고 싶다. 마지막으로 미국에서 늘 응원해 주는 동생 명섭 가족과 언제나 변치 않는 사랑으로 부족한 아들을 성원해 주시는 부모님 그리고 나의 기쁨인 Esther와 Zion, Joshua에게 감사와 사랑의 말을 전하고 싶다.

2023년 여름 심정섭

3장   다중지능으로 입시 경쟁력과 강점 지능을 점검하라

4장   회복탄력성을 점검하고 강한 멘탈을 길러라

5장   DiSC를 활용하여 최적의 진로와 공부 방법을 찾아라

6장 변화하는 제도 속에서 변하지 않는 입시의 본질

특별 부록 **공부머리 발견을 위한 6가지 도구 결과지 샘플**

'신호등 판별법'으로 알아보는 부모 역량

당신은 어떤 부모인가요?

아래 질문은 크게 부모로서의 철학, 아이에 대한 이해, 세상에 대한 이해라는 3개 주제의 세부 질문으로 구성되어 있다. 그렇다, 중간, 아니다 중 하나로 답한 뒤, 여기서 소개하는 '신호등 판별법'으로 현재 상태를 가늠해 볼 수 있다.

★ 그렇다(○) = 1점
중간(△) = 0.5점
아니다(×) = 0점

1 내 삶에서 아이는 어떤 존재라는 나름의 정의와 철학이 있다.
(나에게 아이는 어떤 의미인가?)   예) 아이는 내가 섬겨야 할 손님이다.

그렇다	중간	아니다

2 부모로서 어떤 역할을 해야 할지에 대한 나만의 기준이 있다.
(부모란 무엇이고, 부모는 아이에게 어떤 존재여야 하는가?)
예) 아이를 키운다는 것은 내가 부모로부터 받은 은혜를 돌려주는 과정이다.

그렇다	중간	아니다

3 어떻게 해야 아이를 잘 키울 것인지에 대한 나만의 기준이 있다.
(자녀 교육의 목표)
예) 나는 아이가 하늘을 두려워하고 다른 사람을 섬기는 삶을 살길 바란다.

그렇다	중간	아니다

4 나는 아이의 문제지 푸는 공부 능력이나 입시 경쟁력이 어느 정도인지 객관적으로 알고 있다. (아이의 인지 능력)

그렇다	중간	아니다

5 나는 아이가 좋아하고 잘하는 것이 무엇인지 알고 있다. (아이의 재능)

그렇다	중간	아니다

6 나는 아이의 기질과 성향을 어느 정도 알고 있다.

그렇다	중간	아니다

7 나는 앞으로 10년간 우리나라 사회가 어떻게 변할지 대략 감이 온다.

그렇다	중간	아니다

8 나는 미래 사회의 핵심 역량이 무엇일지에 대해 나름대로 생각이 있다.

그렇다	중간	아니다

9 나는 인공지능 시대에 어떤 일과 직종이 유망할지 대략 말할 수 있다.

그렇다	중간	아니다

총점: _____점

부모 역량 결과 해석

0~3점 삶의 철학이나 자녀교육관이 많이 흔들리고 있다고 볼 수 있다. 주위에서 하는 말에 너무 휘둘리기보다 나의 삶의 방향과 아이와의 관계를 원점부터 다시 점검할 필요가 있다.

4~6점 인생철학이나 자녀 교육관이 어느 정도 서 있지만, 가끔 흔들릴 때가 있다. 나와 코드가 맞는 저자나 멘토의 책이나 강의를 통해 좀 더 확고한 방향성을 정하고, 자기 효능감을 줄 수 있도록 구체적으로 실천할 필요가 있다.

7~9점 부모의 역할과 자녀 교육에 나름대로 주관이 있고, 자신감도 있다. 자녀와 꾸준히 소통하며 좀 더 창의적인 진로와 교육을 개척해 볼 수도 있다.

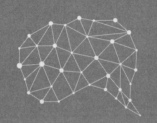

1장

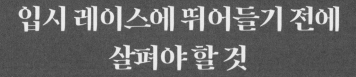

입시 레이스에 뛰어들기 전에
살펴야 할 것

•

교육은 삶을 준비하는 것이 아니라, 삶 그 자체다.
- 존 듀이
"Education is not preparation for life; education is life itself."

– John Dewey

01

학군과 사교육을 고민하기 전에
알아야 하는 입시 현실

새로운 패러다임의 미래 교육

온라인 교육업체 메가스터디를 설립하고 교육 기업 최초로 시가 총액 1조원을 돌파해 사교육의 대부로 불리는 손주은 회장은 2020년대에 들어서며 많은 유튜브와 언론 인터뷰에서 "더 이상 사교육에 매달리지 말고, 아이들의 강점을 찾을 수 있는 새로운 패러다임의 미래 교육을 하라"라는 메시지를 전하고 있다.

사교육으로 돈 번 사람이 사교육 하지 말라고 이야기를 하니 이 상하게 들릴 수도 있다. 하지만 손주은 회장이 개인 과외에서 공개 강의로 바꾸고 온라인 교육을 시작한 동기가 돈을 더 많이 벌기 위함이 아니라, 자신의 재능을 통해 우리 사회의 교육 불평등을 해소하고자 한 공익적 목적이었음을 아는 사람은 이런 손 회장의 말이 원래 그의 철학을 벗어나지 않음을 알고 있다.

손주은 회장의 이야기를 요약하면 다음과 같다.

"시험을 잘 봐서 명문대를 졸업한 뒤 취업하고 나름 사회에서 성공할 수 있었던 것은 1970~80년대 고도 성장기에 가능한 일이었고, 우리 부모 세대의 단순한 성공 방정식이었습니다. 요즘 30~40대만 해도 4년제 대학을 나와 취업이 쉽지 않은 현실을 경험했을 거예요. 그런데 왜 30~40대 부모들이 자기 자식들에게도 똑같이 시험을 잘 봐서 좋은 대학에 가는 길만이 살길이라고 생각하는지 이해가 안 됩니다. 인공지능 시대의 성공 방정식은 이전처럼 단순하지 않고 2, 3차 이상의 고차 방정식과 같습니다. 새로운 시대적 변화를 읽고 아이에게 맞는 길을 찾아주고 잘하는 것을 더 잘할 수 있도록 도와주어야 하지 않을까요?"

대학 졸업이 취업을 보장하지 않는 시대

필자도 입시 특강 때마다 손주은 회장과 비슷한 맥락의 이야기를 한다. 입시 교육으로 신분 상승과 사회적 부를 이룰 수 있는 시대는 이미 끝났다고 볼 수 있다. 해마다 35만 명이 4년제 대학을 졸업하지만, 대학 졸업 후 자기가 원하는 안정적인 일자리를 얻을 수 있는 아이들의 숫자는 아무리 넉넉히 잡아도 15만 명을 넘지 못한다.

손주은 회장이 말하는 대로 우리나라는 한 해 경제성장률이 10%를 넘는 고도 성장기를 지나 1990년대에는 평균 7.75%, 2000년대에는 평균 4.69%, 2010년대에는 평균 2.69%의 경제성장을 이룩했다. 이후 전망은 더욱 암울하며, 인공지능 시대를 맞아 화이트칼라 일자리는 더욱 줄어들 것으로 보인다. 4년제 대학만 나오면 취업되던 시대는 사실상 1998년 IMF 구제 금융 이후 끝났고, 이른바 Top 30위권 혹은 '인서울' 대학을 나와야 제대로 된 일자리를 얻을 수 있는 시대가 시작되었다. 1998년 경제 위기 이후 경제나 사회 구조는 이렇게 많이 바뀌었는데, 문제지 푸는 공부로 아이들을 줄 세워 대학에 보

■ **2022학년도 주요 선호 대학 정원 및 누적 인원**

구분	내신	수능	입학정원	누적
의대	1	1	전국 39개교 3,013명	
서울대(의약계열)	1~2	1	3,178명(의약 6,599명)	1만 명(2%)
연세대, 고려대 (카이스트, 포항공대)	1~3	1~2	3,431명(연), 3,799명(고)	2만 명(4.5%)
서강대, 성균관대, 한양대	1~4	2~3	1,587명(서), 3,373명(성), 2,820명(한)	3만 명(6.8%)
중앙대, 경희대, 외국어대, 서울시립대	1~4	2~3	4,343명(중), 4,741명(경), 3,377명(외), 1,711명(시)	4만 명(9%)
Top 20위권	1~5	2~4		7만 명(15%)
Top 30위권 (인서울, 지방 거점 국립대 상위학과)	2~5	2~4		10만 명(23%)

*내신, 수능: 해당 대학 합격선 등급

내는 입시 위주의 교육은 거의 변하지 않았다. 그리고 그렇게 힘들게 4년제 대학에 가도 졸업 후 절반 이상은 제대로 된 일자리를 얻지 못해 비정규직을 전전하며 아르바이트를 해야 하는 것이 현실이다. 그런데도 여전히 4년제 대학에 가려고 해마다 40만 명이 넘는 학생들이 수능 시험을 보기 위해 주입식 수업을 듣고 문제지를 푸는 데 대부분의 시간과 에너지를 쓰고 있다.

　앞의 표는 2022학년도 기준 전국 주요 선호 대학교의 입학정원이다. 2022학년도 수능 응시인원은 44만 명이므로 상위 23%에만 들면 이른바 '인서울'급 대학인 Top 30위권 대학에 갈 수 있다. 그런데 응시인원 44만 명 가운데 재수 이상은 13만 명으로 전체 응시자의 28.9%다. 그리고 잘 알려진 대로 의대 합격자의 2/3 이상은 재수 이상의 졸업생이고, 서울대 합격자도 재수생 비율이 50%에 육박한다. 다른 Top 30위권 대학도 합격생의 거의 절반 가까이가 재수생 이상이다. 그러면 2022학년도에 고3 현역으로 수능을 치른 학생들 49만 명은 고교 재학시절 상위 5만~6만 명 안에 들어야만 재수하지 않고 자신이 원하는 Top 30위권 대학에 갈 수 있다고 볼 수 있다.

　물론 Top 30위권 대학을 나오지 않고도 자기 전공을 살려 정규직 일자리를 얻을 기회는 많다. 하지만 Top 30위권 대학을 나오고도 정규직 일자리를 못 얻고, 비정규직을 전전하다 구직을 포기하는 인원도 그에 못지않다는 것을 생각하면 이런 거친 통계로도 현재 청년 취업 현황을 대강 파악할 수 있다.

그러면 여기서 간단한 산수만 해보아도 우리 아이가 문제지 푸는 공부를 해서 현역으로 수능 상위 10%, 재수를 해서라도 수능 상위 20%에 들지 못 들지가 분명해진다. 현실적으로 Top 30위권 대학에 가려면 중·고등학교 6년 동안 최소한 하루 2~3시간 이상 문제지 푸는 자습 시간을 확보해야 한다. 이는 학교나 학원에서 수업 듣는 시간을 빼고 순수하게 자기 공부를 하는 자습 시간을 말한다. 그리고 이렇게 공부해 고3 현역으로 또는 재수로 본인이 원하는 대학에 갈 수 있는 아이들은 상위 10~20%뿐이다.

우리 아이가 문제지 푸는 공부에서 경쟁력이 있을까?

그러면 우리 아이가 상위 10~20%에 들 수 있는 문제지 푸는 공부를 잘할지 못할지 어떻게 알 수 있을까? 가장 분명한 판단 기준은 이 책에서 소개하는 '공부머리 테스트'다. 공부머리 테스트는 아이의 현재 실력뿐 아니라, 아이가 마음잡고 공부했을 때 올릴 수 있는 점수의 상한선을 보여 준다. 이 테스트 결과는 아이가 앞으로 문제지 푸는 공부에 올인 해야 할지, 아니면 이런 공부는 어느 정도 선에서 마무리하고, 전략적으로 다른 길을 택해야 할지 판단하는 데 필요한 지침을 확실하게 제시한다.

중학교 내신 성적으로 입시 경쟁력 알아보는 법

공부머리 테스트를 해보지 않고도 직관적으로 입시 경쟁력을 알아보는 방법이 몇 가지 있다. 가장 좋은 방법은 중학교 내신 성적을 보는 것이다. 절대평가가 시행되는 현행 중학교 내신에서 국·영·수 A 비율의 전국 평균은 30%대다. 대치동이나 목동 같은 주요 학군지 주요 중학교나 전국 100위권 중학교의 국·영·수 A 비율은 40~50%에 육박한다. 이런 학교의 내신 문제는 상당히 어려운데도 이렇게 높은 비율이 나온다. 반면에 내신 문제가 쉽게 나오는 시골 중학교의 국·영·수 A 비율도 대개 20~30%대다. 그러므로 아이가 명문 학군지에

■ **2022학년도 주요 중학교 2학년 1학기 국·영·수 학업 성취 현황**

학교	과목	평균	A 비율	E 비율
대청중 (대치동)	국어	89.5점	60.1%	0.9%
	영어	86.0점	52.6%	6.3%
	수학	83.8점	41.1%	6.0%
내정중 (분당)	국어	81.2점	34.9%	8.4%
	영어	86.0점	55.5%	6.3%
	수학	83.3점	47.2%	9.0%
귀인중 (평촌)	국어	83.3점	32.3%	2.2%
	영어	79.0점	24.9%	9.9%
	수학	85.2점	45.5%	4.1%
시골 J 중학교	국어	66.5점	15.3%	38.2%
	영어	70.0점	30.6%	37.5%
	수학	67.6점	19.4%	44.4%

있든 시골 비학군지에 있든, 또 내신 시험문제 난이도와 관계없이 중학교 내신에서 국·영·수 모두 A가 안 나온다면 고등학교 때 수능을 기준으로 상위 20%에 들기는 쉽지 않다고 볼 수 있다.

공부머리 테스트로 쓸데없는 사교육비 줄이기

물론 대학에 가는 목적이 취업만은 아닐 것이다. 또 국·영·수 문제 풀이 경쟁력이 없으면 아예 공부하지 말라는 이야기도 아니다. 하지만 현재와 같은 입시 상황에서 아이의 입시 경쟁력을 객관적으로 알아볼 수 있다면 쓸데없는 사교육비 지출을 상당히 줄일 수 있다. 2023년 현재 웬만한 학군지에서 초·중·고 12년 동안 입시 교육에 쏟아붓는 사교육비는 가정당 1억 원 이상이다. 영·유아 대상 영어학원부터 시작하면 이후 중·고등 입시 과목까지 사교육을 최소한으로 한다고 해도 이 정도 비용이 나온다.

교육부가 발표한 '2022년 초·중·고 사교육비' 조사 결과에 따르면 2022년 한 해 동안 지출된 총 사교육비는 26조 원이었다. 2021년 23.4조 원에 비하면 10.8% 늘어난 사상 최대 금액이다. 세부적으로 살펴보면 초등이 12조 원, 중등이 7조 원, 고등이 7조 원이었다. 초등 사교육에 예·체능과 같은 비입시 과목 사교육비가 들어있고, 중·고등 사교육에도 비입시 과목 사교육이 들어있을 수 있다. 이런 점을 고려해 중·고등 사교육비만 입시 사교육으로 봐도 최소 14조 원

이상이 한 문제라도 더 맞혀 1점이라도 더 올리는 공부를 하는 데 쓰인다고 볼 수 있다. 여기서 중요한 것은 이 돈을 쓰고도 의미 있는 수준의 대학에 가는 학생들은 20% 미만이라는 것이다.

이런 상황에서 공부머리 테스트를 통해 우리 아이의 입시 경쟁력을 객관적으로 볼 수 있다면 어떻게 될까? 입시 경쟁력이 약한 아이들에게까지 무리하게 사교육을 시키지는 않을 것이다. 기본적인 공교육만 받게 하고, 그렇게 아낀 사교육비는 아이가 나중에 하고 싶은 공부나 일이 생겼을 때 목돈으로 지원해 줄 수 있다. 가정 형편에 따라 다르겠지만, 적어도 명문 학군지에서 집값과 사교육비를 감당할 수 있는 가정이라면 대부분 아이가 대학에 가거나 사회생활을 시작할 때 1억 원 이상의 목돈을 마련해 줄 수 있을 것이다.

물론 이렇게 하는 게 말처럼 쉬운 일은 아니다. 우리나라에서 입시 경쟁은 이성보다는 심리의 영역에 속하기 때문이다. **남들이 다 하는데 나만 하지 않으면 어떻게 하느냐는 불안감이 이성적 판단을 압도한다.** 그래서 이런 책을 보고, 객관적인 근거를 바탕으로 우리 가정에 맞는 합리적인 교육 로드맵을 찾아가야 한다.

참 | 고 | 자 | 료 ....

심정섭 TV

입시와 학군의 의미_학군과 사교육을 고민하기 전에 꼭 알아야 할 입시 현실
www.youtube.com/watch?v=jWx−MV5pAEQ&t=9s

손주은 회장, 월급쟁이 부자들 TV 인터뷰

아직도 대치동? 학벌이 중요한 시대는 끝났다
www.youtube.com/watch?v=atehEXhk6T4&t=829s

Q 유치원, 초등학교 때 공부를 잘한다고 소문난 많은 아이가 중·고등학교 때부터
처지기 시작하고, 결국 '인서울'도 안되는 입시 결과를 받는 이유는 무엇일까?

A 첫 번째 이유는 유치원이나 초등학교 때의 학습 성과가 아이의 역량이 아니라
부모를 비롯한 어른들이 만들어 준 거품일 수 있기 때문이다. 아이가 내적 동
기를 갖고 스스로 몰입해서 공부하지 않고 부모를 비롯한 어른들이 시켜서 억지로 하는
경우 내용이 쉬울 때는 어느 정도 성과가 나타나는 것처럼 보이지만, 학년이 올라가고
점점 어려운 내용이 나오면서 한계에 부딪히는 경우가 많다.

두 번째 이유는 아이의 인지 역량 자체가 크지 않아서일 수 있다. 이 책에 소개한 공부
머리 테스트나 다중지능 검사를 해보면 아이의 인지 능력을 어느 정도 가늠해 볼 수 있
다. 언어나 수리, 논리력이 약한 아이들은 내용이 쉬울 때는 본인의 성실함으로 어느 정
도 따라가지만, 점점 더 어려운 내용이 나오면 한계에 부딪히기도 한다. 이런 아이들일
수록 평소 아이의 강점 지능을 잘 관찰하며 아이가 좀 더 잘할 수 있는 쪽으로 시간과
에너지를 집중하도록 도와줄 필요가 있다.

02

인구절벽의 낭떠러지에서 사교육의 끝을 잡지 말기를
(특히 유·초등 학부모님들께)

국·영·수 문제풀이보다 중요해질 다른 능력들

우리나라의 저출생 문제가 심각하다. 2022년 최종 신생아 수는 24만 9,000명으로 2021년의 26만 562명에 비해 1만 1,562명이나 감소했다. 합계출산율*도 2021년 0.81에서 2022년 0.78로 또 최저 기록을 경신했다. 우리나라의 합계출산율은 2013년 이래로 OECD 회원국 중 계속 꼴찌다. 우리처럼 출산율 하위권에 속하는 일본도 2017년 이후로는 1.3명대를 유지하고 있다. 만약 2022년생이 대학

---

* 합계출산율은 가임기(15~49세) 여성 1명이 가임기간에 낳을 것으로 예상되는 평균 출생아 수임.

출처: 통계청, 「인구동향조사」.

연도	2011	2012	2013	2014	2015	2016	2017	2018	2019	2020	2021	2022
합계출산율	1.24	1.30	1.19	1.21	1.24	1.17	1.05	0.98	0.92	0.84	0.81	0.78

에 가는 2041년에도 여전히 수능이 남아 있다면, 수능 응시인원은 약 30만 명 미만일 것으로 예상된다. 20년 후 Top 30위권 대학 입학 정원도 지금처럼 약 10만 명이라면 재수를 포함해 수능을 본 아이들 셋 중 하나는 Top 30위권 대학에 갈 수 있다.

20년 후까지 내다볼 필요 없이, 지금 초등학교 1학년 아이들이 대학에 가는 2035년부터는 수능 응시인원 40만 명이 무너져 대학 가기도 훨씬 쉬워질 것으로 보인다. 대학뿐 아니라 지금 일본의 상황처럼, 4년제 대학만 나오고 본인이 의지만 있으면 거의 정규직으로 취업이 가능한 상황이 전개될 수 있다. 그래서 지금 유치원에 다니는 아이들은 외국인 노동자보다 한국말만 잘하면 취업 걱정도 없고, 직장에서도 관리직 이상을 맡을 수 있을 것이라고도 한다. 아이들

능력이 조금 부족해도 지금 우리 세대가 이뤄 놓은 수많은 세계적인 기업을 관리할 한국인이 필요하기 때문이다. 문제는 아이들에게 훗날 직장에서 꼰대 같은 상사 밑에서도 스트레스받지 않고 조직 생활에 잘 적응하며 일할 수 있는 소통 능력이 있느냐는 것이다. 지금도 이게 안 돼서 어렵게 들어간 직장을 오래 다니지 못하고 나오는 청년들이 많다. 결국 조직에서는 일이 힘든 게 아니라 관계가 힘든데, 친구들과의 수평적인 소통보다는 위아래 사람들과 수직적으로 잘 소통하는 아이들이 사회생활을 잘할 수 있다.

이렇게 본다면 지금 대다수의 유치원생에게 필요한 핵심 역량은 국·영·수 문제지를 잘 푸는 낮은 수준의 인지 능력이 아니다. **내가 왜 살고 어떻게 살아야 하는지에 답할 수 있는 인문학적 소양과 친구들뿐 아니라 내 위아래 사람들과 잘 소통하는 능력이 중요하다.** 필자가 지금 주위의 많은 가정과 함께 실천하는 것처럼 《사자소학》이나 《명심보감》 같은 인문학 텍스트 하나를 열심히 공부하고, 잘 놀고 잘 소통하면 대한민국에서 먹고사는 데 지장이 없을 것이다.

향후 10년 동안 이어질 입시와 사교육의 착시현상

문제는 앞으로 10년간 이어질 착시현상이다. 저출생으로 인해 2020학년도에는 수능 응시인원이 전년도의 59만 명에서 48.5만 명으로 급감했고, 이후 점점 줄어 2023학년도에는 44만 명까지 떨어졌다.

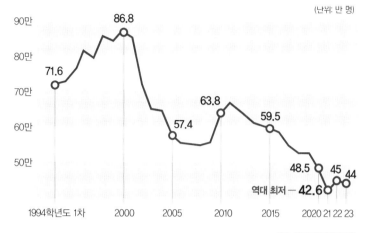

■ 전국 수능 응시자 추이

(단위: 만 명)

```
90만                    86.8
80만
        71.6                              63.8
70만                                                      59.5
60만                              57.4
50만                                                              48.5   45
                                                      역대 최저 ― 42.6      44
     1994학년도 1차    2000      2005      2010      2015    2020 21 22 23
```

자료: 한국교육과정평가원.

　입시 시장 규모가 10년간 60만 명대에서 40만 명대로 1/3이나 급감했다. 하지만 서울과 수도권으로 일자리 쏠림 현상이 심해지고, 아이 하나 또는 둘에 투자하는 사교육비 금액이 늘어나면서 '인서울' 대학에 가기 위한 사교육은 더 치열해지고 사교육 비용도 계속 최고치를 경신하고 있다. 앞서도 살펴봤듯이 교육부가 발표한 2022년도 사교육비 통계에 따르면 초·중·고 사교육비 총액은 2021년 23.4조 원에서 2022년 26조 원으로 10.8% 증가했다. 사교육 참여율은 전체 학생의 78.3%이고, 사교육 참여 학생 1인당 월평균 사교육비는 52.6만 원으로 전년도의 48.5만 원과 비교하면 7.9% 늘었다.

　현재와 같은 40만 명대 입시 시장 규모는 앞으로 10년간 계속 유지된다. 여기에 2007년생 붉은 돼지해(원래 붉은 돼지해인데, 마케팅 목적

■ 향후 20년간 예상되는 수능 응시자 수

(단위: 명)

출생 연도	2023년 기준 학년	수능 보는 해	신생아 수	수능 응시, 예상 인원	수능 응시 고3 예상	신생아 대비 수능 응시 비율	졸업생, 검정 고시생 예상
2004년	대1	2022	472,761	44만 (447,669)	308,284	65.21%	139,385 (31.1%)
2005년	고3	2023	435,031	42만 예상	278,420	64% 예상시	13만 가정시
2006년	고2	2024	448,153	41만 예상	286,818	64% 예상시	13만 가정시
2007년	고1	2025	493,189	45만 예상	315,641	64% 예상시	13만 가정시
2008년	중3	2026	465,892	44만 예상	298,171	64% 예상시	14만 가정시
2009년	중2	2027	444,849	42만 예상	284,703	64% 예상시	13만 가정시
2010년	중1	2028	471,710	43만 예상	301,894	64% 예상시	13만 가정시
2011년	초6	2029	471,265	43만 예상	301,610	64% 예상시	13만 가정시
2012년	초5	2030	484,550	44만 예상	310,112	64% 예상시	13만 가정시
2013년	초4	2031	436,455	40만 예상	279,331	64% 예상시	13만 가정시
2014년	초3	2032	435,435	40만 예상	278,678	64% 예상시	13만 가정시
2015년	초2	2033	438,420	41만 예상	280,589	64% 예상시	13만 가정시
2016년	초1	2034	406,243	38만 예상	259,996	64% 예상시	10만 가정시
2017년	7세	2035	357,771	33만 예상	228,973	64% 예상시	10만 가정시
2018년	6세	2036	326,822	30만 예상	209,166	64% 예상시	10만 가정시
2019년	5세	2037	303,054	29만 예상	193,955	64% 예상시	10만 가정시
2020년	4세	2038	272,400	28만 예상	174,336	64% 예상시	10만 가정시
2021년	3세	2039	260,562	26만 예상	166,760	64% 예상시	10만 가정시
2022년	2세	2040	249,000	25만 예상	159,360	64% 예상시	10만 가정시
2023년	1세	2041	24만 예상				

으로 황금 돼지해로 알려짐)에 태어난 49만 명이 대입을 치르는 2026학년도에는 수능 응시자가 45만 명으로 역주행하는 모습도 나타난다. 마치 주식 폭락장에서 일시적으로 반등이 일어나는 데드 캣 바운스(dead cat bounce)와 비슷하다. 이렇게 되면 '저출생이니 뭐니, 앞으로 우리도 일본처럼 대학 졸업자가 귀해져서 대학 가기도, 취업하기도 쉽다는 말은 다 헛소리'고 여전히 '선행 학습과 문제지 푸는 공부를 열심히 시켜서 한 레벨이라도 높은 대학에 보내는 게 살길'이라는 분위기가 생길 수 있다. 통계적으로만 보면 지금 유치원 아이들이 학습지와 문제지 푸는 공부에 매달릴 이유가 거의 없다. 그런데도 초등 고학년과 중학교 선배들이 계속 문제지 푸는 공부를 하고, 그렇게 해서 좋은 대학에 가는 모습을 본 후배들은 필요 없는 문제지 푸는 공부에 매달리게 된다.

입시와 사교육의 상투를 잡지 않기를

물론 이 가운데 문제지 푸는 공부가 맞고, 잘할 수 있는 아이들은 괜찮다. 하지만 문제지 푸는 공부가 맞지 않고, 굳이 그렇게 하지 않아도 최상위권 대학 말고는 다 갈 수 있고, 웬만한 대학만 나와도 취업이 된다면 나머지 아이들까지 굳이 그럴 필요가 없지 않은가? 그러므로 지금 유치원이나 초등 저학년 학부모들은 정신을 똑바로 차릴 필요가 있다. 지금 중·고등 자녀를 둔 가정이 하는 사교육은 입시

교육의 끝물에서 나타나는 마지막 과잉 경쟁이다. 이제 곧 거품이 터지고 실체가 드러날 것이다. 입시로 승부를 볼 수 있는 상위 20~30%가 아니라면 굳이 거품이 가득한 사교육 판에 뛰어들 필요가 없다.

주식이나 부동산 시장에서도 거품 장이 시작되는 시점은 공부도 제대로 안된 사람들이 너도나도 투자하고 시장에 참가하는 때라고 한다. 주식을 전혀 모르는 사람이 주식을 사고, 부동산을 전혀 모르는 사람이 불안감에 영끌해 집을 사는 순간이 꼭지다. 교육에서도 마찬가지다. 그리고 우리나라 입시 시장은 이미 거품 시장이다. 선진국 4년제 대학 진학률이 평균 30% 전후인데, 우리는 이미 70~80%나 되지 않는가? 아이의 인지 능력이나 적성 등은 따져 보지도 않고, 남이 하니까 무조건 학원에 보내고 문제지 푸는 공부를 강요하는 것은 거품이 일 때 생기는 현상이다.

이 책에 소개한 공부머리 테스트나 다중지능 검사를 해봤는데, 아이가 인지 능력이 좋고 입시에도 경쟁력이 있다면 이런 이야기를 들을 필요가 없다. 그런 아이는 문제지 푸는 공부를 열심히 해서 우리나라 입시 경쟁 기회를 잘 활용해야 한다. 하지만 그렇지 않고 나중에 대기만성형으로 재능을 드러낼 아이라면 굳이 아이도 힘들어하고 싫어하는 문제지 푸는 공부를 많이 시킬 이유가 없다. 공교육만 충실히 받게 하고, 사교육비를 절약해서 미래를 대비할 수 있도록 목돈을 만들고, 국·영·수 학원에 보내기보다 아이가 좋아하고 잘하는 강점을 찾아 주는 것이 미래를 대비하는 현명한 교육이다.

선생님, 궁금해요!

Q 하나의 정답만을 찾는 수능형 문제 풀이 능력이 인공지능 시대에 아이의 미래 사회 경쟁력을 확보해 줄 수 있을까?

A 많은 사람이 주입식·암기식 교육은 무조건 안 좋고 토론식 창의 교육만 좋다고 하지만, 주입식·암기식 교육도 나름대로 교육적 효과가 있다. 또한 많은 양의 지식과 정보를 빠르게 전달하고, 정해진 틀에서만 답을 찾게 함으로써 주어진 규칙이나 제도에 잘 따르게 하는 훈련 효과도 있다. 즉, 주어진 것을 잘하는 인재를 기르는 데는 주입식, 암기식, 시험 위주의 공부가 효과적이라고 할 수 있다. 근대화 시기에 일본이나 우리나라, 중국 공산당에 의한 산업 발전 등이 다 이런 식으로 이뤄졌다.

그런데 문제는 앞으로 이렇게 주어진 지식과 정보를 암기해 하나의 답을 찾는 기능은 대부분 인공지능으로 대체될 것이라는 점이다. 미숙련 화이트칼라 사무직 일자리는 인공지능으로 대체될 것이다. 인공지능 시대에도 하나의 정답을 찾는 훈련이 도움이 되는 직업이 여전히 남아 있을 수 있겠지만 그 수는 지금보다 훨씬 줄어들 것이다. 이런 맥락에서 인공지능 시대에는 어설프게 문제지 푸는 공부를 하는 중위권 학생들의 포지션이 가장 애매해질 가능성이 높다. 이 책에서 말하는 대로 이런 학생들은 문제지 푸는 공부보다는 자기가 더 잘하는 것을 찾아 강점을 강화하는 길로 가능한 한 빨리 나가는 것이 바람직하다.

03

인공지능 시대에는 수능 3~6등급
아이들이 제일 위험하다

어중간함의 위험성

앞에서 이야기했듯이 앞으로는 인구가 줄기 때문에 일자리는 많고 인력은 부족한 '완전 고용 시대'가 올 수도 있다. 그렇지만 우리가 더욱 주목해야 할 것은 바로 일자리의 질이다.

2022년 전미경제학회 총회에서 세계적인 경영 컨설팅 회사 맥킨지(McKinsey & Company)의 마이클 추이(Michael Chui) 연구원은 2030년까지 현재 인간이 하는 45%의 업무가 인공지능으로 대체되고 8억개의 일자리가 사라질 것이라는 연구 결과를 발표했다. 또 인공지능으로 인해 9.5억 개의 새로운 일자리가 생길 수도 있다고 했다. 그러면 앞으로 인공지능 시대에는 어떤 업무나 일자리가 사라지고 또 새로운 일자리가 만들어질까?

장병탁 서울대 인공지능연구원(AIIS) 원장은 2023년 4월 〈국민일보〉와의 인터뷰에서 "데이터화된 업무를 하는 '중간 일자리'부터 사라질 것"이라고 말했다. 그는 또 "어떤 직무에서 고도의 의사결정을 하는 최고급 인력과 신체 노동을 하는 인력을 제외한 일자리가 중간 일자리다. 일자리의 최상단과 하단은 기술적으로 AI가 완전히 대체하기 어렵다"라고 덧붙였다.

좀 더 구체적으로 말하면 중간 정도의 문서 작업이나 코딩, 그래픽 디자인을 하는 저숙련 화이트칼라 일자리가 제일 먼저 사라질 수 있다. 이제 대부분의 조직에서 최고 의사결정을 할 한두 명과 그 의사결정을 몸으로 실행할 서너 명이 있으면 일이 되는 시대가 온 것이다.

사실 이미 변화는 시작됐다. 2023년 5월 미국작가조합(WGA)은 영화 및 TV 대본 작성에서 인공지능(AI) 사용을 제한할 것을 요구하며 파업을 시작했다. 영화·방송계에서 단순한 대본 작업을 chatGPT나 Bard 같은 생성형 인공지능에 맡기면서 일자리를 잃거나 급여가 깎이는 작가들이 늘어나고 있기 때문이다. 그런데 많은 전문가가 앞으로 이런 흐름을 막을 수 없을 것으로 예상한다. 수습기자나 수습작가, 단순 코딩, 단순 그래픽 등 사회 초년생들이 하던 일들을 인공지능이 대체하면서 중간 정도 업무 능력이 필요한 화이트칼라 일자리가 점점 사라지고 있다.

인공지능 시대에 위험한 아이들은?

이를 우리 입시 관점에서 설명하면, 수능 4~6등급을 받아 4년제 대학에 가는 아이들이 가장 위험하고 졸업 후 자기가 전공하고 공부한 내용으로 취업이 안 될 가능성이 크다. 좀 더 솔직히 말하면 수능 3등급 정도의 인지 능력도 위험하다. 인공지능 시대에도 수능 1~2등급(상위 11%)을 받을 정도로 인지 공부를 하는 아이들에게는 좋은 일자리가 생길 것이다. 앞에서 말한 고도의 의사결정을 하는 일자리다. 이 아이들은 인공지능의 도움을 받아 더욱 생산적인 일을 하고 급여도 더 많이 받을 것이다.

수능을 봐서 7~9등급(하위 23%) 정도의 문제지 푸는 역량을 가진 아이들은 지금도 고등학교 때부터 아르바이트를 하거나 자기가 잘할 수 있는 길을 찾아가기도 한다.

문제는 수능 4~6등급을 받을 정도로 애매한 아이들이다. 지금도 이런 아이들이 4년제 대학을 나와 정규직 화이트칼라 일자리 구하기가 힘든데, 앞으로는 더 힘들어질 것이다. 애매하게 국·영·수 문제지 푸는 공부를 하느니 자기의 강점 지능을 강화해 자기가 잘하는 것을 더 잘하는 게 좋다. 그런데 이 정도 성적이 나오면 학생이나 부모나 문제지 푸는 공부를 포기하고 전략적 선택을 하기가 쉽지 않다.

인공지능 시대에 주목받는 전문적인 육체노동직

교육평론가 이범 씨는 2023년 3월 〈경향신문〉 칼럼에서 "AI가 육체노동 전성시대를 열 수도 있다"라고 말했다. 이 칼럼에는 명문대를 나와 도배사를 하며 월 500만 원 이상 수입을 올리거나, 일반고를 다니다 자퇴하고 목수 일을 배워 7년 차 중견 목수로 월 700만 원 이상 수입을 올리는 청년의 사례가 등장한다.

이런 모습은 이미 2000년대 이후로 서구 선진국에서 나타나는 현상이기도 하다. 유럽이나 호주 등 선진국에서 직업 선호도 조사를 해보면 목수, 타일공, 페인트공, 건설노동자, 배관공 등의 전문 육체노동직이 의사나 변호사 등의 전문직을 제치고 상위 선호 직업에 오르기도 한다. 특히 복지제도가 잘되어 있고 많이 벌면 그만큼 세금을 많이 내야 하는 선진국에서는 힘들게 공부하고 일하는 대신, 자신이 잘하고 좋아하는 일을 하며 좀 더 여유롭게 사는 것을 선호한다. 물론 미국과 같이 세금이 적고 경쟁을 강조하는 나라에서는 여전히 의사, 회계사, 변호사, IT 엔지니어 등 고소득 직종을 선호하기도 한다. 하지만 미국도 사회적으로 육체노동에 대한 편견이 적은 편이고, 대학 진학 이외에 다양한 진로 선택을 인정하는 분위기가 있는 나라다.

지금은 기계의 도움을 받아 육체노동이 이전처럼 그리 힘들지 않고, 야외에서 일할 수 있으며 결과물을 바로 볼 수 있어 성취감을 느낄 수 있다. 그리고 잘 알려진 대로 선진국은 인건비가 비싸서 목수나 타일공 같은 전문적인 육체노동자들이 웬만한 사무직 노동자보다 돈을 더 많이 번다. 선진국에서는 지금도 이렇게 주 4~5일 일하고 주말에는 취미나 운동을 하며 사는 생활이 가능하고, 앞으로 인공지능 시대에는 이런 생활을 하는 사람이 더욱 많아질 것이다.

현재 우리나라 입시에서 유리한 아이들은 언어, 수리·논리, 자기 성찰 능력이 높은 아이들이다. 앞으로 펼쳐질 인공지능 시대에도 언어, 수리·논리, 자기 성찰 능력이 상위 10~20%에 속하는 아이들은 화이트칼라 일자리를 갖고 자기가 좋아하는 일을 하며 살 수 있다. 하지만 언어, 수리 능력, 즉 외우고 계산하는 인지 능력이 중위 30~50%에 속하는 아이들의 일자리는 점점 더 줄어들 가능성이 있다.

결론적으로 인공지능 시대에 새롭게 주목받을 일자리는 손재주, 공간지각, 신체운동, 대인관계 능력이 필요한 직업이다. 지금은 국·영·수는 못하면서 손재주만 있는 아이들이 '핍박(?)'과 '무시(?)'를 받지만, 앞으로는 부러움과 존경의 대상이 될 수 있다. 유튜브로 자기가 일하는 모습을 중계하며 부수입을 올릴 수도 있고, 관련된 도구나 상품을 팔아 다른 수익원을 만들 수도 있다. 지금도 요리, 목공, 운동 등의 콘텐츠로 팔로워를 100만 명 이상 보유한 유튜버들이 전 세계에서 나오고 있다. 그러므로 전략적으로 볼 때 **언어, 수리 능력은 애매한데 손재주, 공간지각, 신체운동, 대인관계 능력이 높은 아이가 있다면, 하루빨리 국·영·수 문제지 푸는 공부를 줄이고 자기가**

잘하는 분야를 더 잘하려 노력해야 한다.

이런 판단의 근거는 매년 다중지능 검사를 통해 찾아볼 수 있다. 강점 지능을 파악하여 다양한 활동에 도전해 보고, 필요하면 학원에 다니며 더 전문적으로 배워보거나 자격증에 도전해 볼 수도 있다. 이렇게 자기가 잘하는 것을 더 잘해야 인공지능 시대에 행복하게 살 수 있다.

물론 이런 전략적 선택을 하는 것은 학원에 다니며 부모나 선생님이 시키는 대로 국·영·수 문제를 푸는 공부만 하는 것보다 더 어렵다. 중간에 시행착오를 되풀이할 수도 있다. 하지만 수능 1~2등급 이상을 받아 갈 수 있는 이공계나 취업이 보장되는 몇몇 학과를 제외하고, 대부분의 4년제 대학 졸업생, 특히 문과 학생들은 사회에서 수많은 시행착오를 겪고 나서야 자기가 좋아하고 잘하는 일을 찾을 수 있다. 중·고등학교 때부터 이런 시행착오를 미리 겪고 자기 적성을 찾아가는 것이야말로, 왜 해야 하는지 모르는 채로 문제지만 풀며 좁은 교실에 앉아 있는 것보다 훨씬 의미 있는 길일 것이다.

남들만큼 하는 것은 의미 없다, 잘하는 것을 더 잘해야 한다

서울대 김난도 교수 연구팀이 매년 발간하는 《트렌드 코리아》의 2023년 첫 번째 키워드는 '평균 실종'이다. 책에서는 "평균, 기준, 통상적인 것들의 개념이 무너지고 있다. 소득의 양극화는 정치, 사회,

분야로 확산하고, 갈등과 분열은 전 세계적인 현상이 됐다. 소비 역시 극과 극을 넘나들고 시장은 '승자 독식'으로 굳어지고 있다. 중간이 사라지는 시대, 평균을 뛰어넘는 당신만의 대체 불가한 전략은 무엇인가?"라고 묻고 있다.

앞에서 말한 대로 입시에서는 수능 3~6등급이 중간이고 평균이다. 앞으로 이런 아이들이 자기 전공을 살려 취업하거나 사회에서 자기 자리를 찾기는 점점 더 쉽지 않을 것이다. 김난도 교수가 필자에게 "평균 실종의 시대에 어떻게 교육해야 하느냐?"라고 묻는다면 '강점 강화'라는 키워드로 답하고 싶다. 문제지 푸는 공부가 강점인 아이들은 열심히 문제지를 풀어서 수능 2등급 이상을 목표로 달리면 살길이 보인다. 문제지 푸는 공부에 강점이 없는 아이들을 어설프게 문제지 푸는 학원을 왔다 갔다 하지 말고 체계적으로 다른 길을 찾아 나서야 한다. 표준과 평균의 함정에서 빨리 빠져나와 이성적이고 합리적으로 '각자도생(各自圖生)'해야 입시라는 남들의 잔치에서 들러리가 되지 않을 것이다.

Q1 지금은 아이가 문제지 푸는 공부를 잘 못하지만, 앞으로 계기가 생기면 잘 할 수도 있지 않을까? 공부머리 테스트로 아이의 능력을 너무 일찍 한계 짓는 것은 아닐까?

A1 이런 염려는 공부머리 테스트나 다중지능 검사를 매년 꾸준히 해보면 바로 해결된다. 초등 고학년 이후 꾸준히 이런 검사를 해본다면 아이가 환경적인 도움이 없어서 공부를 잘 못하는 것인지, 아니면 타고난 인지 능력이 부족해서 시험 점수 향상에 한계가 있는 것인지 분명히 알 수 있다.

그리고 어려서부터 강점 지능을 잘 개발한다면 중·고등학교 시절에 문제지 푸는 공부는 못할지언정, 대학에 가거나 사회에 나와 자기가 좋아하고 잘하는 것을 하면서 두각을 나타낼 수 있다. 그래서 특히 다중지능 검사를 꾸준히 해보며 문제지 푸는 능력 이외의 강점이 무엇인지 발견하고 그 강점을 더 키워나가는 전략이 필요하다.

Q2 강점 지능이 뚜렷이 나타나지 않고 다 애매한 아이들은 어떻게 해야 할까? 그냥 공교육만 시키고 다른 것을 안 시키면 게임만 하는 등 시간을 낭비할 텐데 공부라도 시켜야 하지 않을까?

A2 아이들이 게임만 하거나 오락 위주의 유튜브만 보며 시간을 낭비하는 것은 하기 싫은 문제지 푸는 공부에서 받은 스트레스를 풀 다른 방법이 없기 때

문이다. 예를 들어, 운동을 열심히 하거나 미술이나 음악 등 취미가 확실한 아이들은 게임을 심하게 하지 않는다. 그런 아이들은 게임을 할 시간조차 그리 많지 않다. 결국 하기 싫은 것을 많이 하기 때문에 게임 하는 시간이 점점 늘어나는 것이다. 중·고등학교를 졸업하고 더 이상 학교에 가지 않거나 사회생활을 하게 되었는데도 집에서 하루 종일 게임만 하는 아이들은 드물다. 공부 스트레스가 없는 상황에서 자기가 마음대로 할 수 있는 시간이 24시간 주어진다면 게임 중독이 아닌 이상 대부분의 아이는 자기가 할 일을 찾아 나선다.

가장 이상적인 모습은 문제지 푸는 공부 이외에 자기가 좋아하고 잘하는 분야를 찾고, 그 일을 하느라 바빠서 게임을 할 시간이 줄어드는 것이다. 어려서부터 연기나 노래로 주목받는 아이들 가운데 이런 아이들이 많다. 그냥 놔두었더라면 공부로 스트레스받아 게임만 했을 텐데, 이런 아이들은 어려서부터 자신의 재능을 바탕으로 일찍 어른들을 만나고 사회생활을 경험하면서 게임을 할 시간조차 없게 된다.

하지만 이렇게 탁월한 재능이 없는 대부분의 아이에게 가장 현실적인 대응은 역시 조금 답답하더라도 공교육만 시키고, 학교에 갔다 온 뒤에는 게임을 하거나 유튜브를 보더라도 어느 정도 묵인해 주는 것이다. 이런 모습이 보기 싫다고 아이를 억지로 학원에 보내면 돈은 돈대로 버리고, 반항심만 더 깊어지는 것은 물론 더욱더 게임이나 유튜브에서 탈출구를 찾으려 한다.

또 이런 아이들은 재수 등을 하며 입시를 길게 끌기보다, 가능한 한 빨리 대학이나 사회에 내보내 앞으로 펼쳐질 인생의 실제 모습을 보게 할 필요가 있다. 좁은 교실에서 문제지만 풀어야 하는 중·고등학교 6년은 긴 인생에서 아주 특수하고 짧은 시간임을 알게 해줘야 한다.

게임이나 유튜브 시청이 중독에 가깝다면 전문적인 치료를 받아야 하지만, 그 정도까지는 아니라면 나름대로 집에서도 기본적인 관계 회복과 자율성 부여를 통해 해결하는 방법이 많다.

게임 중독에 빠진 두 아들과 같이 공부해 둘을 모두 서울대에 보낸 노태권 씨는 자율과 통제의 원리를 적용해 큰 효과를 봤다. 먼저 아이들과 같이 여행하며 아이들의 마음을 얻고 소통할 수 있는 신뢰를 회복했다. 그리고 아이들이 자율적으로 게임 시간을 정하게 하고 그 시간에는 '죄책감 없이' 마음껏 게임을 하게 해주었다. 그리고 공부 시간도 역시 자율적으로 정하게 하여 공부에서 얻는 성취감이 게임에서 얻는 것 못지않다는 것을 경험하게 했다.

게임 통제와 관련해 많은 논점이 있지만 핵심은 아이가 자율성을 갖고 자기 삶의 통제권을 갖게 하는 것이다. 그리고 자신이 자율적으로 선택한 결정을 책임지는 연습이 필요하다. 각 가정의 상황에 맞게 아이와 잘 소통하고, 아이가 스트레스를 푸는 적절한 방법을 찾는다면 게임 문제와 더불어 진로 문제에서도 나름의 답을 찾을 수 있을 것이다.

04

모든 아이가 문제지 푸는 공부에 매달려야 할까?

대학 진학률 70%라는 세계적인 기록의 아이러니

유럽의 강소국 네덜란드에는 우리나라의 고등학교에 해당하는 중등학교에 졸업 시험이 있다. 학교에서 보는 시험은 교육부 지정 과목에 대한 구술, 실습, 쓰기 시험이고, 국가 차원에서 쓰기 시험도 치른다. 만약 이 두 시험에 합격하지 못하면 마지막 학년을 다시 공부해야 한다. 대학 진학을 원하면 반드시 이 졸업 시험을 통과해야 한다.

반면에 우리나라에는 이런 졸업 시험이 없고, 마음만 먹으면 누구나 대학 입학 고사인 대입 수학능력 시험(수능)을 볼 수 있다. 고등학교를 안 다녀도 대입 검정고시를 통과하면 응시 자격이 주어진다. 그런데 이렇게 누구나 볼 수 있는 수능에서 하위 등급을 받은 학생들은 과연 대학 수학능력을 제대로 갖췄다고 볼 수 있을까? 대학에서 영어 원서뿐 아니라 한글로 된 전공 서적 한권 제대로 읽을 능력이 있는지 의심되는 학생들이 많다.

우리나라 영어 교육계에서 재미있는 모습 중 하나가 대학생들을 대상으로 한 토익 왕 기초반, 토익 500점 반 등이 있다는 것이다. 대학 편입 강의에서도 "왕 기초반: 중학교 어휘부터 가르쳐 드립니다"라는 광고 문구가 등장한다. 물론 여러 가지 이유로 영어 공부를 전혀 못 하다가 새로 독하게 마음먹고 공부하려는 학생들을 위해 이런 기초반이 필요할 수도 있다. 이런 학생들을 비하하려는 의도도 아니다.

하지만 조금만 상식적으로 생각하면 너무나 이상하다. 중학교 어휘도 모르는 학생들이 어떻게 고등학교에 올라갔고 또 어떻게 대학까지 갔을까? 선진국에서는 상상하기 힘든 모습이다. 영어뿐 아니라 중학교 수준의 국·영·수가 안되는 학생들에게 고등학교 수준에서 더 어려운 국·영·수를 가르치는 게 무슨 의미가 있을까? **이런 학생들에게는 삼각함수, 지수 로그, 가정법 과거 완료를 가르치기보다 민주시민이 되기 위한 기본 소양 교육과 사회에서 살아가는 데 필요한 경제 교육과 직업 교육이 더 필요하지 않을까?** 그런데 지금 우리나라의 많은 4년제 대학에서는 '대학 수학능력'이 안되는 학생들이 대학교 강의실에 앉아 중·고등학교 때 배웠어야 할 내용을 배우는 현상이 나타나고 있다.

이 모든 신기한 일은 대학 진학률 70~80%라는, 우리나라의 또 하나의 세계 신기록에서 기인한다. 그리고 대졸자와 비대졸자의 차별, 정규직과 비정규직의 차별, 능력보다 학부 간판에 따라 사람을 평가하고 차별하는 한국 사회의 모순에 기반을 두고 있다. 결국 이런 구조적 모순을 해결하고, 무조건 4년제 대학을 나와야만 사람대접 받으며 살 수 있다는 사회 분위기부터 쇄신하지 않고서는 이런 이상한 모습을 바꾸기 힘들다.

네덜란드와 독일의 대학 진학률

네덜란드에서는 약 15%의 고등학생이 연구 중심 대학에 가고, 약 25%는 실무중심 대학에 가서 3~4년간 대학 공부를 한다. 나머지 학생들은 우리나라 실업계 고등학교에 해당하는 4년제 중등직업교육학교(VMBO)에 진학하여 직업 교육을 받고, 졸업 후 취업하거나 2년제 직업학교에 간다. 이 모든 일이 가능한 것은 사무직과 근로직의 차별, 육체노동에 대한 업신여김이나 편견이 없는 사회 분위기와 더불어, 모두 다 대학에 갈 필요가 없다는 사회적 공감대가 있기 때문이다. 한국인들이 "대학에 안 가면 사람대접을 못 받지 않느냐?"라고 질문하면 "모두가 대학을 나와서 의사가 되고, 변호사가 되면 집은 누가 짓고, 하수도는 누가 뚫느냐?"라는 반문이 돌아온다고 한다.

공립대학의 학비가 거의 없고, 공부하고자 하는 사람에게는 나이와 관계없이 기회를 준다는 독일도 마찬가지다. 독일에서는 아예 초등학교 졸업 때 선생님이 대학에 가기 위한 공부를 하는 김나지움(Gymnasium), 실무 교육이나 직업 교육을 받는 레알슐레(Realschule)와 하우프트슐레(Hauptschule)로 진로를 결정하도록 지도해 준다. 네덜란드에서도 초등학교 졸업 후 진로가 거의 결정된다. **초등학교 때 공부하는 모습만 제대로 지켜봐도 이 아이가 대학까지 갈 필요가 있는지 아니면 직업 교육만 받아야 할지 감이 오기 때문이다.** 그리고 부모 대부분은 선생님의 의견에 따라 아이들을 상급학교에 진학시킨다. 진학자 비율은 김나지움 8%, 레알슐레 17%, 하우프트슐레 75% 정도라고 한다. 초등학교 졸업생의 75% 정도가 우리나라의 특성화고에 해당하는 중등 과정에 진학하는 것이다.

이 두 나라의 사례를 보면 아이들의 강점을 인정하고 그에 맞춰 올바른 진로 지도를 해줄 때, 아이들도 행복하고 사회적으로도 불필요한 비용을 줄일 수 있음을 알 수 있다. 사실 우리나라에서도 최소한 국·영·수만이라도 제대로 된 졸업 시험을 봐서 고등학교나 대학교 진학 시 크게 방향을 잡아 준다면 지금처럼 사교육비 부담이 엄청나게 크지는 않을 것이다. 아이들도 안되는 문제지 푸는 공부를 하며 힘들게 지내지 않아도 된다. 일전에 독일 국적 방송인인 다니엘이 한 프로그램에 나와 자기는 "고등학교 때가 가장 행복했고 학교에 가는 게 너무 즐거웠다"라고 말하는 것을 듣고 눈물이 쏟아질 뻔했다. 학교와 학원에서 문제지를 풀다가 지쳐 책상 위에 엎드려 자는 수많은 우리 중·고등학교 아이들 모습이 오버랩되었기 때문이다.

문제지 푸는 공부를 하다가 엎드리는 아이들

우리나라 수능 시험 시간은 1교시 언어 영역(국어) 80분, 2교시 수리 영역(수학) 100분, 3교시 외국어 영역(영어) 70분, 점심 먹고 4교시 한국사, 탐구 영역 107분이다. 여기에 제2외국어, 한문까지 선택하면 40분을 더 봐야 한다. 아침 8시 40분에 시작해서 오후 5시 45분에 끝난다. 이런 수능 시험을 1학년 3월 모의고사부터 시작해서 고등학교 3년 내내 본다.

그런데 중학교 때 국·영·수에서 D, E를 받은 전국 40~50%가량의 학생들이 고등학교에 가서 2교시 수능 수학 100분 중에 몇 분이나 제대로 문제를 풀 수 있을까? 아마 대부분 쉬운 문제만 몇 개 풀고, 나머지 시간에는 엎드려 잘 것이다. **어떻게 보면 우리나라 입시 교육은 100분 동안 열심히 문제를 풀 수 있는 상위 10~15% 아이들을 위해 나머지 아이들을 들러리로 세우는 경쟁**이라고 할 수 있다.

바람직한 것은 대입 경쟁에 시간과 에너지를 낭비하지 않도록 유럽식 모델처럼 학교에서 아이들의 진로를 결정해 주는 것이다. 하지만 우리나라에서 학교 선생님이 그렇게 결정하고 학생이나 부모에게 수능이나 대학 입시 선택권을 주지 않았다가는 난리가 날 것이다. 또 직업 교육을 전담으로 하는 특성화고에 대한 안 좋은 인식도 문제이고, 친구 관계 등 복잡한 사회·정서적 문제도 있다. 그래서 결국 이런 문제는 각 가정에서 알아서 해결하는 수밖에 없다.

이 책에서 말하는 대로 최소한 '공부머리 테스트'와 '다중지능 검사'만 매년 꾸준히 해도 고등학교 내내 교실 책상에 엎드려 있을 많은 아이들에게 새로운 대안을 제시할 수 있다. 아이의 능력을 제한하고 대학에 가겠다는 꿈을 꺾자는 게 아니다. 객관적인 테스트와 결과에 근거해 아이가 노력을 안 하는 것인지, 인지 능력이 부족한 것인지 정확히 파악하자는 것이다. 또 다중지능 검사를 통해 아이에게 문제지 푸는 공부 말고 어떤 강점이 있는지를 알면, 좀 더 성취감을 느끼는 분야를 경험하게 할 수 있다.

인지 능력이 약한 아이들을 위한 사교육

문제지 푸는 공부 성적은 애매하지만 특성화 고등학교에는 가고 싶지 않다면, 인문계 고등학교에 다니며 방과 후 자기가 잘하고 좋아하는 다양한 분야의 학원에 다닐 수 있다. 필자는 이를 '대안 사교육'이라고 한다. 공부머리 테스트를 통해 유의미한 점수가 안 나오는 과목은 공교육만 받는 대신, 자기가 잘하는 것에 더 많은 시간과 에너지를 쏟으며 사회생활 준비를 하는 것이다. 마음먹고 찾아보면 다양한 분야에 도전해 볼 수 있다.

미용, 요리, 제빵, 사진, 드론, 코딩, 웹툰, 유튜브 콘텐츠 개발, 원예, 동물 돌보기, 목공, 일본 애니메이션 공부(일본어), 요가, 댄스, 보컬트레이닝, 아나운서 학원, CS 학원(예: 항공기 승무원 교육)

집 근처에 이런 학원이 없다면 클래스101(class101.net), 탈잉(taling.me) 같은 온라인 교육 업체를 활용할 수도 있다. 아니면 자기가 좋아하는 주제를 다루는 그 분야 고수의 유튜브 영상을 통해서도 배울 수 있다. 주말이나 방학 때 고수들이 운영하는 강좌나 교육 프로그램에 참여할 수도 있다. 뜻과 의지만 있으면 이렇게 배울 수 있는 길은 무궁무진하다.

입시 현장에 20년간 있으며 필자가 보기에 제일 안타까웠던 모습은 인지 능력이 부족한 제자들이 '나는 문제지 푸는 공부로 좋은 대학에 가는 것밖에 길이 없다'라고 생각하고 좁은 학원 강의실을 벗어나지 못하는 것이었다. 체격도 좋고, 젊음이 있고, 가능성이 무궁무진한 아이들이 왜 좀 더 큰 세상에 나가 자기가 좋아하고 잘하는 것을 찾아보고 도전해 보지 않는지 너무 안타까웠다. 이런 문제를 제기하면 제자들 대부분이 "선생님, 저는 어려서부터 지금까지 해본 게 문제지 풀고 학원에 다닌 것밖에 없어요"라고 말하곤 했다. 이런 모습을 보며 필자는 공부 쪽이 아닌 아이들은 더더욱 한 살이라도 어릴 때 다른 분야에서 성공 경험을 하며 새로운 도전을 해보는 게 중요하다고 생각해 왔다.

그런데 현재 학교와 학원에서 이렇게 중심 있는 진로 지도를 해주기는 힘들다. 깨어있는 부모들이 배워 약간의 시행착오를 겪어 가며 직접 아이들을 돕는 수밖에 없다. 이 책에서 소개하는 검사들을 통해 아이가 자신의 인지 능력과 다중지능을 꾸준히 점검하고 파악하게 해주는 것이 그 첫걸음이 될 수 있다.

선생님, 궁금해요!

Q 국·영·수 학원 같은 인지 학원에서 성과가 안 나오는데도 아이들이 학원을 끊고 다른 길을 찾지 못하는 이유는 무엇일까?

A 첫 번째로 아무래도 공부 이외에 다른 진로에 대한 대안이 많지 않기 때문이다. 이 책에서 말하는 대로 국·영·수 학원에 갈 시간에 본인이 좋아하고 잘하는 분야의 학원이나 다양한 교육 프로그램을 활용할 수도 있지만, 여전히 국·영·수 학원에 비하면 사회적 인프라가 부족하다.

두 번째로는 국·영·수 인지 학원이 수업 듣고 문제지 푸는 공부를 하는 곳일 뿐 아니라 친구들을 만나는 곳인 동시에, 갈 곳 없는 아이들을 보육하는 사회적 기능을 하고 있기 때문이다. 학원에 가지 않는 아이들이 모이거나 무언가를 배울 수 있는 공간과 프로그램이 부족하고 아이들을 돌봐 줄 수 있는 공동체가 적어 어쩔 수 없는 부분도 있다.

세 번째로는 많은 부모가 시험 성적 향상을 통한 '좋은 대학 진학=사회 성공'이라는 과거의 성공 방정식에서 벗어나지 못하기 때문이다. 문이 점점 좁아지고 있기는 하지만, 여전히 명문대를 나오고 전문직을 가지면 돈도 벌고 사회적 지위도 얻는 등 눈에 보이는 성과가 있기 때문에 계속 이런 예전의 성공 방정식에 희망을 거는 부모가 많다.

어떤 이유에서든 현실적으로 우리 아이들의 70% 이상이 어려서부터 학원에 다닐 만큼 사교육이 하나의 문화가 되었다. 이런 분위기에서 자신만의 소신을 지키고 중심을 잡기가 쉽지 않다. 눈 하나인 사람들이 사는 나라에서 눈 둘인 사람이 살다 보면 자신이 정상인지 아닌지 고민해야 하는 순간을 많이 경험하게 된다. 그렇기에 아이를 객관적으로 파악하여 중심을 잡는 교육 로드맵이 더욱더 필요하다.

05

진짜 돈을 써야 할 때는
유·초등 시기가 아니다

사교육비 지출의 현실을 직시하자

필자가 영·유아 대상 영어 학원이나 초등 시절 과도한 인지 교육 등 교육비가 많이 드는 유·초등 교육을 권하지 않는 현실적인 이유 중 하나는 아이의 학년이 올라갈수록 돈 쓸 일이 더 많아지기 때문이다. 그리고 정작 교육비를 투자해야 할 때는 아이의 문제지 푸는 능력이나 인지 공부에 대한 동기 부여가 검증된 중·고등학교나 대학교 때이기 때문이다.

우리나라에서 입시를 준비하는 고등학생 한 명을 둔 가정의 월평균 사교육비는 얼마나 될까? 통계청의 2022년도 초·중·고 사교육비

통계 결과를 살펴보면 고등학생 평균 사교육비가 69.7만 원(초등 43.7만 원, 중등 57.5만 원 / 사교육 참여 학생 평균)인데, 실제로 체감하는 평균 사교육비는 월 150만 원 전후일 것이다.

학년이 올라갈수록 늘어나는 사교육비

우선 학군지 아이들은 대부분 국·영·수 학원을 기본으로 다닌다. 과목당 주 2~3회 월 30만 원 선이라 국·영·수만 해도 기본이 90만 원이다. 여기에 사회나 과학 과목을 하나씩 추가하면 역시 과목당 20만~30만 원씩 든다. 방학 때는 비용이 더 든다. 이런저런 방학 특강을 다 보내면 역시 한 달에 100만 원 이상이 기본 학원비로 들어간다.

또 요즘에는 '윈터스쿨'이라는 학원 프로그램도 유행이다. 약간 느슨해지기 쉬운 방학 때 교외 기숙 학원이나 도심형 학원에서 온종일 수업을 듣고 자습하는 프로그램이다. 모든 아이가 참여하는 것은 아니지만, 기숙사 학교에 다니거나 사교육 인프라가 부족한 지역에 사는 상위권 아이들은 꽤 많이 참여한다. 보통 6주 기준으로 200만 원이 넘게 든다.

학원에 다닐 형편이 안되니 인터넷 강의를 들으려고 해도 비용이 만만치 않다. 모 인터넷 강좌 대표 수학 강사의 인터넷 강의 가격표를 보니 수학 I 수강료가 12만 원대이고, 교재비가 4.8만 원이다. 보통 교재비를 포함해 한 강좌가 20만 원대라고 할 수 있다. 또 인터넷 강의의 경우 주제별로 나뉜 경우가 많고, 아이가 한 선생님 강의만 듣는 게 아니므로 이런저런 과목을 합하면 역시 월 100만 원은 훌쩍 넘어가기 쉽다. **EBS 무료 강의와 저렴한 EBS 교재를 사용할 수도 있지만, 현실적으로 상위권이나 중·하위권이나 대부분 유료 강좌를 듣는다.** 다른 아이들이 다 듣는다고 하는 그 분야 '1타 강사'의 강의를 안 들으면 무언가 손해 보고 뒤처지는 듯한 심리적인 부분도 있기 때문이다.

학원비나 교재비만 드는 게 아니다. 요즘 아이들은 대부분 집이나 학교가 아닌 독서실이나 스터디 카페에서 문제지 푸는 공부를 한다. 한 달 정도 이용하면 평균 10만~15만 원 정도는 내야 한다. 이런저런 비학원 사교육비에 고3이 되면 대부분 받는 진학 컨설팅비, 원서 지원비, 논술 및 특수 전형 대비 학원비 등을 더하면 고3 때는 고1, 고2 때의 두 배 정도 예산을 잡아야 할 수도 있다. 이렇게까지 했는데 원하는 대학에 못 가 재수를 한다면 연간 2,000만~3,000만 원 이상의 예산이 추가로 필요하다.

지금까지는 고등학교 사교육비만 살펴봤는데, 요즘 상위권 아이들은 대부분 중학교 때부터 고등학교 과정의 영·수 선행을 거의 마치고 고등학교에 진학한다. 그러니 중학교 때부터 중등 내신뿐 아니라 특목고, 자사고 입시나 고등학교 선행에 들어가는 사교육비가 거의 월 100만~200만 원은 될 것이다. 그러면 연간 2,000만~3,000만 원을 6년 정도 써야 한다는 계산이 나온다. 명문 학군지에서 중·고등학교에 다닌다면 사교육비가 거의 1억 원은 들 것으로 예상해야 한다.

그러면 이성적으로 생각할 때 아이가 앞으로 문제지 푸는 입시 공부를 잘할지, 잘 못할지 모르는 상황에서 유·초등 사교육에 몇천만 원을 쓰는 것이 나을까? 유·초등 때는 사교육비를 최대한 아꼈다가 아이가 문제지 푸는 공부를 잘할 가능성이 보이고, 본인도 욕심을 내서 공부하려고 할 때 드는 사교육비에 보태는 것이 나을까? 전자는 앞으로 잘 탈지 어떨지 모르는 장작에 기름을 붓는 격이고, 후자는 잘 타는 장작에 기름을 더 부어 불꽃을 키우는 격이다.

이렇듯 이성적으로 판단하면 너무나도 명확한데, 주변에서 다 하는 것을 나만 하지 않는 것 같은 불안감과 심리적인 이유로 중심 잡기가 어렵다. 그래서 더더욱 아이의 인지 능력이나 문제지 푸는 역량을 알아볼 수 있는 객관적인 기준과 자료가 필요하다.

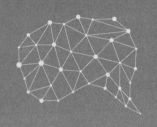

2장

'공부머리 테스트'로 아이의
입시 경쟁력을 확인하라

•

**진정한 교육은 양동이에 물을 채우는 것이 아니라,
아이들 마음에 불을 붙이는 것이다.**
- 예이츠

"Education is not the filling of a pail, but the lighting of a fire."

– *W. B. Yeats*

06

'공부머리 테스트'란 무엇인가?

같은 시험지를 다른 방식으로 두 번 풀기

'공부머리 테스트'란 내가 열심히 입시 공부를 해서 어느 정도 점수를 올릴 수 있는지 알아보는 테스트다. 현재 나의 실력을 알아보고, 앞으로 내가 입시에 시간과 에너지를 투자했을 때 어느 정도까지 점수를 끌어올릴 수 있는지 알 수 있다.

이 공부머리 테스트는 필자가 2015년쯤부터 교육 칼럼이나《입시지도》및《학군지도》등에서 본격적으로 언급한 용어로, 기본적인 방법은 영어 선생님이자 전설적인 투자자인 H 선생님께 들은 것이다.

H 선생님은 교육청 우수 교사로 뽑히기도 하고 교수법 연구도

'공부머리 테스트' 방법

1. 테스트하려는 시험문제를 2세트 복사한다. (초등학생의 경우 단원 평가, 중학생은 내신 시험문제, 고등학생은 수능 모의고사 문제)
2. 첫 번째 시험지를 실제 시험 시간에 맞춰 푼다.
3. 첫 번째 시험지를 채점하지 말고 충분히 휴식한 후 가장 좋은 컨디션으로 같은 시험지를 다시 한번 풀어본다. 두 번째는 오픈북으로 시간제한 없이 푼다. 사전이나 교과서를 찾아봐도 좋고 인터넷을 검색해도 된다. 그리고 시간도 하루를 넘겨 다음 날까지 며칠을 고민해서 문제를 풀어도 된다. 충분한 시간을 갖고 공부하고, 자료를 찾아보고, 문제 푸는 속도를 단축하면 어느 정도까지 점수를 올릴 수 있는지 알아보는 것이 목적이다.
4. 이렇게 같은 시험문제로 두 번 시험을 치른 뒤 각 시험지를 채점한다. 처음 본 시험 점수를 A, 두 번째 본 시험 점수를 B라고 하고 두 점수를 비교해 본다.

* 주의: 3에서 첫 번째 시험지는 채점하지 않고 같은 시험지를 오픈북으로 시간제한 없이 푸는 게 포인트인데, 실제 가정에서 공부머리 테스트를 하게 하면 첫 번째 시험지를 채점하고, 두 번째 시험지에서는 오픈북으로 틀린 문제만 다시 풀게 해서 점수를 내는 경우가 많다. 정답을 모른 채 다시 같은 문제를 풀면 내가 못 푼 문제뿐 아니라 확신이 없던 문제도 오픈북으로 자료를 찾아보고 한 번 더 제대로 풀어볼 수 있다. 그러므로 절대 먼저 채점하지 말고, 오픈북 테스트가 다 끝나고 두 시험지를 같이 채점해야 한다.

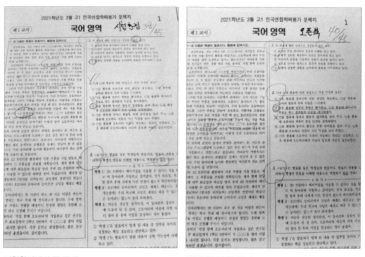

시험환경에서 푼 문제   오픈북으로 푼 문제

많이 하셨는데, 아이들이 공부해서 얼마나 향상된 결과를 낼지 알아보기 위해 학기 초에 두 가지 형태로 시험을 봤다고 한다.

즉, 같은 문제지를 두 세트 만들어 하나는 시험 시간을 정해서 풀게 하고, 하나는 다음 날 시간제한 없이 사전이나 교과서를 찾아보며 풀게 했다. 그리고 두 시험지를 각각 채점해서 두 점수 차이를 비교하며, 해당 학생이 한 해 동안 공부를 통해 어느 정도 성적을 올릴 수 있는지를 가늠해 보았다고 한다.

이 이야기를 듣고 필자는 바로 이 공부머리 테스트를 당시 근무하던 대치동 대학 입시 학원과 강남 편입 학원에 적용했다. 특히 편입의 경우 1년 동안 공부해서 과연 자기가 원하는 대학에 갈 수 있는지 알고 싶어 하는 학생이 많았지만, 합격 여부를 예측해 볼 만한 객관적인 근거가 부족했다. 그저 막연하게 열심히 공부하면 합격할 수 있다는 '희망 회로'에 입각해 격려하며 상담해 줄 뿐이었다.

공부머리 테스트로 예측해 보는 입시 결과

공부머리 테스트 개념을 소개하고 희망하는 학생들과 함께 실제로 테스트해 보니 어떤 학생은 A가 50점인데 B가 80점이 나왔다. 이 학생에게는 영어 단어를 충분히 외우고, 독해 속도를 끌어올리고 문제 푸는 연습을 1년 동안 열심히 하면 본인이 가진 공부머리로 충분히 편입 입시를 해볼 만하다고 말해 줄 수 있었다.

그런데 어떤 학생은 A가 30~40점대이고 B도 60~70점대를 넘지 못했다. 이런 학생은 **단어를 외워도 구문을 몰라 해석이 안 되고, 구문을 알아도 배경지식이 없어 지문이 이해되지 않으며, 억지로 다 해석해도 문제 출제 의도를 파악하지 못해 정답을 찾아내지 못했다.** 이러면 1년 동안 아무리 편입 시험에 매달려도 본인이 원하는 결과를 얻을 수 없다. 어떤 대학이든지 그 대학 기출 문제에서 최소한 80점 이상은 나와야 실제 입시에서 합격할 가능성이 있기 때문이다. 이런 학생들에게는 일반 편입보다 경쟁률이 낮은 학사 편입을 권했고(물론 이 자격을 갖추려면 1년 정도 시간이 더 필요하다), 1년간 해보고 안 되면 빨리 전적 대학에 돌아가 졸업하고 사회에서 승부를 보는 전략을 택하라고 상담해 주었다.

이후 영어뿐 아니라 국어, 수학 등 다른 과목에서도 공부머리 테스트로 학생들의 입시 능력을 측정해 볼 수 있었다. 국어도 시간을 아무리 많이 주고 교과서를 찾아보게 해도, 공부머리 테스트의 오픈 북 점수가 80점 이상 나오지 않는다면 대입 이상의 입시에서는 유의미한 결과를 내기 힘들다. 수학도 공식을 찾아보게 하고 시간을 많이 주며 풀게 해도, 수학 개념에 대한 이해력이나 문제 응용력이 없으면 역시 오픈북 테스트에서 80점 이상 나오지 않는다.

물론 학생의 노력에 따라 예상보다 실제 시험 점수를 좀 더 올릴 수도 있다. 하지만 그 경우에도 대부분 점수를 4~5점 정도 올리는 데 그칠 뿐 수능을 기준으로 1~2등급을 올리는 경우는 많지 않다. 이런 상황에서 등급을 올리는 유일한 방법은 뒤에서 소개할 마음 근력 향상을 통한 비인지적 방법이다. 사교육을 더 받거나 재수, 삼수 하며 공부 시간을 늘려 올릴 수 있는 점수나 등급에는 한계가 있다.

지금 바로 🖥 실천해 보세요

1 아이와 함께 아래 참고자료의 공부머리 테스트 동영상을 보고, 그에
관해 이야기를 나눈 뒤 한번 해볼 것을 권한다.

2 아이가 긍정적인 반응을 보일 경우, 어느 문제지로 공부머리 테스트를
할지 함께 의논해 본다.

3 아이가 소극적일 경우, 한 과목 정도 시험 삼아 테스트해 볼 것을 제안
한다.

4 주말이나 시간 여유가 있을 때 공부머리 테스트를 실제로 해본다.

 참|고|자|료 ....

심정섭 TV
공부그릇 키우기와 동기부여라는 환상_공부머리 테스트(영상 20분부터 공부
머리테스트 설명이 나옴)
www.youtube.com/watch?v=SW68avqud7Y

07

공부 의지가 있는 아이는 '공부머리 테스트'에 적극적이다

테스트에 대한 반응만 봐도 입시 경쟁력을 알 수 있다

'공부머리 테스트'는 지금의 나의 실력과 앞으로 내가 마음먹고 노력했을 때 올릴 수 있는 점수를 알아보는 유용한 도구다. 초등 고학년 이상 아이들에게 공부머리 테스트의 개념을 알려주고 한번 해보자고 했을 때 아이들의 반응은 크게 두 가지로 나뉜다.

① 공부 의지가 있는 아이

어떤 고등학교나 대학에 가고자 하는 욕심이 있는 아이들은 자기의 가능성을 알아보기 위해 적극적으로 해보고자 한다.

오랫동안 필자와 탈무드식 역사 토론도 같이 하고 강북에서 열심히 공부해, 현재 다니는 중학교에서 최상위권 성적을 유지하고 있는 A 학생이 있었다. 이 학생은 중3이 되어 앞으로 자사고에 가야 할지, 강북의 일반고에 남아 최상위권 전략을 취해야 할지, 강남 학군지 고등학교에 가야 할지 고민 중이었다. 그래서 이 책에서 소개한 공부머리 테스트, 다중지능 검사, 회복탄력성 검사, DiSC 검사와 최근 상담 때 활용하고 있는 제프리 코헨의 '자기 가치 확인(self-affirmation)'까지 써 보고 그 결과를 바탕으로 상담하자고 했다. 아이는 당시 수학여행 중이었는데도 틈틈이 모든 검사를 다 해서 결과를 메일로 보내왔다. 그래서 수학여행에서 돌아온 다음 바로 상담할 수 있었다.

② 공부 의지가 없는 아이

반면에 강남 학군지 부근에 살면서 역시 고등학교를 어디로 가야 할지 고민하던 B 학생의 경우, 4가지 기본 검사 결과를 받는 데 2주 이상 걸렸다. 공부머리 테스트로 고등학교 1학년 3월 수능 모의고사 국·영·수 세 과목을 다 풀어서 보내 주기로 했는데, 수학만 간신히 보내왔다. 그것도 오픈북 테스트 결과는 보내지 못하고 시간 맞춰 푼 시험 점수 하나만 간신히 보냈다. 사실 상황이 이렇게 되면 굳이 4가지 검사 결과를 다 보지 않아도 아이의 인지, 비인지 역량이 대부분 어느 정도 가늠된다. 이런 학생들에게 중요한 것은 지금 당장 문제지 푸는 공부가 아닐 수 있다.

실제로 부모나 교사가 이런 테스트를 통해 아이의 공부 역량을 알아보거나 상담할 근거를 얻고자 할 때 가장 큰 걸림돌이 아이들의 '의지 없음'이다. 필자는 오랫동안 블로그의 개인 상담 신청란을 통해 위의 4가지 기본 검사 결과와 상세 상담 신청서를 사전에 다 보내는 조건으로 교육이나 학군 개별 상담을 해주고 있는데, 한 달에 상담 신청 건수가 2건 이상을 넘지 않는다. 부모는 꼭 한 번 상담받아보고 싶은데, 정작 아이들에게는 4가지 검사를 제대로 할 의지가 없기 때문이다.

그래서 어떤 의미에서는 공부머리 테스트를 알려주고 한번 해보자는 제안에 대한 아이들의 반응만 봐도 아이의 입시 역량을 절반 정도는 알 수 있다. 입시 공부에 의지가 없는 아이들 대부분이 처음에 보이는 반응은 "아니, 내가 왜 아직 배우지도 않은 내용에 대한 시험을, 그것도 같은 문제지를 두 번이나 풀어봐야 하느냐?"다. 이 경우라면 굳이 4가지 검사를 자세히 해보지 않아도 아이의 입시 역량이 상당히 약하다고 봐야 한다. 이런 아이들은 희망 고문을 하며 학군과 학원을 바꾸고, 사교육을 많이 시키기보다 스스로 공부하겠다는 마음이 들 때까지 기다려 주는 수밖에 없다. 최대한 사교육비를 줄였다가 나중에 아이가 무언가를 하고자 할 때 제대로 밀어줄 수 있도록 경제적으로 준비해 두는 것이 좋다.

어떤 면에서는 아이들의 이런 반응이 이해되기도 한다. 초등학교 때부터 수많은 문제지를 풀고, 시험이라면 지긋지긋한데 뭐 또 따로 시험을 봐서 내 가능성을 알아본다는 거냐고 생각할 수 있다. 이런 아이들은 우선 시험 문제를 통한 공부머리 테스트는 빼고 심리, 적성 검사라고 하면서 가볍게 다중지능, 회복탄력성, DiSC 검사만 해보자고 하는 것도 좋다. 정답이 있는 시험을 보는 것도 아니고 가벼운 마음으로 자기 상태만 기록하면 되기 때문이다. 이 3가지 검사는 마음 잡고 집중해서 하면 한 시간 남짓이면 다 할 수 있다.

역량 확인 없이 입시에 매달리는 재수생과 대학생

그런데 문제지 푸는 공부에 지쳐 공부머리 테스트를 거부하는 중·고등학교 아이들보다 더 안타까운 것은 공부머리 테스트와 같은 입시 역량 확인 없이 대입이나 편입 시험에만 매달리는 재수생이나 대학생이다. 공부머리 테스트 요령을 알고 난 이후 필자는 10년 넘게 계속 겨울방학 편입 첫 강의 때 공부머리 테스트를 소개하고 자신이 목표하는 대학의 기출 문제를 이런 식으로 풀어보라고 안내해 주었다. 100명의 학생에게 공부머리 테스트를 소개하면, 실제로 해보는 아이들은 약 10% 전후였다. 나머지 90%는 테스트를 해보지 않고, 그냥 단어 외우고, 문법, 독해 문제 하나 더 푸는 데 매달렸다. 그러고 나서 입시 결과를 보면, 공부머리 테스트를 한 아이들의 절반 이상은 원하는 학교에 갔고, 공부머리 테스트를 안 해본 아이들의 대부분은 편입에서 또 한 번 실패를 맛보았다.

내가 편입 학원 원장이라면 수강생 전원에게 개강 첫 주에 공부 머리 테스트를 해보게 하고, 그 결과에 따라 올 한 해 편입 공부를 해도 될지 안 될지 교통정리를 해주고 싶었지만 그럴 수 없었다. 그리고 사실 그렇게 했더라도 입시 역량이 부족한 대부분의 학생들은 상담 내용을 듣고 전적 대학으로 돌아가거나 새로운 진로를 준비하는 게 아니라, 결국 다른 학원으로 옮겨 맹목적인 입시 공부를 이어갔을 것이다.

편입을 강의하고 입시지도와 상담을 해주며 제일 안타까웠던 부분이 이것이었다. **문제지 푸는 공부로 성공할 가능성이 적은데도 대부분이 이 길밖에 없다고 생각한다.** 또 한 레벨이라도 대학 간판을 올리지 않으면 사회생활을 제대로 할 수 없고, 원하는 회사에 원서도 못 넣는다는 패배 의식에 빠진 아이들이 너무 많았다. 한 학생이 교무실에 찾아와 "선생님, ○○대 이하는 사람 취급도 못 받죠? 저는 어떻게 해서라도 무조건 ○○대 이상은 갈 거예요"라고 말했던 것을 아직도 잊을 수 없다.

이는 공무원 시험을 준비하는 제자들도 마찬가지였다. 공무원 시험이나 입사 시험에서도 역시 같은 방식으로 공부머리 테스트를 해보면, 내가 1년 동안 공부해서 어느 정도 가능성이 있을지 감을 잡을 수 있다. 그런데 대부분은 공부머리 테스트를 하기는커녕 최소한 기출 문제라도 한 번을 제대로 풀어보지 않는다. 우선 학원에 등록하고 동영상 강의부터 듣는다. 입시로 내달리기 전에 내가 어느 정도나 할 수 있는지 견적을 내보지 않고 무조건 뛰어드는 아이들이 너무 많다. 어려서부터 계속 문제지 풀고 학원 다닌 게 삶의 일부와 문화가 되어, 그냥 습관적으로 학원에 다니고 동영상 강의를 보는 아이들이 대다수다.

공부가 안되는 아이들을 위한 좀 더 세밀한 진로 지도

이런 모습을 그동안 너무 많이 봐 왔기 때문에 필자는 가능한 한 어려서부터 아이들에게 공부머리 테스트나 다중지능과 회복탄력성 검사를 통해 아이들의 진로를 제대로 잡아 주는 노력이 필요하다고 생각한다. 문제지를 풀고 학원에 다니는 것만 7~8년 이상 했는데도 점수가 안 나오는 아이들은 자기 존재와 시험 점수를 분리해서 생각할 수 없다. 시험 점수가 안 나와도 나는 따로 잘하는 것이 있고, 나의 존재와 나의 재능 및 성취는 별개라는 성숙한 의식을 갖지 못한다. 이러면 자존감이 떨어질 수밖에 없다.

시험 점수는 내 성취의 한 부분일 뿐이고, 이것 말고도 내가 잘하는 것을 찾을 수 있다는 상식적이고 건강한 자아관을 길러주기 위해서라도, 문제지 푸는 역량이 안되는 아이들을 위해 좀 더 세밀한 관찰과 강점을 찾아 주기 위한 교육이 더욱 필요하다.

참|고|자|료 ··

심정섭의 학군과 교육 블로그 개별상담 신청

필자의 블로그 개별상담 신청 폴더에 가면 공부머리 테스트, 다중지능, 회복
탄력성, DiSC 등의 기본 검사 자료를 통해 진로 교육 로드맵과 학군 상담을
받는 방법이 안내되어 있다.

blog.naver.com/jonathanshim/221824697578

08

'공부머리 테스트'로 해결하는
고등학교 선택 고민

'카더라' 통신에 휘둘리지 않는 고교 선택

중학생 자녀를 둔 가정에서는 아이가 중학교 졸업 후 어떤 고등학교를 선택할지가 큰 고민 중 하나다. 입시를 전체적으로 보면 고등학교 선택이나 학교에서의 선택과목 선정은 작은 변수일 수 있다. 하지만 막상 당사자들은 잘못된 선택 하나로 입시에서 큰 불이익을 당할 수 있다는 불안감이 크다. 그리고 인터넷상에서 입시 경험자들이 쏟아 놓는 수많은 개인적 경험(일명 '카더라' 통신), 예를 들어 "수학이 약하면 어떤 학교는 가지 마라", "어느 학교는 수행평가에 시간을 너무 많이 뺏겨 수능 공부할 시간이 없다"라는 식의 구체적인 이야기를 들으면 더 불안해진다.

하지만 이 모든 고민을 해결할 간단한 방법이 있다. 자기가 진학하려는 고등학교의 1학년 기출 문제를 구해 공부머리 테스트를 해보고, 이 점수를 바탕으로 학교알리미*(www.schoolinfo.go.kr) 학업 성취 현황에서 내 위치를 파악하면 된다. 그러면 큰 고민 없이 그 학교에 갈지 말지를 객관적으로 판단할 수 있다.

우리 아이가 만약 외대부고에 간다면 몇 등이나 할까?

예를 들어 수시, 정시, 해외 대학 입시 전 영역에서 최상위 입시 결과를 내는 전국 선발 자사고인 외대부고에 진학하려는 학생이 있다고 해보자. 족보닷컴(www.zocbo.com)에서 검색해 보면 외대부고 2020학년도 1학년 1학기 중간고사 수학 문제를 구할 수 있다.

보통 외대부고 문제는 구하기 힘든데 다행히 문제가 있다. 이 문제지의 경우 학생이 직접 푼 흔적이 남아 있는 스캔본인데, 부모님이나 친구에게 문제만 다시 써서 깨끗하게 2세트를 만들어 달라고 부탁한다. 그리고 하나는 시험환경, 하나는 오픈북으로 공부머리 테스트를 한 뒤 각각 채점한다.

---

* 국민의 알권리를 보장하기 위해 학교 전반의 내용을 투명하게 공개하는 사이트다. 교육 프로그램, 학생 및 졸업생 진로 현황, 학업 성취 결과 등의 정보를 얻을 수 있다.

채점 결과 오픈북으로 80점 정도 점수를 받았다고 가정해 보자. 이제 '학교알리미' 사이트에 가서 외대부고의 2020학년도 1학년 1학기 성적 상황을 확인한다.

이 점수는 중간, 기말고사와 수행평가를 합산한 전체 1학년 1학기 성적이다. 하지만 이 통계만으로도 위치 파악이 대강 가능하다.

수학을 80점 정도 받았으니(기말고사에서도 80점을 받고, 수행평가를 만점에 가깝게 받았다면) B 정도의 성적에 해당한다. 그런데 외대부고에서 B 이상을 받은 학생 비율이 90.5%다. 그러면 최악의 경우 수학에서 80점 이상을 받고도 내신은 7~8등급에 그칠 수도 있다고 각오해야 한다.

아이가 가고자 하는 학교 시험지로 먼저 테스트하기

보통 전국 선발 자사고나 최상위 외고의 내신 문제는 구하기가 쉽지 않지만, 일반고의 경우에는 쉽게 구할 수 있어서 마음만 먹으면 언제든지 공부머리 테스트를 해볼 수 있다. 일전에 대치동 중학교에서 상위 4%에 들지만, 고등학교 과정 수학 선행을 많이 어려워하는 학생을 상담해 준 적이 있다. 중3 때 다니고 있는 수학 학원에서 영재고, 과고나 대원외고에 지원하는 최상위권 학생들과 같이 수학을 공부하다 보니, 본인이 수학을 못한다고 생각하고 많이 위축되어 있었다. 이런 상황에서 휘문고, 중동고 같은 강남권 자사고나 평준화 일반고의 경우에도 단대부고나 경기고, 영동고처럼 이과가 강한 남고에 가는 것을 상당히 부담스러워했다. 그래서 전략적으로 전국 200위권 학교라고 할 수 있는 강남 외곽과 서초, 잠실권의 몇 학교를 소개해 주고, 이 학교 내신 기출 문제를 구해서 공부머리 테스트로 풀어보라고 했다.

물론 같은 학년에 어떤 학생들이 모이느냐에 따라 이전과 지금의 실력에 차이가 날 수도 있고, 공립학교의 경우 선생님들이 바뀌어 문제 출제 경향이 달라질 수도 있다. 하지만 막연하게 각 학교의 유·불리를 따지고, 다른 사람들의 주관적인 의견에 따라 학교를 선택하기보다는 이렇게 객관적인 점수와 데이터에 기초해서 고등학교에 지원하면 쓸데없는 고민을 상당히 줄일 수 있다.

앞에서 말한 대로 오픈북 점수는 앞으로 내가 노력해서 올릴 수 있는 점수다. 지금은 제대로 배우지 못한 채로 풀지만, 앞으로 충분한 시간을 갖고 공부한다면 어느 정도까지 점수를 올릴 수 있는지 알 수 있다. 이렇게 오픈북 점수를 가장 많이 올릴 수 있는 학교에 지원하고 그 학교에서 공부할 준비를 한다면 좀 더 자신감 있게 고등학교 생활을 대비할 수 있다.

상위 20~30%에 들 수 있는 학교로 가라

그러면 구체적으로 어느 정도로 점수가 나오는 학교에 가는 것이 가장 좋을까? 최상위권이야 점수가 제일 잘 나오는 학교에 가면 되지만, 중·상위권 학생이라면 최소한 내가 그 학교에 가서 상위 20~30%에 들 수 있는 학교에 지원하는 것이 좋다. 좀 더 현실적으로 말하면 오픈북 테스트 결과로 최소한 B 이상(학업 성취도 표시 기준으로) 나오는 학교에 가야 한다.

이렇게 말하면 경쟁이 너무 치열한 학교의 경우, 그 학교에 가서 중간만 해도 원하는 대학에 가던데 너무 기준을 높이 잡는 게 아니냐는 질문이 나올 수 있다. 하지만 이는 입시 현실을 잘 모르고 하는 말이다. 지금 아무리 시험환경에서 봤다고 해도 공부머리 테스트를 하는 환경은 실제 내신 시험 분위기와 다르다. 훨씬 덜 긴장된 상황에서 문제를 풀게 마련이다. 그리고 막상 고등학교에 가서 생길 수 있는 수많은 변수를 생각하면, 전국 100위권 학교에서는 상위 20~30%에 쉽게 들 수 있을 것 같아도 실제로는 한순간에 50~60%대로 밀릴 가능성이 있다. 그러면 수시는 포기하고 정시 올인, 재수나

심쌤의 TIP

특목고, 자사고의 기출 문제 구하기

일반고에 비해 특목고, 자사고의 기출 문제는 구하기 힘든 경우가 많다. 자사고도 서울이나 지방의 광역 선발 자사고 문제는 많은데, 전국 선발 자사고 문제는 잘 공개되지 않는다. 이 경우 우선 '족보닷컴' 등의 기출 문제 사이트를 검색해 보고, 찾을 수 없다면 구글에서 'OO학교 내신 기출 문제'로 검색해 보자. 학원이나 강사 개인 블로그에 올라온 최신 기출 문제를 찾을 수도 있다. 대원외고, 한영외고 등의 상위권 외고 문제도 우선 기출 문제 사이트에서 먼저 찾아보고, 없다면 인터넷으로 검색해 본다. 그래도 본인이 지원하려는 학교 문제가 부족할 경우 같은 계열에서 비슷한 수준의 학교 문제를 풀어보고 '학교알리미' 학업 성취도 결과표에서 자신의 수준을 확인해 볼 수 있다. 다만 영재고와 과학고 내신 기출 문제는 인터넷을 검색해도 구하기가 쉽지 않다. 이런 문제는 영재고와 과학고 관련 학원에서 구해 볼 수 있다.

삼수를 각오하는 좁은 선택지를 받아 들 수밖에 없다.

오픈북 테스트 결과 상위 20~30%에 들 수 있는 고등학교에 가야한다는 원칙은 특목고, 자사고, 일반고 모두에 해당한다. 그래야 고등학교에 가서 큰 스트레스 없이 공부할 수 있고, 입시에서도 다양한 선택을 할 수 있다.

지금 바로 실천해 보세요

1 초등 고학년, 중학생의 경우 희망하는 고등학교가 어디인지 함께 이야기를 나눠 본다.

2 '족보닷컴'과 같은 기출 문제 사이트나 인터넷 검색을 통해 아이가 희망하는 고등학교의 1학년 1, 2학기 내신 시험문제를 구해 본다.

3 실제로 시간을 내어 공부머리 테스트를 해본다.

4 '학교알리미' 사이트에 들어가 학업 성취도를 확인하고, 오픈북 테스트 점수를 기준으로 내가 이 고등학교에 갈 경우 내신이 어느 정도 나올지를 예상해 본다.

09

중학교 성적으로
고교 등급을 예측할 수 있다

중학교는 절대평가, 고등학교는 상대평가

2023년 현재 중학교 성적은 A에서 E까지 성취도 평가라고 하는 절대평가 방식으로 표시된다. 시험 난이도와 관계없이 90점 이상이면 A를 주는 방식이다. 음악, 미술, 체육은 A, B, C로만 성취도가 표시된다.

이에 비해 고등학교 성적은 상대평가 방식이다. 1에서 9등급으로 표시되고, 실제 대입에서는 이 상대평가 등급이 중요하다. 2025학년도 고교 학점제 전면 도입을 계기로 고등학교 내신에도 절대평가 도입 여부를 검토했는데, 최종적으로 2023년 기준 고등학교 1학

■ 중학교 성적표 예시

생활통지표

00년도	00학기말	0학년	0반	00번		이름 000	담임교사 000

과목	지필/수행	고사/영역명	만점	받은 점수	합계	성취도 (수강자 수)	원점수/ 과목평균 (표준편차)
국어	지필	1학기 중간고사(37.5%)	100.00	93.00	89.63	A(259)	90/79.9 (12.5)
	지필	1학기 기말고사(37.5%)	100.00	82.00			
	수행	쓰기(13%)	13.00	12.00			
	수행	과제물(12%)	12.00	12.00			
사회	지필	1학기 중간고사(35%)	100.00	90.00	87.30	B(149)	87.3/80.1 (10.5)
	지필	2학기 중간고사(35%)	100.00	91.00			
	수행	UCC제작 및 발표(15%)	15.00	14.00			
	수행	보고서(15%)	15.00	12.00			

년은 상대평가 체제를 유지하기로 했다.

고등학교 내신 1등급은 상위 4%인데, 보통 1등급 학생들이 학교장 추천 전형 등의 학생부 교과 전형 지원 자격을 갖는다. 서울대 지역 균형 선발(학생부 종합 전형)과 연·고대 및 Top 10위권 대학 학교장 추천 인원을 합하면 이론적으로는 약 300명대 졸업생이 있는 학교에서는 Top 10위권 대학 교과 전형 합격자가 20명 전후로 나올 수 있다. 하지만 전국 200위권 이하인 대부분의 고등학교에서는 대학에서 요구하는 수능 최저 등급(주요 과목 수능 2등급 전후)을 맞추지 못해 교과 전형 합격자를 이 정도로 배출하지는 못한다. 일반적인 평준화 일반고를 기준으로 보면 최소한 내신 2등급 전후가 되어야 학

■ 고등학교 성적표 예시

나이스에 나오는 성적표 예시

학기	교과	과목	단위수	원점수/과목평균 (표준편차)	성취도 (수강자 수)	석차등급	비고
1	국어	독서	4	87/81.8(10.3)	A(256)	4	
1	수학	수학1	4	77/71.3(12.5)	B(350)	4	
1	영어	영어회화	4	87/70.1(17.4)	A(256)	3	
1	과학	화학1	3	88/74.9(15.2)	A(150)	3	
1	기술가정/ 제2외국어/ 한문/교양	일본어1	3	86/65.3(17.9)	A(220)	3	

진로선택과목 성적표

학기	교과	과목	단위수	원점수/과목평균 (표준편차)	성취도 (수강자 수)	성취도별 분포비율	비고
1	수학	수리생물학	2	100/96.8	A(58)	A(98.3) B(1.7) C(0.0)	
1	과학	화학 과제연구	2	100/90.9	A(32)	A(100.0) B(0.0) C(0.0)	
1	과학	화학2	3	93/68.1	A(130)	A(33.8) B(30.8) C(35.4)	

예체능 성적표

학기	교과	과목	단위수	성취도	비고
1	체육	운동과 건강	2	A	
1	예술	미술	2	A	
2	체육	운동과 건강	2	A	

생부 교과 전형이나 학생부 종합 전형을 통해 Top 30위권 대학의 수시 전형 합격 가능성이 있다고 볼 수 있다.

중학교 성적으로 고등학교 내신 등급 예측해 보기

그런데 문제는 중학교 성적만으로 내가 어느 정도 공부를 하는지 가늠하기가 쉽지 않다는 점이다. 수행평가를 포함해서 90점이 넘는 학생들은 모두 성취도 평가에서 A를 받기 때문에, 중학교 성적만 가지고는 고등학교에 가서 내신을 어느 정도 받을지 알기 어렵다.

예를 들어 중3 정원이 200명인 중학교 수학 시험에서 A를 받은 학생이 30%이고, 이 시험의 평균은 80점, 표준편차는 20이라고 해보자.

수학 시험에서 A를 받은 학생은 전체 60명으로, 지필고사와 수행평가를 합쳐서 90점 이상의 성적을 받았다. 상위권 학생들은 대부분 수행평가를 만점에 가깝게 받으므로 성적은 보통 지필고사에서 결정된다. 이 중학교 학생들이 대부분 같은 지역 일반고에 진학한다고 가정할 때, 수학 성적 60등 안에 든 학생들이 받을 수 있는 고교 내신 등급은 1등급에서 4등급까지다.

4등급은 80명까지이므로 A를 받은 학생 중 47등부터 B를 받은 학생 중 상위권 20명이 4등급을 받을 수 있다. 그러면 단순하게 생각해도 중학교 수학에서 A를 받은 학생들의 절반 이상이 고등학교에 가서 내신 1~2등급을 받지 못한다고 볼 수 있다. 그리고 앞에서 말한 대로 평범한 일반고에서 내신 2등급 미만은 수시로 유의미한 대입 결과를 내기 쉽지 않다.

■ **고등학교 상대평가 내신 등급**

등급	누적비율	등급 비율	등수
1	1~4%	4%	8등
2	11%	7%	22등
3	23%	12%	46등
4	40%	17%	80등
5	60%	20%	120등
6	77%	17%	154등
7	89%	12%	178등
8	96%	7%	192등
9	100%	4%	200등

* 중3 정원이 200명일 때

중학교 성적 A는 최상위권이 아니라 중·상위권이다

그래서 현실적으로 중학교에서 국·영·수 전 과목 A를 받은 학생은 상위권이라기보다 중·상위권으로 봐야 한다. 고등학교에 가서 Top 30위권 대학에 확실히 갈 수 있는 학생들은 중학교 시험 성적을 기준으로 할 때 1문제 전후로 틀리는 최상위권 학생들이다. 물론 대치동, 목동과 같이 시험문제가 어렵고 경쟁이 치열한 명문 학군지 중학교 성적과 시골의 평범한 중학교 성적을 같이 놓고 고등학교 성적을 예측하기는 힘들다. 그래서 아래와 같은 등수 계산기를 활용해 좀 더 객관적으로 나의 등수와 내 지역의 고등학교 내신 등급을 추측해 보는 방법이 있다.

인터넷에서 '등수 자동 계산기'를 검색해 보자. 검색 결과 나오는 '나만의 IQ세상(blog.iqtest.kr/34)' 사이트에 가서 중학교 성적표에 표시된 원점수, 과목 평균, 표준편차와 응시 학생 수를 입력하면 나의 등수와 백분위 분포 결과를 얻을 수 있다.

예를 들어 평균 80, 표준편차 20, 응시 학생 200명인 수학 시험에서 90점을 받았다고 해보자.

그러면 200명 중 등수는 59등, 백분위는 상위 31%라는 결과를 얻을 수 있다. 고등학교 내신 등급으로 환산하면 수학 내신 4등급이

다. 중학교 수학 문제에서 3문제 정도 틀려서 90점을 받았는데, 이 성적으로 해당 지역 고등학교에 가면 4등급 전후의 중위권 성적을 얻을 것으로 예측해 볼 수 있다.

그리고 이 시험에서 100점을 받아도 상위 16%에 드는 것을 확인할 수 있다. 시험문제가 쉬우므로 100점이어도 고등학교에 가서는 수학 내신 3등급을 받는 학생이 나올 수도 있다.

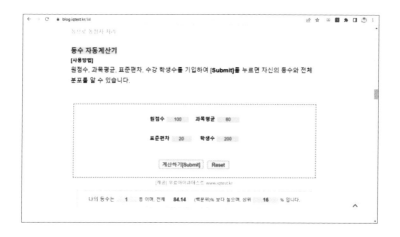

부산의 명문 중학교 성적으로 고교 성적을 계산해 본다면?

그러면 실제 부산의 한 명문 중학교 성적을 가지고 고등학교 성적을 예측해 보자. 이 중학교의 3학년 1학기 수학 평균은 82점, 표준편차는 22.7이고 학생 수는 379명이다. 수학 성적이 A인 비율은

57.8%, E인 비율은 3.6%다. 이 시험문제에서 한 문제를 틀려 97점을 받았다면 상위 25%로 고교 내신 4등급 선이다.

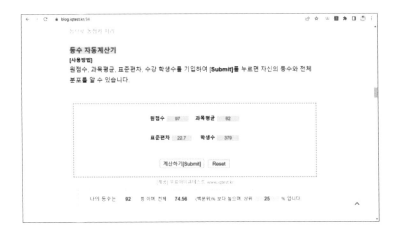

100점을 받아도 상위 21%로 1에서 3등급을 받을 수 있다. 그러므로 이 중학교를 졸업하고 같은 지역 일반고로 간 학생이 고등학교에서 내신 1등급을 받으려면, 이번 시험에서 수학 100점을 받았어야 했다고 볼 수 있다.

관심 있는 중·고등학교의 학업 성취도 자료는 '학교알리미' 사이트에 들어가면 확인할 수 있다. 중학교의 경우 2021학년도까지는 표준편차까지 제공되다가, 2022학년도부터는 표준편차 없이 평균 점수와 A~E 비율만 제공된다. 이렇게 표준편차가 없는 경우 보통 전국 일반 중학교의 성적 표준편차가 20 정도이므로 이 수치를 입력해 볼 수 있다. 또 문제가 너무 어렵거나 쉬울 것으로 예상되는 학교는 2021학년도 이전 자료의 표준편차를 참조하여 입력하면 어느 정도 신뢰할 만한 예상 등수를 구할 수 있다.

전국 중·고등학교 내신 기출 문제를 구할 수 있는 사이트

전국의 주요 학교 내신 기출 문제를 구할 수 있는 여러 사이트를 소개한다. 유료 사이트가 대부분이지만, 카페 등을 활용하면 무료로 자료를 구할 수도 있다.

1. 족보닷컴

제일 유명한 사이트다. 유료 사이트이고, 각 학교 내신 문제뿐 아니라 내신 대비용 교과서별 문제 은행도 잘 갖추고 있다. 내신 대비 학원에서도 자주 이용하는 사이트다.

www.zocbo.com

2. 내신코치

회원가입 하고 유료로 사용해야 하는 기출 문제 은행 사이트다.

www.nscoach.com

3. 기출비 카페

회원 수 130만 명의 네이버 카페다. 회원가입 하고 등급 조건을 갖추면 자료를 무료로 내려받을 수 있다.

cafe.naver.com/michiexam

10

초등 고학년의 '공부머리 테스트'

초등학교에서 눈에 띄는 성적을 내는 아이라면

공부머리 테스트를 활용하면 현재 공부 수준뿐 아니라 노력을 더해 끌어올릴 수 있는 미래의 공부 역량도 알아볼 수 있다. 그래서 기본적으로 자신이 도전하려고 하는 입시나 앞으로 공부할 내용으로 테스트한다. 수능을 앞둔 고1, 고2는 한 학년 앞선 수능 모의고사나 실제 수능 시험을 미리 풀어볼 수 있고, 특정 고등학교나 중학교에 진학하기를 희망하는 학생은 '족보닷컴' 같은 사이트에서 해당 학교의 기출 문제를 내려받아서 풀어본다.

그러면 이렇게 자기 실력이나 위치를 객관적으로 확인할 테스트

자료가 없는 초등학생들은 어떻게 해야 할까? 초등학생, 특히 초등 저학년은 아직 공부머리나 시험 대비 능력이 완성되었다고 보기 힘들다. 따라서 무리하게 공부머리 테스트를 해볼 필요는 없다. 다만, 어느 정도 공부머리가 있어 보이는 초등 고학년, 특히 5~6학년 정도의 학생은 여러 가지 방법으로 공부머리 테스트를 해볼 수 있다.

중학교 국어, 영어 시험지 풀어보기

국어

먼저 국어는 중학교 과정 선행 없이 바로 공부머리 테스트가 가능하다. 초등학생이지만 어느 정도 공부머리가 있는 학생이라면 국어는 이미 초등학교 때 중학교 교과서를 읽고 이해할 정도의 역량이 된다. 자기가 좋아하는 주제에 대해 여러 가지 형태의 독서를 하면서 어휘력과 독해력을 어느 정도 갖췄을 것이다. 이런 초등학교 5~6학년 학생이라면 중학교 1학년 국어 문제지의 단원평가나 종합평가 문제를 공부머리 테스트 자료로 사용해 볼 수 있다.

앞에서 소개한 방법대로 같은 문제지를 2세트 복사해서 첫 번째 세트는 정해진 시간 내에 실력대로 풀고, 채점하지 않은 상태에서 두 번째 세트를 오픈북으로 시간제한 없이 풀어본다. 공부에 욕심이 있는 학생이라면 2~3일 이상 시간을 투자해서라도 사전이나 백과사전, 인터넷 검색 등을 통해 자료를 찾아보며 최대한 많은 문제를 풀려고 노력할 것이다. 좀 더 공부 역량이 되는 초등학생이라면 중학교 2학년 내신 기출 문제를 바로 풀어보고, '학교알리미' 사이트의 학업 성취현황을 통해 자기 실력과 위치가 어느 정도 될지 예측해 볼 수 있다.

영어

영어도 영어 동화책 읽기나 영어 학원 등을 통해 어느 정도 공부가 된 학생이라면 초등학교 때 중학교 수준의 문제지를 충분히 풀어볼 수 있다. 또 영어 공부를 제대로 해보지는 않았지만, 우리말 독서를 통해 언어 능력을 길러 시험 센스(일종의 메타인지라고 할 수 있다)가 있는 학생이라면 중학교 수준 영어 시험문제에 충분히 도전해 볼 수 있다. 처음 세트 점수는 낮겠지만, 시간제한 없이 푸는 오픈북 테스트에서는 사전을 활용하거나 구글 번역기를 돌려가며 점수를 상당히 끌어올릴 수 있을 것이다.

수학

가장 어려운 부분이 수학이다. 만약 초등 고학년 과정에서 중학교 수학을 선행한 경우라면 별 무리 없이 중학교 문제지나 내신 기출 문제로 공부머리 테스트를 해볼 수 있다. 하지만 초등학교 과정만 공부한 경우라면 중학교 과정 문제 풀이는 아무래도 무리일 수 있다. 공부 욕심이 있는 학생이라면 오픈북 테스트 기간을 1~2주 가지며 동영상 강의를 보거나 필요한 공부를 해서 최대한 문제를 많이 풀 수도 있다. 하지만 이 정도까지 할 수 있는 초등학생은 그리 많지 않을 것이다. 그래서 현실적으로 중학교 선행을 하지 않은 초등 고학년의 경우, 한 학년 정도 앞선 내용의 수학 문제지로 공부머리 테스트를 해볼 수 있다. 예를 들어 초등학교 5학년 1학기에 있는 학생이라면 5학년 2학기나 6학년 1학기 문제지로 테스트해 볼 수 있다.

공부머리 테스트가 우리 아이 기만 죽이는 건 아닐까?

이 대목에서 공부머리 테스트 개념을 정확히 이해하지 못한 학부모는 "아직 배우지 않은 걸 풀게 해서 아이가 기죽으면 어떻게 하느냐?", "그러면 남들처럼 영어나 수학 선행을 하라는 말이냐?"라고 질문하곤 한다. 이런 질문이 나온다면 다시 한번 책 앞부분으로 돌아가 공부머리 테스트를 왜 하는지, 왜 같은 시험지를 두 번 풀게 하는지, 왜 두 번째 테스트는 시간제한 없이 오픈북으로 풀게 하는지를 다시 이해할 필요가 있다.

배운 내용으로 시험 본 점수는 현재 내 실력이다. 이런 복습형 시험으로는 현재 내 실력만 알 수 있을 뿐, 앞으로 시험 점수를 얼마나 끌어올릴 수 있을지는 측정하기 힘들다. 아직 배우지 않은 내용을 내가 충분한 시간을 갖고 공부했을 때 어느 정도까지 점수를 끌어올릴 수 있는지 알아보는 것이 공부머리 테스트다. 이것이 바로 공부머리 테스트가 다른 복습형 시험이나 그냥 기출 문제 한 번 풀어보는 것과 다른 점이다. 아이가 충분한 시간을 갖고 노력했을 때 어느 정도까지 점수를 끌어올릴 수 있는지를 알아보기 위해 배운 내용이 아니라 배우지 않은 내용으로 시험을 보는 것이다.

아이에게도 이런 점을 충분히 설명해 줄 필요가 있다. 아이가 "왜 배우지도 않은 내용으로 시험을 봐요?"라고 물으면 "배우지 않은 내용에 대해 지금 너의 공부 수준이 어느 정도인지 알아보는 것이 시간을 정해서 푸는 첫 번째 시험의 목적이야. 그리고 채점하지 않은 상태에서 같은 시험지로 시간제한 없이 오픈북으로 두 번째 시험을 보는 이유는 네가 충분한 시간을 갖고 책이나 자료를 다 찾아보고 풀었을 때 점수를 얼마까지 끌어올릴 수 있는지 알아보기 위해서야. 그러면 이런 테스트를 통해 지금 네 공부 수준이 어느 정도이고, 앞으로 좀 더 노력했을 때 어느 정도까지 점수를 끌어올릴 수 있을지 알 수 있겠지. 이런 객관적인 근거를 바탕으로 앞으로 네가 어느 강도로 입시 공부를 해야 할지 알아보기 위해 이런 테스트를 하는 거란다"라고 자세히 설명해 줄 필요가 있다. 아이가 이런 목적과 이유를 충분히 이해한 뒤 좀 더 집중해서 공부머리 테스트를 해야 제대로 된 결과를 얻을 수 있다.

'학교알리미' 사이트 100% 활용하기

'학교알리미(www.schoolinfo.go.kr)'는 교육부가 2008년부터 공개한 초·중
등학교 교육 정보를 담은 사이트다. 학생 수, 교육과정, 졸업생 진로 현황, 학
업 성취 현황 등 중요한 정보를 담고 있다.

1   검색창에 알고 싶은 중학교를 입력한다. 예를 들어 서울 대청중학교를 찾
    아보자.

2   이름을 입력해 나온 학교 중 서울에 있는 대청중학교를 선택한다.

3 학업 성취 현황은 〈공시정보〉→〈학업성취 현황〉→〈교과별 학업성취 사항〉에서 볼 수 있는데, 보안 숫자를 입력해야 상세 내용을 볼 수 있다.

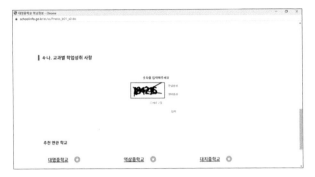

4 보안숫자를 입력하면 아래와 같은 결과가 나온다. 보통 9월에 해당연도 1학기 결과가 입력된다. 중학교 1학년은 자유학년제라 점수가 없고, 2학년 1학기부터 학업 성취 사항이 정리되어 있다.

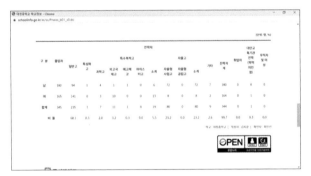

5 이외에도 〈공시정보〉→〈연도 선택〉→〈졸업생 진로 현황〉을 클릭하면 졸업생 수와 특목고, 자사고, 일반고 진학 현황을 볼 수 있다. 보통 5월에 졸업생 진학 결과가 입력된다.

11

유아기 & 초등 저학년의
'공부머리 테스트'

유·초등의 공부머리는 여유를 갖고 판단해야 한다

필자의 아이가 만 3세 후반일 때 영·유아 검사를 해보니 시력이 0.6 정도로 낮게 나와 안과에 간 적이 있다. 의사 선생님은 아이들의 경우 시력이 만 7~8세경에 완성되니 너무 걱정하지 말고 추이를 잘 지켜보자고 했다. 그리고 좋은 영양과 생활 습관을 유지해 아이의 시신경이나 다른 신체가 건강하게 자랄 수 있도록 해주면 된다고 했다.

공부머리도 마찬가지다. 보통 문제지를 푸는 데 필요한 암기력과 계산능력 같은 인지 능력은 초등 고학년 때 어느 정도 완성된다고 할 수 있다. 그전까지는 다양한 공부 경험이나 인지적 자극을 통해 인지 능력을 기르는 시기이므로 너무 조급하게 아이의 인지 능력을 속단할 필요는 없다.

그런데도 많은 부모가 어린 자녀의 인지 능력에 관심을 보여, 현실적으로 여러 가지 검사 도구가 사용되기도 한다. 가장 대표적인 것이 몇몇 유·초등 사교육 업체에서 입학기준으로도 사용한다는 웩슬러 검사(Wechsler Adult Intelligence Scale)다. 현재 지능 검사 중 세계에서 가장 많이 쓰이는 방식이며, 성인용뿐 아니라 소아(K-WISC)용, 영유아(K-WPPSI, 만 2세 6개월~7세 7개월 대상)용의 다양한 버전이 있다. 10여 개의 검사를 통해 언어 이해, 지각 추론, 작업 기억 처리 속도를 본다. 이전 다른 검사와 비교하면 훨씬 정교해지기는 했지만, 기본적으로 암기력과 계산능력이라는 인지 능력에 기반한 IQ 검사라고 할 수 있다.

사회적 성공, 문제지 학습에 큰 의미가 없는 IQ 테스트

그런데 문제는 이미 지난 30~40년 동안 수많은 연구를 통해 알려진 대로 IQ가 아이의 사회적 성공이나 행복과 큰 상관관계가 없다는 점이다. 그래서 이런 IQ의 한계를 보완하고 인간의 지적 능력을 좀 더 과학적으로 살펴보기 위해 EQ나 다중지능(MI) 같은 대안 개념이 나왔다. 멀리 사회적 성공이나 행복까지 갈 필요도 없고, 당장 문제지 푸는 공부를 하는 데도 IQ가 높다고 좋은 점수를 받는다는 보장이 없다. 웩슬러 검사에서 상위 점수를 받은 아이들 가운데서도 중·고등 문제지 푸는 공부로 들어가면 평균이나 그 이하의 성적을 보이는 경우가 많다.

여러 연구에 따르면 IQ는 성적 차이의 25% 정도를 설명한다고 한다. 300명의 고등학생 중 상위 100명과 하위 100명의 IQ와 성적 사이에는 유의미한 상관관계가 있다. 하지만 상위 100명 가운데 수능이나 내신에서 더 높은 점수를 받는 것과 IQ와는 유의미한 상관관계가 없다. 비슷한 지적 수준에서 성과를 결정하는 것은 자기 통제력과 학업 태도와 같은 정서적인 부분이나 친구 또는 교사의 영향 등 사회적인 변수이지, 인지적인 요소가 아니기 때문이다. 그런데 우리나라에서는 여전히 IQ에 대한 환상이 큰 것 같다.

IQ 검사 대신 교육부 커리어넷 검사 활용

웩슬러 검사를 받으러 갈 시간과 비용이 있다면, 그 정성으로 교육부 커리어넷(www.career.go.kr)에서 무료로 할 수 있는 진로 심리 검사(다중지능 검사)를 활용해 보라고 권하고 싶다. 어린이 버전도 있는데 약간 부족한 면도 있어서, 필자는 다음 장에서 소개할 중·고등 버전을 활용해 부모가 관찰한 내용을 기재하기를 권한다. 중·고등 버전은 100분위 점수가 나오기 때문에 강점 지능을 좀 더 구체적으로 살펴볼 수 있고, 매년 어떤 변화가 있는지도 관찰할 수 있다.

아이와 책을 읽어 보거나 간단한 연산 문제를 풀어보게 해도 아이의 인지 능력을 직관적으로 어느 정도 알 수 있다. 학교나 학원 선생님들을 통해 수업 현장에서의 집중도나 문제 해결 능력을 물어봐도 금방 알 수 있다. 다만, 아이가 어려서부터 바로 인지 능력을 드러낼 수도 있고 대기만성형일 수도 있으니 좀 더 시간을 갖고 기다려 줄 필요가 있다. 가장 중요한 것은 아이의 인지 능력보다 강점 지능이 무엇인지 살피고 그 강점을 강화할 수 있도록 필요한 자극과 환경을 마련해 주는 것이다.

12

아이가 7~8년 뒤 어느 대학에 갈지 직관적으로 아는 방법

10년 뒤 어느 정도 경제적 자유를 이룰지 예측하기

필자는 포털 사이트 다음(Daum)의 유명한 재테크 카페인 〈텐인텐(Ten in Ten)〉에서 2010년부터 사교육비 경감 칼럼을 써 왔다. 그리고 그곳에서 이른바 재테크나 사업으로 경제적 부를 이룬 많은 분을 만났다. 사실 맞벌이 부부가 10년 동안 근검절약하고 투자를 잘해서 10억 원을 모은다는 〈텐인텐〉의 목표를 달성하는 것은 쉽지 않다. 그런데 여러 어려움을 극복하고 이 목표를 이룬 사람들이 실제로 있다. 젊은 시절 수입의 90% 이상을 저축하는 근검절약에서 시작해 부동산 경매 쪽으로 일가를 이룬 S 대표도 그중 한 사람이다. 필자는

S 대표가 자신의 경험담을 적은 글을 읽고, 10년 뒤에 내가 '텐인텐 (집 빼고 10억 원 정도의 순자산 마련)'을 달성할 수 있는지를 알 수 있는 중요한 시금석(試金石)을 발견했다.

2가지 중요한 질문

그것은 바로 목표의 크기와 지금 기울이는 노력의 정도인데, 〈텐인텐〉카페 회원가입 화면에 2가지 질문으로 압축되어 있다. S 대표는 2002년 4월 3일 〈텐인텐〉에 가입하여 2008년에 '텐인텐'의 목표를 이뤘다고 한다. 당시 자산은 저축 3,000만 원이 전부였고 직업은 나이트클럽 웨이터였다. 필자는 2010년 초에 〈텐인텐〉을 알게 되었고, 그해 8월에 〈텐인텐〉 아카데미 12기를 수강하며 카페 운영자인 박범영 소장을 만났다. 대치동과 강남에서 영어를 강의하며 입시지도를 했고, 대치동에서 학원 경영에도 참여했던 필자의 당시 연봉은 몇 년간 1억 원을 계속 넘었다. 하지만 그 후 10년 동안 순자산 10억 원 달성이라는 목표를 이루지는 못했다.

S 대표가 2002년 '텐인텐'의 목표를 세울 때 월수입은 약 200만 원이었다고 한다. 객관적으로 비교할 때 '텐인텐' 달성에 훨씬 더 유리한 조건을 갖고 있던 내가 10년 동안 목표를 이루지 못한 반면에, 상대적으로 힘든 조건이었던 S 대표가 6년 만에 목표를 달성한 차이는 어디서 생겼을까? 재능과 운(運) 등 여러 가지 변수가 있겠지만, 결

정적인 차이는 S 대표가 공개한 〈텐인텐〉 가입 초기 화면에 있었음을 깨닫게 되었다.

1. 10년 후 당신의 자산 목표는 얼마입니까?

S 대표는 50억 원을 적었고, 필자는 10억 원을 적었다.

2. 현재 당신의 저축률은 얼마입니까? (수입 대비)

4가지 보기가 있는데 S 대표는 70% 이상이라고 표시했고, 필자는 30% 미만이라고 적었다(굳이 변명하자면 당시 필자는 부모님의 노후 준비와 어려운 형편의 주변 가족들을 돕는 데 돈이 많이 나가는 상황이었다).

결국 필자와 '텐인텐' 성공자의 차이는 '꿈이나 목표의 크기(목표 금액)'와 '지금의 실천 여부(저축률)'라고 할 수 있다.

근검절약 → 종잣돈 마련 → 합리적인 투자 + 운(運)

S 대표나 다른 '텐인텐' 달성자의 사례를 보면, 평균적으로 위와 같은 정석을 밟았을 때 자수성가로 '텐인텐'을 달성하는 데 걸리는 시간은 저축률 70% 이상의 경우 6~10년, 저축률 50~70%의 경우 10~15년 정도가 되지 않을까 싶다. 냉정하게 말해서 저축률 50% 미

만이라면 로또에 당첨되지 않는 한 20년 이내에 '텐인텐'을 달성하기는 거의 힘들다.

결국 내가 10년 뒤에 경제적 자유를 달성할 수 있느냐, 없느냐는 앞으로의 경제 상황이나 대박이 터지는 등의 외부 변수를 제외하고 순전히 나의 성실과 노력의 내적 변수만을 고려할 때 '나의 현재 저축률'이 답이라고 할 수 있다.

입시에서 중요한 2가지 질문

이를 입시나 공부에도 그대로 적용할 수 있다. 내가 아이 교육에 관심을 두고 아이를 10년 후에 원하는 대학, 학과에 진학시키길 원한다면, 위의 '텐인텐' 달성 여부를 알아볼 수 있는 2가지 질문을 자녀 교육에 응용해서 던져보면 된다.

1. 아이의 목표 대학은 어디입니까?

2. 지금 아이가 하루에 몇 시간이나 순수하게 자기 공부를 하고 있습니까?

먼저, 목표로 하는 대학이 서울대라면 아이는 서울대를 많이 보내는 고등학교는 어디인지, 그 고등학교에 가기 위해서는 어떻게 해야 하는지, 또 중학교 때는 내신 관리를 어떻게 해야 원하는 고등학교에 가는 데 도움이 되는지를 연구할 것이다. 또 서울대 홈페이지에 가서 입시 요강을 보고, 서울대에 간 선배들이 나오는 유튜브를 보며 이 사람들은 어떻게 공부했는지 알고 싶어 할 것이다.

그런데 대부분의 가정에서 자녀 교육의 목표를 좋은 대학 진학에 두면서도 꿈은 소박하다. Top 3위권 대학은 너무 높은 것 같고, 그냥 서울에 있는 창피하지 않은 대학만 가면 좋겠다고 말한다. 그런데 이렇게 '인서울'을 목표로 하고 꿈의 크기를 낮추면 결국 대부분 '인서울'도 힘들어진다. 여전히 우리나라가 학벌 사회이고, 좋은 대학을 나와야만 좋은 직업을 가질 수 있다는 사회적 통념에서 벗어나지 못한 상황이라면 목표를 가능한 한 높게 잡고 시작해야 한다. 에베레스트산에 오르려는 목표를 세우면 10년 이상 준비하지만, 뒷동산에 오른다고 생각하면 아무런 준비도 하지 않는 법이다.

물론 아이가 허황하게 목표를 너무 높게 잡을 수도 있다. 하지만 대부분 아이는 본능적으로 자기 역량이 어느 정도인 줄 안다. 그리고 양심이 말해 준다. 어른들도 마찬가지다. 재테크 목표를 크게 잡으라고 해서 "나는 10년 이내에 1,000억 원을 모으는 것이 목표입니다"라고 말하는 사람이 있을까? 사람들은 대부분 자기 분수를 본능적으로 안다. 여기서 말하고자 하는 것은 **자기 능력보다 좀 더 높은 목표를 잡고, 너무 낮은 목표와 타협하지 말라는 것이다.** 100%를 목표로 하면 70~80%에도 미치지 못하는 게 인생 이치다. 120%를 목표로 잡아야 100%가 될까 말까 한다.

순수 공부와 몰입의 시간

다음으로 아이가 하루에 몇 시간이나 공부하는지 점검해 보아야 한다. 학교나 학원에서 수동적으로 수업 듣는 시간을 빼고 **자기가 스스로 자율적으로 쓸 수 있는 시간**(자습, 게임, TV 시청 등) **가운데 몇 %를 순수하게 자습하는 시간에 투자하는지 보면 아이의 10년 후 대학 진학 결과를 예측할 수 있다.** 물론 공부머리 변수가 있지만, 공부머리는 이 책에서 소개한 공부머리 테스트와 다중지능 검사를 해보면 파악할 수 있으니, 동일한 공부머리를 가진 상황에서 목표 달성 여부는 위의 비율을 보면 된다. 마치 재테크에서 지금 실천하는 저축률 같은 개념이다.

이 시간을 입시 용어로 '순공(순수 공부 시간)'이라고 한다. 강의 듣는 시간을 빼고 혼자 배운 것을 익히는 순수 공부 시간이 하루에 몇 시간인지가 아이의 몇 년 후 입시 결과를 결정한다. 지금 아이가 자율 시간의 70% 이상(재테크로 치면 저축률 70% 이상)을 순수하게 공부하는 데 쓰고 있다면 7~8년 뒤 Top 3위권 대학도 가능할 것이다. 50~70% 수준이라면 Top 20위권 대학에 충분히 도전해 볼 수 있다. 50% 미만이라면 사실상 입시 공부로 승부를 보기는 힘들고, 아이가 자율 시간의 70% 이상을 쏟으며 몰입할 수 있는 무언가를 찾아 주어야 하는 것이 이론적인 답이다.

이 '순공' 시간이 꼭 문제지 푸는 공부 시간일 필요는 없다. 아이가 자기에게 주어진 자율 시간의 70% 이상을 자기가 좋아하고 잘할 수 있는 분야에 쓰며 몰입한다면 어떤 분야에서든 일가를 이룰 가능성이 있다.

분당 모 고등학교에서 야구부 에이스로 뛰던 한 선수가 부상으로 인해 선수 생활을 이어가기 힘들어졌다. 고1 때 입시 학원에 찾아가 모의고사를 보니 30~40점대가 나왔다고 한다. 학원 선생님은 이 아이가 공부 쪽으로는 재능이 없다고 생각했다. 그런데 이 아이는 선생님에게 "방법만 알려 주면 어떻게든지 해보겠다"라며 의지를 불태웠다. 그렇게 해서 선생님이 하라는 대로 공부하고 수업에 집중한 이 학생은 고3 때 전교 1등까지 성적을 올렸다. 《스카이 버스》의 저자 분당 강샘의 실제 경험담이다.

필자는 이 이야기를 듣고 어찌 보면 당연한 결과라고 생각했다. 우선 한 분야에서 성공하고 일가를 이루면 이른바 성공의 메타인지가 생긴다. 그러면 내가 어느 정도까지 해야 벽을 넘어 다음 단계로 넘어갈 수 있는지 안다. 물론 운동을 잘했던 선수라고 해서 맘만 먹으면 다 공부를 잘할 수 있다는 말은 아니다. 하지만 운동을 비롯해 어떤 분야에서든 최선을 다해서 한 가지라도 성취를 경험한 아이들은 이후 다른 분야에서도 어떻게 해야 성과를 낼 수 있는지 훨씬 잘 안다. 결국 이 책에서 말하는 대로 **인지 능력이 탁월하지 않은 아이들은 우선 몸과 마음 근력을 기르고, 자기가 강점이 있는 분야에서 작은 성취를 쌓아가야 한다.** 이런 비인지적 훈련이 완벽한 교육 로드맵이나 방법론을 찾는 것보다 더 중요하다.

평범한 사람의 능력을 최대한 끌어내는 적금의 원리

재테크든 아이 공부든 오늘은 혹은 이번 달은 이렇게 살고, 다음부터 저축액이나 공부 시간을 늘리는 것은 거의 불가능하다. 평범한 직원들을 데리고 장기 불황 속에서도 10배 성장이라는 경영 신화를 쓴 일본의 전설적인 기업 '일본 전산'을 다룬 《일본 전산 이야기》에 나오는 대로, 이 길이 살길이라고 생각되면 '즉시, 반드시, 될 때까지' 해야 한다.

이런 실천을 도와줄 좋은 방법이 적금의 원리다. 아예 월급의 70% 이상을 적금에 넣고 나머지 30%로 어떻게든 버티는 것이다. 아이의 공부도 마찬가지다. 마음은 있는데 의지가 부족하다면 환경을 바꿔 보는 것도 한 가지 방법이다. 도서관에 가든 스파르타 학원에 가든, 어떻게든 공부할 수밖에 없는 환경을 만들고 그 안에서 순수하게 자습할 절대 시간을 확보한다. 아무튼 중요한 것은 '지금'이다. 지금 아무것도 하지 않으면서 목표만 높게 잡으면 아무 일도 일어나지 않는다. 10년 후 더 나은 삶을 원한다면 원리는 간단하다. **내 생각보다 120% 이상 높은 목표를 설정하고 지금 바로 실천한다.** 그러면 10년 뒤 최소한 100%에 근접한 삶을 경험할 수 있다.

지금 바로 실천해 보세요

1 앞의 내용을 참고로 부모는 경제적 목표, 아이는 입시 교육적 목표를 적고, 현재 저축률과 순수 공부 시간 비율을 적어 본다(기록표는 부록에 실어두었다). 그리고 앞으로 저축률과 순수 공부 시간을 어떻게 늘릴지 이야기해 본다.

2 문제지 푸는 공부 성적이 애매한 아이들은 그나마 자신이 관심을 두고 잘할 수 있는 분야가 무엇인지 알아본다. 다중지능 검사나 진로 적성 검사를 적극적으로 활용하고 강점을 강화하는 방법을 찾아본다.

13

문제지 푸는 공부가 된다면
가성비 나쁘지 않은 한국 입시 교육

한국의 입시 제도를 기회로 살릴 수 있는 아이들

'단순 암기와 시대에 뒤처진 문제지 푸는 교육', '경쟁을 위한 경쟁', '창의적인 사고보다 하나의 정답만을 강요하는 교육', '학생들의 다양성을 인정하지 않는 획일적인 교육', '엄청난 사교육비를 유발하는 입시 교육' 등 한국식 입시 교육의 문제점은 하나둘이 아니다.

하지만 일본 제국주의 교육의 유물이기도 한 이런 경쟁 위주, 단순 암기, 주입식 교육은 지난 30~40년간 우리나라가 경제적으로 고도성장을 하고 세계적인 기업을 이룰 수 있는 원동력이기도 했다. 주입식 암기 교육을 통해 창의적인 사고는 할 수 없었지만, 이미 주어진 틀 안에서 제품을 최고의 수준으로 끌어올리는 데는 나름 효과가 있었다.

우리가 반도체나 OLED, 이차 전지, 자동차를 세계 최초로 만들지는 않았지만, 주어진 하드웨어를 세계 최고 수준으로 만드는 데는 세계 최고였다. 그리고 줄 세우는 경쟁 교육에서 어떻게든 이기는 법을 배워서인지, 치킨게임과 같은 극단적인 경쟁 상황에서 어떻게든 살아남는 저력을 발휘해 왔다. 이른바 창의적인 퍼스트 무버(first mover)를 만드는 데 주입식 입시 교육은 쓸모없었지만, 천재적인 사람들이 만들어 놓은 것을 모방해서 빨리 따라잡는(fast follower) 데는 경쟁식 교육이 효과를 발휘했다.

미국의 이공계 연구실에서도 몇몇 미국 교수들은 한국에서 주입식 교육을 받고 박사나 연구원으로 들어오는 한국 유학생을 아주 좋아한다고 한다. 시키는 일을 잘하고, 주어진 일은 주말이나 가족과 보내는 시간을 희생해서라도 해내기 때문이라고 한다. 어찌 보면 약간 '슬픈' 칭찬이기는 하지만, 이전 세대의 이러한 노력이 있었기에 오늘날 우리가 이 정도로 살 수 있고, 세계 경제에도 이바지하는 우수한 기업을 이룰 수 있었다.

다만 문제는 그 과정에서 시키는 대로 잘하고, 엉덩이 붙이고 앉아 문제지를 잘 푸는 아이들을 기르고 칭찬하기 위해 그런 능력이 안되는 다수의 아이들을 들러리로 세운다는 것이다. 4년제 대학 진학률이 30~40%에 못 미치던 시절에는 이런 희생이 크지 않았지만,

1990년대 이후 대학 진학률이 80% 가까이 올라가면서부터 이렇게 들러리를 서는 아이들이 더 많이 늘어나게 되었다.

미국, 일본에 비해 저렴한 전문직의 길

그래도 여전히 문제지 푸는 능력이 되고, 주어진 틀에서 시키는 것을 큰 불만 없이 잘하는 아이들에게 우리나라 경쟁식 입시 교육은 나름 큰돈을 들이지 않고 고소득 전문직으로 가는 길을 열어 주기도 한다. 교육이나 사회 체제가 우리와 상당히 다른 유럽 선진국을 빼고, 우리와 같은 자본주의 경쟁식 교육과 사회 체제를 가지고 있는 일본이나 미국과 비교해 보면 우리나라 교육은 상대적으로 저렴하다.

예를 들어, 우리나라 입시 교육이 마음에 들지 않아 미국의 로스쿨(법학 대학원)이나 메디컬 스쿨(의학 대학원)로 아이를 보낸다고 생각해 보자. 우선 미국 4년제 대학 진학을 생각하는 가정에서는 최소한 중·고등 6년은 국제학교(International school)나 명문 기숙학교(Boarding school)에 아이를 보내려고 생각한다. 이런 학교의 기본 학비는 한 해 3,000~4,000달러로, 6년만 다녀도 약 20만 달러에 달한다. 환율을 1달러에 1,300원으로 계산하면 2억 6,000만 원이다. 여기에는 토플, SAT, AP 등 미국 대학 유학에 필요한 각종 시험 대비 사교육, 방학 때 하는 연수나 여러 체험활동 비용은 포함되어 있지 않다.

중·고등 교육에 적지 않은 돈을 쓰고 미국 대학에 합격한 뒤에는 더 많은 비용이 든다. 그래도 한국 사람들이 한 번쯤 이름을 들어 봤을 만한 미국 내 100위권 대학에 가서 학비와 생활비를 감당하려면 4년에 최소 4억~5억 원 이상은 준비해야 한다. 물론 장학금을 받을 수도 있다. 하지만 장학금을 받을 수 있는 대학에 가려면 대부분 대학 레벨을 한참 낮춰야 한다. 더 큰 문제는 입학은 그래도 무난한데 졸업이 쉽지 않다는 것이다. 2022년 6월 1일 미주 〈중앙일보〉에 보도된 '아시안 대학 진학 현황 보고서'에 따르면 UCLA, UC 버클리 등 명문대로 유명한 캘리포니아 주립대학(UC)에 입학한 한인 학생 5명 중 3명만 4년 안에 졸업하는 것으로 파악됐다. 한인 학생 4년 평균 졸업률은 60%로 유럽계 학생 평균 졸업률 70%, 아시아 전체 학생 4년 평균 졸업률 70% 비해서도 낮았다.

여기서 끝이 아니다. 간신히 학부를 마치고 힘들게 로스쿨이나 메디컬 스쿨에 가면 또 큰돈 쓸 일이 기다리고 있다. 미국 주요 로스쿨 평균 학비는 연간 5만~6만 달러 선이다. 2023년도 기준 자료를 보니 1위 로스쿨인 예일대가 6.9만 달러, 2위 스탠퍼드 로스쿨이 6.6만 달러다. 즉, 3년에 학비만 2억 원 정도에 생활비와 책값 등을 더 준비해야 한다. 의대도 만만치 않다. 미국 의과 대학 협의회(AAMC) 자료를 보면 유학생의 경우 연간 6만 달러, 졸업 때까지 약 24만 달러의 학비를 내야 한다.

정리해 보면 우리나라 학생이 미국 대학으로 가서 로스쿨에 가려면 중·고등 20만 달러, 대학 30만~40만 달러, 대학원 20만 달러 정도의 기본 학비를 준비해야 한다. 이른바 공교육에만 들어가는 비용이 70만~80만 달러로 거의 10억 원이다. 의대는 여기에 2억~3억 원은 더 생각해야 할 것이다.

미국, 일본에 비하면 저렴한 한국 고등 교육 비용

이에 비해 우리나라에서 아이가 공부를 잘하면 아무리 사교육비를 아껴 쓴다 해도 중·고등만 1억~2억 원이다. 대학만 들어가면 졸업은 거의 보장되니, 대학 입학 비용으로 좀 더 낸다고도 생각할 수 있다. 대학 학비는 4년에 4,000만~5,000만 원이다. 우리나라 로스쿨 3년 평균 학비는 3,300만 원이고, 사립 로스쿨이 5,000만 원 수준이다. 우리나라 의대 평균 등록금은 1,000만 원 정도로 6년 다니면 6,000만 원이다. 우리나라에서는 비싼 것 같은데 미국에 비하면 상대적으로 저렴해 보인다. 물론 서민들 입장에서는 싸지 않은 금액이지만, 1인당 국민소득 3만 달러가 넘는 한국의 중산층 이상 가정이 감당하지 못할 정도는 아니다. 하지만 미국으로 아이를 보내 학부, 대학원까지 공부시킨다면 웬만한 우리나라 고소득 전문직 종사자도 자기 수입만으로는 아이 하나나 둘 이상의 교육비를 감당하기 힘들다.

의대, 로스쿨만 그런 것이 아니다. 아이가 파일럿(pilot)이 되고 싶어 한다고 해보자. 아이가 신체 건강하고 운동과 공부 열심히 해서 공군 사관학교에 가면 돈 들 일이 거의 없다. 남학생은 군 복무 문제도 해결된다. 임관 후 장교로 근무하며 월급도 받고, 일정 기간 군 복무를 마치면 민항기 기장으로 갈 수 있다. 공군 사관 학교에 갈 정도로 국·영·수를 잘할 인지 능력이 된다면 약간 무리해서 사교육을 시킬 만도 하다. 중·고등 때 어느 정도 비용만 쓰면 대학에 들어간 이후에는 돈 들어갈 일이 거의 없기 때문이다.

그런데 문제지 푸는 공부를 잘하지 못하던 아이가 나중에 꿈이 생겨 파일럿이 되고 싶다고 하면 계산이 아주 복잡해진다. 우선 영어를 열심히 해서 미국, 호주, 필리핀 등에 있는 해외 비행 학교에 가야 하는데, 비행 학교에서 수업을 알아들을 정도로 영어 공부를 시키는 데만도 상당한 비용이 든다. 여기에 비행 학교의 학비와 훈련 비행 비용 등만 해도 최소 1억~2억 원은 잡아야 한다. 그리고 힘들게 해외 조종사 면허를 따고도 한국에서 취업하기가 쉽지 않다. 이렇게 해외 비행 학교 졸업 후에도 일자리를 얻지 못한 사람들이 수천 명이 넘어 '비행 낭인'이라는 말까지 나왔다.

그래서 아이에게 문제지 푸는 역량이 있어, 어느 정도 사교육비만 써서 상위권 대학에 취업이 잘되는 과만 갈 수 있다면 우리나라 입시 교육은 어찌 보면 미국, 일본에 비해 상당히 가성비가 좋다. 문제는 이런 가능성을 보고 뛰어드는 학생들이 너무 많다는 것이다. 미국만 해도 고등학교 졸업 후 2년제 혹은 4년제 대학에 진학하는 비율은 60~70%대이지만, 4년제 대학을 끝까지 졸업하는 비율은 입학생의 30~40% 정도밖에 되지 않는다. 가장 큰 이유는 역시 학비 부담이다. 미국도 웬만한 서민 자녀들은 장학금 없이 4년제 대학이나 대학원에 가기가 쉽지 않다. 또 대학 이외에도 다양한 진로 선택이 가능하므로 4년제 대학 진학에 목을 매지 않는 분위기도 있다.

하지만 우리나라에서는 상위 15%의 가능성을 보고 모든 아이가 문제지 푸는 공부로 내몰리는 게 문제다. 그렇기에 더더욱 공부머리 테스트나 다중 지능 검사 같은 객관적인 판단 기준이 필요하다. 아이가 문제지 푸는 공부 쪽으로 가능성이 있다면 사교육을 활용하거나 다양한 방법을 통해 길을 찾을 필요가 있다. 하지만 그렇지 않다면 무모한 입시 경쟁에 뛰어들기보다 하루빨리 다른 진로를 모색해야 한다.

문제지 푸는 공부가 되는 아이들의 진로 로드맵

공부머리 테스트나 다중지능 검사를 통해 아이가 문제지 푸는 인지 능력이 된다면 사실 그렇게 많은 조언을 해줄 필요가 없다. 이런 가정은 이미 학원을 활용하거나 입시 상담을 받으며 자신의 길을 나름대로 가고 있을 것이다. 정보의 유무에 따라 입시 결과가 엄청나게 달라질지도 모른다는 불안감이 생길 수도 있지만, 아이가 인지 능력만 된다면 학부 진학이 원하는 대로 되지 않았다 하더라도 재수, 편입, 대학원 진학, 유학 등 이를 만회할 수많은 기회가 있다.

이런 학생들의 의대, 공대, 경영대, 교대, 예체능 등 다양한 진로 로드맵에 관해서는 《입시지도》에 자세히 정리해 두었다. 2024년 2월 수능 개편안 확정 이후 개정판이 나올 예정이니 새로 바뀐 주요 입시정보는 이런 책에서 확인하자. 이 책에서 소개한 여러 좋은 입시 정보 채널을 활용해도 충분히 정보를 얻을 수 있다. 또 사교육비를 그리 많이 쓰지 않고도 주어진 입시 기회를 활용하는 방법은 많다. 언론의 부정적인 보도에 휘둘리기보다, 이런 책이나 유튜브 채널을 잘 활용하여 주어진 환경에서 최선을 다해 방법을 찾아보면 의외로 기회가 많은 곳이 우리나라이기도 하다.

14

공부머리가 부족한 아이들은 인문학 지혜 독서에 집중해야 한다

언어와 논리가 튼튼한 전통 고전 교육

'세 가지 길'이라는 의미의 라틴어 '트리비움(Trivium)'은 서양 문명 2,500년 동안 정규과목으로 편성된 '문법학', '논리학', '수사학'을 일컫는다. 트리비움에서는 주로 라틴어나 그리스어 원전으로 성경이나 그리스 고전을 배우며 언어를 습득하고, 논리를 배우고, 토론하고 글을 쓰는 방식을 익혔다. 그리고 트리비움을 마쳐야 그 이상의 학문인 '쿼드리비움(Quadrivium)'을 시작할 수 있었다. 구체적인 과목은 수학, 기하(공간의 수), 음악(시간의 수), 천문학(시간과 공간의 수)으로 흥미롭게도 모두 수학을 기반으로 한다.

우리 동양 전통 교육도 마찬가지였다. 《논어》, 《맹자》 등의 사서삼경(四書三經)으로 대표되는 유교 경전과 《도덕경》, 《사기》, 《자치통감》 등의 동양고전을 통해 트리비움에 해당하는 언어, 논리, 표현을 배웠다. 특히 표현에서는 시(詩)를 강조하여 조선 시대 과거의 마지막 단계에서는 시를 짓게 함으로써, 단순 암기를 넘어 창작하는 단계를 기초 학문의 마침으로 보았다. 그리고 이런 기본 인문 교육을 마친 이후 법, 행정, 의학, 천문 등의 세부 학문을 배우게 했다.

하지만 서양의 트리비움 교육이나 동양의 전통 인문학 교육은 산업화 시대에 들어서며 구식으로 평가 절하되고 폐기되었다. 현대 산업 사회 교육의 목표는 인문 교육에 바탕을 둔 성숙한 인격자와 비판적 지식인을 기르는 것이 아니라, 공장이나 군대에서 시키는 일을 잘하는 기능인을 기르는 것이었기 때문이다. 그리고 기본적인 언어 교육이나 논리, 표현 교육이 제대로 되지 않은 상황에서 세부 지식과 정보를 배우는 과목이 계속 추가되었다.

2023년 현재 2015년 개정 교육과정에 따른 중학교 교과목은 다음과 같다. 기본과목으로 국어, 수학, 영어, 사회, 역사, 도덕, 과학, 기술가정, 정보, 체육, 음악, 미술이 있고 선택과목으로는 한문, 생활 외국어(중국어, 일본어 등), 환경, 보건, 직업과 진로가 있다. 그리고 중학교 2학년부터 국·영·수·사·과의 기본과목 시험을 중간, 기말고사 때마다 본다.

많은 과목을 배우지만 국어 독해도 안되는 아이들

그런데 공·사교육 현장에 있는 선생님들이 공통으로 말하는 것이 바로 요즘 아이들 다수가 기본적인 독해가 안된다는 것이다. 여기서 말하는 독해는 영어와 같은 외국어 독해가 아니고, 우리가 늘 사용하는 한글 독해다. 특히 코로나 시대를 거치며 아이들의 독해나 문해력 수준이 현격히 떨어졌다고 한다.

우리나라의 양적 독서와 거품 독서 열풍에 경종을 울린 최승필 작가의 《공부머리 독서법》은 공부 좀 한다는 아이들이 모인 대치동의 문해력 실상을 보여 주는 장면으로 시작한다. 저자는 영·유아 대상 영어 학원, 엄마표 영어 등을 통해 기본적인 영어 회화도 되고, 학습 만화도 많이 봐서 잡다한 상식도 많고, 동영상도 많이 봐서 웬만한 것은 다 간접 체험을 해본 아이들이 중학교 교과서 지문 2~3단락을 제대로 읽고 이해하지 못하는 모습을 대치동 논술학원에서 봤다고 한다. 저자가 대치동에서 가르쳤던 중·고등학생들을 대상으로 100점 만점의 언어 능력 테스트를 해보면, 초등학교 6학년 수준인 40점 후반대가 나오는 아이들이 수두룩하다고 한다.

이 이야기를 들으면 대치동에도 왜 그렇게 수학 포기자가 넘치는지 이해가 된다. 많은 아이가 고등학교에 들어와 수능 수학을 포기하는 중요한 이유 중 하나가 수학 시험문제 독해 자체가 되지 않기 때문이다!

아래는 2023년도 수능 수학 29번의 확률통계 문제다.

29.

앞면에는 1부터 6까지의 자연수가 하나씩 적혀 있고 뒷면에는 모두 0
이 하나씩 적혀 있는 6장의 카드가 있다. 이 6장의 카드가 그림과 같
이 6 이하의 자연수 k에 대하여 k번째 자리에 자연수 k가 보이도록 놓
여 있다. 이 6장의 카드와 한 개의 주사위를 사용하여 다음 시행을 한
다. "주사위를 한 번 던져 나온 눈의 수가 k이면 k번째 자리에 놓여 있
는 카드를 한 번 뒤집어 제자리에 놓는다."

위의 시행을 3번 반복한 후 6장의 카드에 보이는 모든 수의 합이 짝수
일 때, 주사위 1의 눈이 한 번만 나왔을 확률은 q/p이다. $p+q$의 값을
구하시오. (단, p와 q는 서로소인 자연수이다.)

어떻게 보면 초등 고학년이나 중학교 수준의 어휘와 문장이라고
할 수 있는데, 현재 우리나라 고등학교에는 이 정도 수준의 독해가
안되는 학생들이 상당수다.
　문장이 조금 짧은 22번 문제는 다음과 같다.

22.

최고차항의 계수가 1인 삼차함수 $f(x)$와 실수 전체의 집합에서 연속인
함수 $g(x)$가 다음 조건을 만족시킬 때, $f(4)$ 값을 구하시오. [4점]

여기서 문제는 한자다. 짧은 문장인 것 같지만 최고차항 계수, 실수, 연속 등 기본적인 한자어를 알지 못하면 수학적 개념을 제대로 이해하기 힘들다. 계수(係數)는 계(묶을 係), 수(셈 數)다. '문자와 묶인 수'라고 할 수 있으며 2x+3y에서 2나 3이 x나 y의 계수다.

엄밀히 말하면 먼저 묶을 '계' 자와 셈 '수' 자를 알고, 또 실수(實數), 유리수(有理數), 무리수(無理數), 정수(整數)의 한자 의미를 알고 수학 공부를 해야 하는데, 안타깝게도 그러지 못한 것이 현실이다. 이는 비단 수학만이 아니다. 어찌 보면 언어 비중이 제일 적다고 할 수 있는 수학이 이 정도인데, 사회나 과학 등의 분야에서는 얼마나 더 심각할까? 현재 우리나라 교실에서는 이런 한자 교육이나 어휘 교육이 제대로 되지 않은 상태에서 정해진 교과 진도가 나가는 경우가 많다고 할 수 있다.

언어도 안되는 아이들에게
지식을 가르치는 게 무슨 의미인가?

이런 현실에서 초등학교 때부터 기본적인 어휘력과 독해력이 되지 않는 학생들에게 다른 많은 과목을 가르치는 것에 무슨 의미가 있겠느냐는 회의가 든다. 차라리 기초 학력이 되지 않는 학생들에게는 소설이나 역사와 같은 재미있는 콘텐츠나 아이들이 좋아하는 주제로 꾸준히 책을 읽을 수 있게 도와서 어휘력과 독해력을 길러 주는 것이 더 '교육적'일 수 있다.

하지만 대안 교육이나 언스쿨링(홈스쿨링)이 아닌 이상 제도권 교육에서 이런 전략적인 선택을 하기는 쉽지 않다. 과목별로 이미 짜인 커리큘럼과 선생님이 있기 때문이다.

그래서 한 가지 대안으로 필자가 제시한 것이 가정 중심의 인문학 교육이다. 인지 능력이 부족한 아이들은 공교육만 받게 하고, 나머지 시간은 가정에서 인문학 지혜 독서에 투자하는 것이다. 또 재능교육이나 강점 강화 교육은 국·영·수 학원이 아닌, '대안 사교육' 같은 형태로 재능을 기를 수 있는 학원이나 시설의 도움을 받아 방과 후 활동으로 하게 하는 것이다. 필자는 이렇게 가정 중심으로 인문학 지혜 독서를 하는 구체적인 방법을 저서 《하루 15분 인문학 지혜 독서》에서 이미 제시했다.

인문학 지혜 독서 실천 사례

《하루 15분 인문학 지혜 독서》에서도 실천 사례로 소개한 A군은 필자의 지도대로 초등학교 6학년 때부터 본격적으로 저녁에 한 시간씩 인문학 지혜 독서를 했다. 텍스트는 한글 성경으로 했는데, 중학교 3학년 때쯤에는 성경을 5회 이상 통독했다. 학원을 다 끊고, 월~금 5일간 저녁에 한 시간씩 어머니와 성경을 5장씩 읽고 나서 가장 마음에 와닿는 구절 하나를 적고 이야기를 나누는 식으로 실천했다.

인문학 지혜 독서를 했다고 해서 바로 국어나 영어 성적이 오른 것은 아니었지만, A군은 입시 경쟁 속에서도 크게 스트레스받지 않고, 자기가 좋아하고 잘하는 일을 찾아 나갔다. 현재 A군은 본인의 손재주를 활용해 무언가 만드는 것에 관심을 두고 연 만들기, 목공, 자전거 조립 등 다양한 활동을 계속하고 있다.

필자는 이 학생을 격려하며 이런 이야기를 자주 했다.

"지금 4년 정도 성경을 통독하니까 벌써 5회독(回讀) 가까이 했는데, 대학에 가거나 사회생활을 할 때까지 꾸준히 계속하면 몇 번이나 읽을 수 있을까? 그리고 우리나라에서 네 나이 때에 성경을 처음부터 끝까지 10회독 이상 한 아이들이 몇 명이나 있을까? 너는 입시교육에서는 평범할지 몰라도 인문학 지혜 독서에서는 우리나라 최고 수준이니, 이런 자부심을 품고 학교생활과 사회생활을 하렴!"

성경을 10번 이상 읽고, 《명심보감》이나 《논어》를 10번 이상 읽었다고 해서 그 아이들이 다 공부를 잘하는 것은 아니다. 하지만 적어도 왜 살고, 어떻게 살아야 할지에 대해 나름대로 생각을 가질 수 있을 것이다. 그리고 인공지능 시대에 자신이 전공한 영역에서 일자리가 없어져도 능동적으로 새로운 미래를 열어가는 내공을 갖출 수 있을 것이다.

아이마다 다른 인지 능력의 크기

인정하기 쉽지 않은 부분이지만, 우리 아이들이 가진 인지 능력의 크기는 다 다르다. 어떤 아이들은 100 정도이고 어떤 아이들은 20~30 정도일 수 있다. 100 정도 되는 아이들은 인문학 지혜 독서를 다 하고도 국·영·수·사·과를 다 해낼 수 있다. 하지만 인지 능력이 20 정도인 아이들은 인문학 지혜 독서나 자기가 원하는 주제의 책을 읽기에도 역량이 빠듯하다. 이런 아이들에게서 인문학 지혜 독서를 빼고 아이가 가진 인지 능력을 국어 5, 수학 5, 영어 5, 나머지 5로 쪼개서 쓰게 하면 지혜 교육도 안 되고 인지 교육도 안 된다.

국·영·수 문제지를 풀어서 점수가 안 나오고, 이 책에서 소개한 공부머리 테스트를 해봤는데 앞으로 점수를 올릴 가능성도 적다면 길은 분명하다. 엄한 데 시간과 돈을 쓰기보다 아이가 인문 고전 책 한 권이라도 제대로 반복해 읽을 수 있도록 도와주는 것이 가장 현실적이고 효과적인 교육일 수 있다.

15

공부머리 테스트 상담 사례 1

무작정 대치동에 오기 전에
'공부머리 테스트'를 해보았더라면

꼴찌도 공부한다는 대치동의 현실

아래는 대치동의 대표적 일반고인 A 고등학교의 2022학년도 1학년 1학기 국·영·수 학업 성취 현황이다.

■ **대치동 A 고등학교 2022학년도 1학년 1학기 학업 성취 현황**

과목	평균	표준편차	A	B	C	D	E
국어	76.0점	17.3	27.0%	23.7%	17.5%	14.2%	17.5%
수학	73.9점	15.4	17.8%	24.0%	21.4%	17.5%	19.2%
영어	69.6점	20.0	20.1%	17.5%	18.4%	12.5%	31.5%

출처: 학교알리미.

이 학교는 해마다 두 자릿수 서울대 합격자와 수십 건의 의대 합격 건수를 내는 전국 20~30위권 강남급 일반고다. 요즘 아이들은 이런 학교를 '갓반고(god+일반고)'라고 부른다. 수행평가를 포함한 상대평가 내신이지만, 상위권의 경우 수행평가는 거의 만점에 가깝게 받는다고 전제하고 앞에서 소개한 '등수 계산기'로 지필고사 성적별 등수를 계산해 볼 수 있다.

우선 이 학교 1학년 1학기 수학 내신 평균은 73.9점이고 표준편차는 15.4다. 문제가 쉽지 않은 편인데 평균도 높고 표준편차도 20 미만으로, 수학을 잘하는 학생들이 상당히 많다는 것을 알 수 있다. 평균과 표준편차, 재학생(1학년 361명) 수를 바탕으로 지필고사 점수별 등수를 추정해 보면 100점을 받은 학생은 21명 정도로 볼 수 있다. 이는 상위 4%로 상대평가 내신 1등급이다. 한 문제 정도 틀려서 97점이면 22등으로 상위 7%, 90점이면 49등으로 상위 15%다. 90점을 받아도 내신 3등급(상위 12~23%)이다. 다른 평범한 일반고에 가면 내신 1등급을 받을 아이들이 이 학교에서는 3~4등급의 내신을 받고 있다고 볼 수 있고, 내신 경쟁이 아주 치열하다는 것을 알 수 있다. 그리고 A에서 E 비율이 전형적인 정규 분포 곡선으로 최상, 최하위가 적고, 중간이 불뚝한 모습이다.

이에 비해 수시, 정시에 모두 강한 전국 선발 자사고인 B 고등학교(1학년 377명)의 2022학년도 1학년 1학기 학업 성취도는 다음과 같다.

■ 전국 선발 B 자사고 2022학년도 1학년 1학기 학업 성취 현황

과목	평균	표준편차	A	B	C	D	E
국어	90.4점	5.5	64.0%	31.2%	4.8%	0	0
수학	95.0점	3.8	92.5%	6.7%	0.8%	0	0
영어	88.8점	8.4	57.6%	29.3%	9.1%	3.7%	0.3%

출처: 학교알리미.

A 고등학교와 같은 방식으로 점수를 추정해 보면 이 학교에서 수학 100점을 받은학생은 81명(상위 9%)이고, 한 문제를 틀려 97점을 받으면 82등으로 상위 30%에 속한다. 즉, 한 문제만 틀려도 내신이 2~4등급으로 나올 수 있다. 전국에 있는 중학교에서 전교 1~2등을 하던 학생들이 모이는 학교이니 이런 결과가 나오는 것은 당연하다.

여기서 눈여겨볼 부분이 B 자사고에는 D, E 등급의 점수를 받는 학생들이 거의 없다는 점이다. B 자사고의 경우 조사자료가 있는 2017학년도 수능에서 1~2등급 비율이 전체 학생의 73.5%였다. 따라서 내신이 하위권이어도 정시나 수능 최저가 있는 수시 논술 등으로 대부분 Top 20위권 대학 이상 진학이 가능하다고 볼 수 있다.

상당히 두터운 대치동 하위권층

이에 비해 일반고인 대치동 A 고등학교는 D, E 등급 비율이 국어 31.7%, 수학 36.7%, 영어 44%다.

과목	A고 D 비율	A고 E 비율	B고 D 비율	B고 E 비율
국어	14.2%	17.5%	0	0
수학	17.5%	19.2%	0	0
영어	12.5%	31.5%	3.7%	0.3%

출처: 학교알리미.

　내신 D, E 등급을 받은 학생들 가운데에서도 내신은 포기하고 수능에 올인 해서 수능 등급을 올리는 학생이 있을 수 있지만 소수일 것이다. 물론 학교 선발권이 있는 자사고와 컴퓨터 추첨으로 배정되는 평준화 일반고의 하위권을 비교하는 것에는 여러 가지 문제가 있다. 하지만 이 통계는 꼴찌도 공부할 만큼 면학 분위기가 다른 지역보다 좋다는 대치동에 오래 있는다고 무조건 점수가 오르고, 어떻게든 입시가 해결되는 게 아님을 다시 한번 보여 준다.

　오히려 어느 정도 공부 의지가 있고 성실한 학생의 경우 비학군지에서 1등급 받고 수능 최저를 맞추면, 대치동에서 중간 이하를 유지하며 재수, 삼수 하는 것보다 좀 더 상위권 대학에 갈 수 있다. 하지만 대치동이 보여 주는 압도적 입시 실적은 이런 이성적이고 합리적인 판단을 내리기 어렵게 한다.

　다음은 A 고등학교의 2021년부터 2023년까지 3개년 입시 실적이다. 최종 등록자가 아닌 중복, 재수 포함 합격 건수다. 이 수치만 보면 이 학교에서 중간만 해도 Top 10위권 대학에 갈 것 같지만, 이

■ 대치동 A 고등학교 최근 3개년 입시 결과(중복, 재수 포함 합격 건수)

학년도	서울대 합	의약계 합	연세대	고려대	서강대	성대	한양대	중앙대	경희대	외대	시립대
2023	23	81	50	54	17	28	41	70	36	27	10
2022	21	74	47	52	14	26	40	57	28		
2021	19	68	55	41	18	26	33	45	41	20	5

출처: 학교 홍보 자료, 내일 신문.

학교의 재수 비율은 2022년 49.1%, 2021년 49.9%였다.

대치동은 이렇게 입시 결과가 좋은 일반고가 가장 많이 몰려 있는 곳이다. 일반고여도 전국 100위권의 특목고, 자사고 수준이어서 특목고나 자사고에 지원했다가 안 되어도 갈 만한 학교가 많다. 그리고 앞에서 본 바와 같이 이들 학교의 상위권 입시 결과는 다른 지역 일반고와 비교가 안 될 정도다. 강남급 일반고에서는 내신 3~4등급에서도 수능 최저가 있는 수시 학생부 종합 전형이나 논술로 '인서울' 선호 대학 합격자가 나오고, 수능 등급은 내신보다 2~3등급 높게 나오기도 한다.

강남급 일반고 하위권의 진학 실적은?

그런데 문제는 이런 강남급 일반고의 내신 5~6등급 이하 학생들이다. 이미 수시 교과나 학생부 종합 전형으로는 힘든 상황이고, 수능 최저가 있는 논술이나 수능만으로 승부를 보는 정시를 노려야 한다. 그렇다고 해도 좋은 면학 분위기에서 수능형 문제로 어렵게 내주는 내신을 공부하고, 대치동 학원가의 도움을 받아 원하는 대학에 가면 되는데, 이게 이론대로 되지 않는다.

공부머리가 없는 학생들은 아무리 열심히 공부하고 학원에 다녀도 고1 내신이 그대로 고3까지 이어지고, 수능 점수도 끌어올리기가 쉽지 않다. 또 점수는 올려도 등급은 올리지 못한다. 71점에서 74~75점까지는 올려도 3등급을 2등급으로 만드는 건 쉽지 않다. 그래서 대부분 재수나 삼수로 이어지는 경우가 많고, 재수해도 현역 때보다 나은 진학 결과를 손에 쥔다는 보장도 없다.

그러면 구체적으로 5등급 이하 학생들은 어느 수준의 대학에 진학할까? 일전에 대치동 모 명문고의 학교 설명회를 보니, "우리 학교에서는 하위권 학생들도 대학을 잘 간다"라고 말하는 대목에서 구체적인 학교 이름이 나왔다. 그리고 이 학생들은 대부분 재수가 아닌 현역이다. 재수생의 경우에는 Top 30위권 대학이 아니면 학교 측에 합격 사실을 잘 알리지도 않는다.

- 내신 4등급: Top 40위권 대학 관광 경영
- 내신 5등급: Top 60위권 대학 데이터과학
- 내신 6등급: Top 40위권 대학 경영
- 내신 6등급: Top 40위권 대학 기계

학교 이름을 구체적으로 밝히지는 못하지만, 여기에 이름이 나온 몇몇 대학은 비학군지에서 사교육을 많이 받지 않고 학교 내신만 열심히 해도 충분히 갈 수 있다. 이것이 과연 대치동에 들어와 엄청난 주거비용과 사교육비를 쓰면서 얻고자 한 입시 결과인지 되묻지 않을 수 없다. 그런데 이런 입시 결과는 대치동의 화려한 입시 성과에 가려 대부분 묻히고, 결국 남들은 열심히 해서 좋은 대학에 갔는데, 내가 잘 못해서 그런 거라는 자책만을 안고 대치동에서 나오게 된다.

이런 모습을 보면 공부머리 테스트나 다중지능 검사가 아이들의 학군이나 고등학교 선택에 얼마나 큰 도움을 줄 수 있는지 다시 한번 확인할 수 있다. 이 책에서 계속 말하는 대로 많은 학생이 대치동에 들어오기 전에 최소한 자기가 가려고 하는 고등학교 내신 기출 문제로 공부머리 테스트만이라도 해본다면 이렇듯 무리한 학군 이주나 고등학교 선택을 줄일 수 있다. 현재 점수뿐 아니라 내가 노력해서 올릴 수 있는 점수의 상한선을 공부머리 테스트로 확인할 수 있기에, 무조건 대치동에만 가면 어떻게든 될 거라는 '희망 고문'을 하지 않게 될 것이다.

물론 학군을 옮기는 것이 단순히 입시와 성적만을 위해서는 아니다. 여러 가지 사회적, 정서적 이유에서 좀 더 좋은 학군으로 가고자 하는 수요도 있다. 하지만 우리나라 명문 학군지라는 곳에서 성적이 잘 안 나오고 친구들이 가는 대학 수준을 못 갔는데도 자기 자존감을 지키고 행복하게 살 수 있는 아이들은 그리 많지 않다.

Q 대치동과 같은 명문 학군지 중·하위권 학생들의 실제적인 입시 결과나 입시 실패담이 잘 전해지지 않고, 상위권의 입시 결과나 성공담만 주목받는 이유가 무엇일까?

A 가장 근본적인 이유는 입시 결과를 투명하게 공개하지 않기 때문이다. 우리나라 교육계의 큰 위선 중 하나는 실질적으로 고교 교육이 대학 입시에 종속되어 있고, 이른바 명문대와 의대에 몇 명이나 보냈느냐에 따라 고등학교가 평가되는 현실 속에서도 고등학교를 서열화한다는 명분으로 실제 대학 입시 결과를 제대로 공개하지 않는 것이다.

그나마 입시 결과에 자신 있는 이른바 명문고(주로 사립고)가 적극적으로 공개하는데, 그 결과도 대부분 재수, 중복 포함 합격 건수이고 상위권 대학 중심이다(이런 결과나마 지역별로 한 군데에서 확인해 볼 수 있는 곳이 필자가 운영하는 학군과 교육 블로그의 '전국 주요 고등학교 입결 현황' 폴더다).

일전에 한 외국계 국제학교의 홈페이지에 가서 졸업생의 진학 현황을 보니, 대학 진학자가 받은 입학 허가(admission) 대학 이름과 최종 진학 대학이 자세히 표시되어 있었다. 학생 이름을 노출하지도 않고, 이렇게 'A 학생, B·C·D 대학 합격, 최종 D 대학 진학'이라고만 표시해도 이 고등학교 학생들이 어느 수준의 대학에 가는지 한눈에 알 수 있다.

강남급 일반고나 전국 100위권 특목고 또는 자사고에서도 이런 자료만 제대로 공개해도, 무모하게 대치동이나 목동으로 가려 하거나 무조건 특목고 또는 자사고에 가려는 인원은 싱딩히 줄어들 것이다. 이런 학교에서 공부를 잘하면 당연히 좋은 대학에 가겠지만, 여기서도 5~6등급 밖으로 밀리면 어떤 대학에 가는지 분명히 알 수 있기 때문이다. 학교뿐 아니라 각 가정에서도 입시를 앞둔 친척들이나 친구들에게 안 좋은 입시 결과와 실패 경험을 전달하기 힘들다. 그렇게 비싼 거주 비용과 사교육비를 쓰고도 "거기밖에 못 갔느냐?"라는 평가를 받을까 봐 두렵기 때문이다. 해마다 12~2월의 수시, 정시 입시 결과가 발표될 때 입시 결과가 안 좋은 가정에서는 전화도 잘 안 받고, 설 명절에도 얼굴을 보기 힘들다. 자녀 교육에 모든 것을 건 대가는 이렇게 자녀의 입시 성과가 자녀뿐 아니라 부모의 자존감과 존재 자체를 쥐고 흔드는 것으로 돌아올 수 있다.

이렇게 기대에 못 미치는 입시 결과에 대한 경험담은 조용히 사라지고 일부 좋은 입시 결과만 계속 전해지니, 아이의 역량을 제대로 확인하지 않은 채 무조건 명문 학군지로 들어오는 수요가 끊이지 않는다. 그렇기에 우리나라에서 학군지와 사교육 수요가 수그러들지 않는 것이다.

16

공부머리 테스트 상담 사례 2
사교육으로 점수는 올려도
등급을 바꾸기는 힘들다

성실한 시골 학생의 대치동 학원 경험

필자의 친척 A양은 경기도 읍면 단위 고등학교에서 성실하게 학교생활을 하고 있었다. 학교 내신은 2등급 전후였고, 입시 쪽으로도 가능성이 있어 보였다. 그래서 고2 여름방학 때 대치동으로 학원 유학을 할 수 있게 도와주었다. 대치동 국·영·수 유명 학원 여름방학 프로그램에 등록시켜 주고, 숙식은 잠실 친척 집에서 해결하게 했다.

학원 수업을 들은 첫 주에 아이는 아주 만족했다.

"여기 강의가 너무 좋아요. 선생님들이 귀에 쏙쏙 들어오게 설명해 주고, 같은 반 아이들도 열심히 하니까 저도 좀 더 긴장감을 느끼며 공부하게 돼요."

A양은 이렇게 만족스러운 학원 경험을 갖고 다시 시골 학교로 내려가 2학년 2학기 수능 모의고사를 보았다. 확실히 수업을 들었던 주요 과목 성적이 다 올랐다. 그렇지만 등급을 바꿀 정도는 아니었다. 예를 들어 영어 점수가 70점대 초반에서 77~78점대까지 올랐지만, 80점 벽을 넘지 못했다. 다른 과목도 마찬가지였다. 3학년이 되어서도 나름대로 열심히 공부했으나 역시 이런 현상이 계속되었다.

결국 고3 입시에서 A양은 목표한 대로 '인서울'을 할 수 없었다. 결정적으로 수학이 문제였고, 수능 등급도 생각만큼 나오지 않았다. 한 과목이 간신히 한 등급을 넘기면 다른 과목이 한 등급 떨어져 결국 평균 등급은 늘 비슷했다. 하는 수 없이 A양은 수시를 통해 취업 기회가 많은 지방대의 한 학과에 진학했다. 입시가 끝나고 A양이나 부모님 모두 '좀 더 일찍 학군지에 가서 사교육을 받았더라면 입시 결과가 좀 더 좋지 않았을까' 하는 아쉬움을 느꼈다.

친척분은 "이래서 학군, 학군 하나 봐요! 공부 쪽으로 의지나 가능성이 있는 아이는 빚을 내서라도 일찍 학군지로 보내 공부시켰어야 했는데, 미리 알아보고, 아이에게 공부할 기회를 주지 못한 것 같아요"라고 자책했다. 하지만 필자는 아이가 공부 쪽으로 가능성이 있으면 재수나 편입, 대학원 진학 등 이후 수많은 선택지가 있으니 크게 걱정하지 말라고 했다.

수학이 약한 문과 학생이라면 재수보다 편입

우선 가정 형편상 아이가 기숙학원에서 재수, 삼수 하기는 힘들었다. 또 고3 입시에서도 수학에서 점수가 잘 안 나왔기 때문에 재수에 성공할 가능성이 작아 보였다. 그래서 재수 대신 대학 편입을 권했다. 당시 필자가 편입 학원에서 강의와 입시지도를 하고 있었고 학원 수강비도 교직원 할인을 받을 수 있었기에 여러 면에서 유리했다. 그래서 우선 지방대에서 2학년까지 다녀 일반 편입 학점을 만든 다음 '인서울' 학교로 편입하기로 했다.

2년 후 A양은 서울에 다시 올라와 겨울방학부터 시작해서 1년 동안 편입 영어를 집중적으로 공부했다. 이번에는 필자가 직접 강의하고 퀴즈나 시험 성적을 볼 수 있어 아이 상태를 정확히 파악할 수 있었다. 우선 아이는 생각한 대로 굉장히 성실했다. 수업 시간에도 눈을 맞추며(eye contact) 잘 듣고, 유머에 대한 반응도 보이며 열린 마음으로 수업을 들었다. 그런데 어려운 단어 암기에 한계가 있었고 문법에서는 논리적인 사고가 약했다. 독해에서는 배경지식과 출제 의도를 파악하는 심화 사고력이 부족했다.

결국 아이는 성실했지만 언어 능력, 수리 논리 능력 등의 인지 능력 자체가 부족했다. 당시에는 적절한 다중지능 검사 도구가 없어서 다중지능 검사까지 해보지는 않았지만, 지금 쓰는 검사 도구로 검사했더라면 아마 공간 지각 능력도 그리 높지 않았을 것 같다. 그래서 수능 수학에서도 점수 향상에 한계가 있었을 것이다.

입시는 아쉬웠지만, 사회생활은 더 의미 있게

A양은 1년간 열심히 편입 공부를 하고 편입 입시를 치렀지만 아쉽게도 원하는 '인서울' 대학 편입의 목표를 이루지 못했다. 모의고사 성적은 70~80점대까지 올렸지만, 실제 시험에서 웬만한 대학의 합격선이라고 할 수 있는 80점대 이상의 벽을 넘지 못했다. 입시가 끝난 후 한 해를 돌아보는 자리를 마련해 다시 1년 정도 더 편입 공부를 해볼 의향이 있는지 물었다. 학점 은행제 등을 이용해 학사 편입으로 바꾸면 경쟁률이 좀 더 낮아져 합격 확률을 높일 수 있다고도 알려 주었다. 그러자 아이는 그냥 전적 대학에 돌아가 빨리 졸업하고 대학원에 진학하는 길을 택하겠다고 했다.

1년 동안 서울에 올라와서 고생을 많이 했는데 후회는 없냐고 물으니 "그래도 서울에서 공부하며 좋은 친구, 언니, 오빠를 만나 좋은 자극을 받았어요. 그리고 영어 어휘도 많이 늘고 독해에도 좀 더 자신이 생겨서 이후 학교에 돌아가 원서로 공부할 때 큰 도움이 될 것 같아요"라고 말했다.

이후 A양은 전적 대학을 졸업하고 같은 학교 대학원에 진학하여 석사 학위를 받았다. 그리고 동탄과 서울에서 일하며 경력을 쌓았고, 서울에서 배우자를 만나 결혼했다. 지금도 서울에서 아이를 키우며 계속 일하고 있다. A양의 전공은 석사 학위가 나름대로 의미가 있어, 학벌과 관계없이 서울 수도권에서 쉽게 일자리를 얻을 수 있었다.

문제는 사교육이 아니라 공부 그릇이다

이런 경험이 있다 보니 필자는 좀 더 일찍 학군지에 들어오지 않아서, 좀 더 일찍 제대로 된 사교육을 하지 않아서 입시 결과가 안 좋았던 것 같다고 자책하는 부모님들께 이런 말씀을 드린다.

"너무 솔직한 말이라 뼈아프게 들릴 수 있지만, 문제지 푸는 인지 능력이 안되는 아이들은 학군지에 일찍 들어와도 안 되고, 인지 능력이 되는 아이들은 늦게 출발해도 충분히 만회할 기회가 있습니다. 고등학교 때 문제지 푸는 공부량이 부족하고 공부 환경이 안 좋았다면 재수 기숙학원에서 1~2년간 집중적으로 수능 공부를 하거나 편입 학원에서 1~2년간 열심히 하면 충분히 자기가 세운 입시 목표를 이룰 수 있지 않을까요? 그런데 인지 능력이 부족한 학생들은 아무리 좋은 환경에서 좋은 선생님을 모시고 공부해도 자신이 원하는 입시 결과를 얻기가 쉽지 않습니다. 그래서 제가 종종 '사교육을 통해 점수를 몇 점 올릴 수는 있어도 입시 결과를 좌우하는 등급을 바꾸기는 쉽지 않다'고 말하는 것입니다. 부모가 무지해서 아이 인생을 망친 게 아니고, 아이 공부 그릇 자체가 작고 타고난 인지 능력 자체가 부족했기 때문에 원하는 입시 결과가 나오지 않은 것으로 해석하는 게 더 맞지 않을까요?"

어릴 때는 자연 속에서, 청년 시기는 도시에서

A양처럼 어려서는 시골에서 보내고 본격적인 입시는 도시에서 해보는 전략은 하나의 이상적인 교육 로드맵이기도 하다. 유·초등 (가능하면 중등까지)은 시골 학교에서 보내며 최대한 자연 속에서 지내는 것도 좋다. 아이들이 적은 학교에서 1등도 경험하고, 친구나 선생님에게 칭찬과 인정을 받으며 자존감을 유지하다가, 공부머리 테스트 등을 통해 입시 경쟁력이 있다고 판단되면 중·고등 이후부터 본격적으로 큰 도시나 학군지에서 공부하게 하는 것이다.

요즘 학군지 분위기는 어려서부터 일찍 문제지 푸는 공부와 영·수 선행을 해야 한다는 조급함이 대세이지만, 우선은 이렇게 시골 작은 학교에서 상위권을 유지하고 공부 자존감을 지킨 다음 좀 더 경쟁이 센 곳에서 공부해 보는 것도 괜찮다. 학군지에 너무 일찍 들어왔다가 시험 성적이 잘 나오지 않는 아이들 중에는 공부 자신감뿐 아니라 자기 효능감이 낮은 아이들이 상당히 많다.

이에 비해 늦게 출발해도 아이가 근성 있고 인지 역량이 받쳐 주면 학군지나 경쟁이 센 학교에서 나름대로 버티며 충분히 입시 성과를 내기도 한다. 또 A양처럼 입시에서 성과가 안 나더라도 청년 때 큰 도시에서 생활하며 좋은 사람들을 만나 자극을 받고 좀 더 열정적으로 자기 삶을 살 수 있다. 어릴 때는 자연으로부터 오감의 자극을 충분히 받고, 커서는 좋은 에너지를 가진 사람들에게서 자극받아야 균형 있는 자기 계발이 가능하다.

A양은 순간순간 주어진 상황에 최선을 다했기 때문에 입시 결과와 관계없이 모든 상황에서 배울 수 있는 것에 감사했다. 결국 **입시나 진로 계획에서도 완벽한 로드맵을 짜는 것보다 더 중요한 것은 순간순간 최선을 다하는 '성실함'이 있느냐다.** 이러한 성실함이 없으면 아무리 좋은 로드맵을 짜도 좋은 결과가 안 나오고, 이와 반대로 성실함이 있으면 결과가 안 좋아도 주어진 환경에서 최선의 길을 찾으며 성장하는 삶을 살 수 있다.

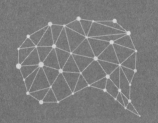

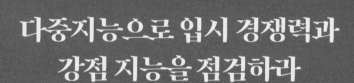

3장

다중지능으로 입시 경쟁력과 강점 지능을 점검하라

·

모든 사람은 천재다. 하지만 당신이 나무를 오르는 능력으로 물고기를
평가한다면, 그 물고기는 평생을 자기가 바보인 줄 알고 살 것이다.

- 알베르트 아인슈타인

"Everybody is a genius. But if you judge a fish by its ability to climb a tree,
it will live its whole life believing that it is stupid".

– *Albert Einstein*

17

다중지능을 입시와 진로 결정에
활용하기

IQ의 한계와 다중지능 개념의 등장

1983년 하워드 가드너(Howard Gardner)는 《마음의 틀(Frames of Mind)》라는 책에서 다중지능(Multiple Intelligence)이라는 개념을 제안했다. 1971년 발달 심리학으로 하버드 대학에서 박사 학위를 받은 가드너(28세)가 보기에 당시 많이 활용되던 IQ는 인간의 지능을 언어, 수학 논리, 공간 개념으로 제한하는 부족한 측정 도구였다.

또 IQ가 좋다고 해서 사회에서 성공하는 게 아니라는 많은 연구 결과가 있었다. 가장 대표적인 것이 스탠퍼드 대학 심리학자인 루이스 터먼(Lewis Terman)의 70년간에 걸친 종단 연구다. 터먼은 1921

년 스탠퍼드에서 개발한 IQ 테스트로 캘리포니아에 있는 초·중등학교 학생 25만 명 중에서 IQ 135가 넘는 1,521명을 가려냈다. 그리고 1990년까지 70년간 이 학생들의 성장을 지켜보며 학업, 결혼, 직장 생활을 자세히 기록했다.

실험 초기 가설은 "IQ가 좋은 아이들이 각 분야의 엘리트가 되어 성공과 명예를 얻을 것이다"라는 것이었지만, 결과는 완전히 딴판이었다. 대부분은 평범 혹은 그 이하의 삶을 살았다. 판사와 주 의회 의원 몇 명이 나왔을 뿐 전국적인 명성을 얻은 사람은 거의 없었다. 오히려 IQ 135 이하 학생들 가운데 탁월한 성과를 낸 사례가 더 많이 나왔다. 터먼은 연구를 마치며 이런 결론을 내렸다.

"성공의 조건은 지능이 아니라 성격과 인격, 기회 포착 능력이다."

IQ 말고 인간의 지능을 어떻게 측정하거나 설명할 수 있느냐에 대한 대안이 없던 차에 가드너의 다중지능 개념은 교육과 심리학계에서 많은 관심을 받았다. 이런 다중지능 개념을 활용해 새로운 교육을 할 수 있겠다는 희망도 생겨났다.

하지만 가드너의 다중지능 개념이 나온 지 40년이 다 되어가는 지금 미국이나 우리나라나 대부분의 교육 현장에는 그다지 큰 변화가 없었다. 다양한 지능을 계발하기보다 여전히 언어, 수학을 바탕으로 한 인지 교육이 중심이다.

입시, 교육 상담에서 다중지능의 활용

필자는 20년 전부터 입시를 넘어 사회에서 성공하고, 자기가 좋아하고 잘하는 일을 하면서 행복하게 살기 위해서는 반드시 다중지능에 대한 이해를 바탕으로 자신의 강점 지능을 강화해야 한다고 생각했다. 그래서 대입이나 편입 진로 지도나 학생 상담에서 다중지능 검사 도구를 적극적으로 활용했다. 지금은 여러 가지 검사 도구가 있지만, 당시에는 적당한 검사 도구가 없어 2007년에 번역 출간된 《다중지능》*에 실린 검사지를 엑셀 파일로 만들어 활용했다.

현재는 교육부 커리어넷(www.career.go.kr)에 있는 중·고등학생용 진로 심리 검사를 학생의 다중지능을 파악하는 도구로 활용하고 있다. 진로 심리 검사는 말 그대로 학생들의 진로 지도를 위한 검사 도구인데, 검사 결과가 다중지능별로 나온다. 즉, 신체운동, 손재능, 공간지각력, 음악 능력, 창의력, 언어 능력, 수리·논리력, 자기성찰 능력, 대인관계 능력, 자연친화력, 예술시각 능력의 11가지 능력이다.

하워드 가드너가 말한 초기 7가지 다중지능은 음악, 신체운동, 논리수학, 언어, 공간지능, 인간친화, 자기성찰 지능이었다. 여기에 자연 친화와 실존지능이 이후 추가되었는데, 이후 실존지능에 실험(experimental)이나 경험적 근거(empirical evidence)가 부족하다는 지적

---

* 원저 Multiple Intelligence: New Horizon(Basic Books, 2006), 문용린 역.

이 일자 다중지능을 8과 1/2로 하자고 제안했다.

커리어넷 진로 심리 검사와 하워드 가드너의 다중지능이 겹치는 부분은 음악, 신체운동, 논리수학, 언어, 공간(시각)능력, 자기성찰, 인간친화(대인관계), 자연친화력 8가지다. 가드너의 다중지능에는 없지만 진로 심리 검사에 추가된 능력은 손재능, 예술시각, 창의력 3가지다. 무엇보다 커리어넷 진로 심리 검사의 장점은 결과가 100점 만점으로 표시되어 강점과 약점 지능 파악이 쉽고, 정기적으로 측정 및 관찰하면 자신의 강점 지능 발달 상황을 볼 수 있다는 점이다.

커리어넷 진로 심리 검사 활용하기

다음은 커리어넷을 활용해 아이의 다중지능을 확인하는 방법이다. 우선 커리어넷(www.career.go.kr)에 들어가 회원으로 가입한다. 아이 이름으로 가입해도 되고 부모 이름으로 가입해도 된다.

회원가입 하고 로그인한다.

진로심리검사 → 중 · 고등학생용 심리검사로 들어간다.

이후 안내에 따라 검사를 진행한다.

검사가 다 끝나면 결과는 다음과 같은 pdf 파일로 나온다.

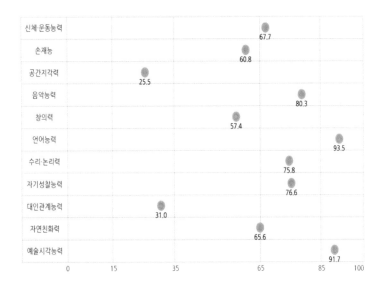

그리고 추천 직업과 강점 강화 방안도 자세히 제시한다.

언어 능력이 높은 학생 추천 직업

기자, 소설가, 변호사, 통역가, 심리학 연구원

강화 방법

토론하기

보고서 기록하기

독서감상문 기록하기

친구에게 영화나 책의 줄거리를 이야기하기

여러 가지 언어 비교해 보기

글 분석하기

강의 듣고 요약하기

어려운 단어 쉽게 설명하기

뉴스 한 토막을 통하여 신문 기사 작성하기

주제 단어를 제시하고 관련된 마인드맵 작성하기

출처: 커리어넷 중·고등학생용 심리검사 결과

이런 식으로 매년 한 번 정도 아이의 다중지능 검사 결과를 확인하면, 향후 진로 계획이나 다음 한 해의 학업 계획을 세우는 데 유용하게 활용할 수 있다.

18

유·초등 저학년의 강점 지능 알아보기

교육부 커리어넷 적극 활용하기

교육부에서 무료로 제공하는 커리어넷 직업 적성 검사를 활용하면 아이의 강점 지능을 알아볼 수 있다. 초등 버전에서는 홀랜드 직업 흥미 유형 검사를 활용해 탐구형, 예술형과 같이 결과를 보여준다. 주니어 커리어넷 (www.career.go.kr/jr)으로 들어가면 무료로 검사할 수 있다.

그런데 필자는 이 주

니어 커리어넷 검사보다 커리어넷의 유·초등 저학년이어도 다중지능에 기반을 둔 중학생용 진로심리검사를 해보길 권한다. 결과를 100점 만점 점수로 보여 주어 강점 지능 파악이 쉽고, 이후 강점 지능이 어떻게 발전해 나가는지 추적 관찰이 가능하다. 또 매년 검사해 보면 아이의 강점 지능을 길러 주기 위해 어떤 활동을 해야 할지에 대한 방향성도 찾을 수 있다. 예를 들어 음악 지능 관련 질문 중에 "음악이나 예능 공연을 자주 본 적이 있느냐?"라는 질문도 있는데, 질문에 "예"라고 답하려면 이후에 무엇을 해야 할지 알 수 있다.

아이가 직접 답하기 어려운 내용이라면 부모가 관찰하여 그 결과를 입력할 수 있다. 신체운동이나 음악 지능 같은 경우 아이에게 물어보거나 실제로 같이 해보면서 질문에서 요구하는 과업을 어느 정도 수행하는지 관찰할 수도 있다. 초등 저학년이면 충분히 할 수 있고, 유아도 7세 정도면 웬만한 질문에 답할 수 있다. 이른바 신동(神童)이나 영재급 아이라면 어려서부터 몇 가지 지능에서 80~90점이 넘는 결과가 나올 것이다.

유·초등 아이 이름으로 커리어넷 직업 적성 검사해 보기

우선 앞에서 안내한 '커리어넷' 사이트에 접속한다. 아이가 어리다면 부모 이름으로 회원가입 하고, 검사는 중학교 버전으로 하면 된다. 부모로 회원가입되어 있으면 성인 버전으로 검사하라는 안내가 나오는데, 무시한 채 중학생으로 입력하고 검사를 진행하면 된다.

진로심리검사 → 중 · 고등학생용 심리검사 → 직업적성검사로 들어간다.

6가지 검사 중 직업적성검사로 들어간다. 중학생 20분, 고등학생 30분용 검사가 있는데, 유·초등 저학년의 경우 중학생 20분 검사를 선택한다. 첫 화면에서 검사 구분을 중학교로 선택하고 학년은 1학년으로 선택한다.

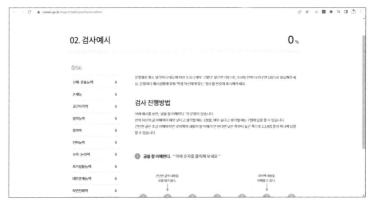

첫 화면에 검사 예시 안내 자료가 나온다.

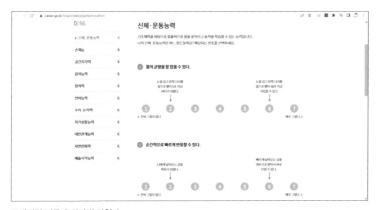

구체적인 질문에 하나씩 답한다.

신체운동 능력에 관한 부분은 아이와 같이 해 보면서 어느 정도 인지 가늠해 볼 수 있다(예: 날아오는 공을 잘 잡는지, 몸을 유연하게 구부려 발에 손이 닿는지). 어린 나이에 하기 힘든 동작이나 요구는 대강 가늠하거나 중간 정도 점수를 준다.

검사가 끝나면 결과표가 나온다.

다음은 필자의 아이가 5세일 때 검사한 결과인데, 자연친화력이 제일 높게 나오고 나머지는 아직 다 낮게 나온다.

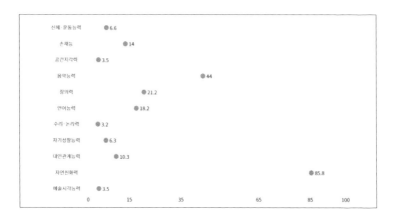

이 정도 시기에는 신동이 아닌 이상 강점 지능이 70~80점대로 높게 나오기 힘들다. 다양한 신체 및 언어, 인지 자극을 주면서 강점 지능을 발견해 나가도록 돕는 것이 필요하다. 보통 초등 저학년 때부터 서서히 강점 지능이 나타나고, 초등 고학년이 되면 대부분 영역에서 강점과 약점이 뚜렷하게 드러난다.

이렇게 아이의 강점을 관찰하며 함께 이야기하다 보면, 아이는 자기가 잘하고 좋아하는 것이 무엇인지 자연스럽게 알게 된다. 가능하다면 매년 연말연시에 이런 검사를 해보고 새해 공부나 활동 계획을 세워 보는 것이 좋다.

19

수학이 안되는 학생들을 위한 강점 강화 진로 지도

입시에서 점점 높아지는 수학 비중

최근 우리나라 입시에서 수학 비중이 점점 커지고 있다. 2022학년도부터 문, 이과 수능 수학(수리 영역)이 통합되고 난 이후 수학 1등급의 90% 가까이가 이과에서 나오고 있다. 이들은 현재 고등학교에 문, 이과 구분이 없어진 상황에서, 엄밀히 말하면 수학에서 미적분이나 기하 그리고 과학 탐구를 선택한 학생들이다. 수능 성적으로만 선발하는 정시에서는 수학의 높은 등급과 점수를 바탕으로 이과에서 문과로 교차 지원하는 예도 많다. Top 10위권 대학 공대에 갈 점수로 Top 3위권 대학 인문, 사회 계열에 합격하기도 한다.

같은 문과 내 경쟁에서도 수능이 들어가는 전형에서의 당락은 수학에서 결정되는 경우가 많다. 수학에서 확률통계를 선택하고, 사회탐구 과목으로 수능을 치르는 이른바 '문과생' 가운데서도 수학 등급이 안 나오면 원하는 대학에 가기가 쉽지 않다. 대학에 가도 문과에서 그나마 취업이 잘되는 상경 계열로 가려면 역시 수학을 잘해야 유리하다.

수학이 약한 학생들의 진로 지도

그러면 공부머리 테스트나 다중지능 검사를 통해 수능 수학 등급이 3~4등급 이상 나올 가능성이 작아 보이는 학생은 어떻게 진로를 개척해야 할까? 이 상황에서 국어나 영어도 안된다면 사실상 입시로 승부를 보기 쉽지 않다. 그런데 국어나 영어는 아주 잘하고 굉장히 성실한 학생이라면 여러 가지 진로 대안을 생각해 볼 수 있다. 이른바 '찐 문과' 학생들을 위한 진로 대안이다.

우선 재수를 하는 경우라면, 재수보다 편입을 생각해 볼 수 있다. 수능을 다시 본다면 수학을 공부해야 하지만, 상위권대 문과 쪽 편입에서는 대부분 영어 시험만 본다. 물론 선발 인원이 적어서 수능보다 경쟁률이 상당히 높다. 2023학년도 기준으로 상위 11개 대학 편입 선발 인원은 문, 이과 합하여 약 1,700명이었다. 하지만 수학은 도저히 안되는데 영어는 확실하다면 한번 도전해 볼 수 있고, 이 영어 실력을 바탕으로 나중에 유학을 생각해 볼 수도 있다.

학비가 거의 안 드는 독일 유학

두 번째 방법은 유학을 생각해 보는 것이다. 가장 많이 가는 미국 유학의 경우 여러 가지 경로가 있지만 가장 큰 부담은 학비와 생활비다. 지역과 학교에 따라 다르겠지만 1년에 최소 몇천만 원이 든다. 그러면 돈이 없으면 해외에서 유학할 방법이 없는 것일까?

우선 학비가 거의 없는 독일 유학을 생각해 볼 수 있다. 독일은 잘 알려진 대로 공립 대학교, 대학원의 경우 학비가 거의 안 든다. 최소한의 행정 비용만 내면 학생 교통권과 여러 가지 학생 할인 혜택을 준다. 다른 유럽 국가에 비해 생필품 물가도 싸다. 우크라이나 전쟁 이후 독일에서도 물가가 20~30% 올랐다고 하지만, 다른 유럽 국가에 비하면 양호한 편이다. 대도시가 아닌 중소도시로 간다면 한국에서 지방에 살다가 서울로 유학하러 와서 생활하는 비용보다 덜 들 수도 있다.

독일 공립대학에 가려면 학교와 관계없이(특목고, 일반고, 특성화고 관계없음) 내신과 수능 최저 등급, 독일어 공인 점수가 있어야 한다. 좀 더 자세히 말하면 고등학교 3년 내신은 국어, 영어, 수학, 과학 내신이 60점 이상(D 등급 이상), 수능은 평균 4.4등급 이상이면 된다. 내신이나 수능 성적이 모자라면 우리나라의 4년제 대학이나 전문대에 진학하여 35학점이나 70학점을 채워 독일 대학으로 가는 방법도 있다. 이 경우 자신의 전공을 바꾸기는 힘들다.

아이가 분명한 의지가 있어 중학교 때부터 독일어를 열심히 하고, 너무 경쟁이 치열하지 않은 평범한 일반고에 가 주요 과목에서 D등급 이상 내신을 확보하고 수능에서 국어 1등급, 영어 1등급만 받으면 탐구 5등급, 수학 9등급을 받아도 평균 4등급은 맞출 수 있다. 독일어과가 있는 외고에 가는 것이 유리하다고 생각할 수 있지만, 실제로 독일어는 독학이나 학원에서 공부하고 과학 관련 과목이 개설된 일반고에 가는 것이 좋다. 과학 내신이 꼭 들어가기 때문이다.

독일에서 학부를 마치고 대학원 진학이나 취업을 생각한다면 여전히 문과보다 이과가 좋다. 하지만 이 경우도 수학이 많이 필요하지 않은 생명이나 화학, 식품 등을 전공한다면 독일이나 유럽에서 취업도 가능하다. 무엇보다 독일 유학의 가장 큰 장점은 공부뿐 아니라 독일에 살며 유럽의 다양한 문화를 경험해 볼 수 있다는 점이다. 하지만 독일 역시 다른 영미권 학교들과 마찬가지로 입학은 쉬워도 졸업이 쉽지 않다. 독일어도 열심히 하고, 문화나 기후에도 잘 적응하여 열심히 공부해야 졸업할 수 있다.

언어 부담이 적은 일본 유학

독일이 언어의 장벽이나 기후, 문화적 차이로 인해 부담스럽다면 가까운 일본에서 유학하는 것도 생각해 볼 수 있다. 특히 수학뿐 아니라 영어도 잘 안되지만, 국어만 잘한다면 여러 가지로 희망이 있다. 국어가 탁월하고 한문까지 되는 학생이라면 1년만 열심히 공부해도 일본으로 유학 갈 수 있는 수준의 일본어 실력을 쌓을 수 있다.

지금 일본은 저출생으로 인해 대졸자와 취업할 청년 인구가 급감한 상황이다. 지방 국립대에서는 학생을 구하기도 힘들다. 일본어 실력만 어느 정도 되면 지방 국립대에서 장학금을 받으며 4년을 다닐 수 있다. 또 웬만한 4년제 대학을 졸업하면 지방 소재 유수 기업에 취업하는 것도 어렵지 않다. 물론 한국보다 초봉이 적고 세금이 많은 점, 외국인으로서 승진하는 데 한계가 있는 등의 단점도 있다. 하지만 한국에서 계속 비정규직만 전전하고 아르바이트만 하는 것보다는 제대로 된 기업에서 자기 분야의 전문 지식을 쌓아, 이후 일본이나 한국에서 더 큰 일을 할 기회를 일본에서 찾아볼 수 있다.

2023년 6월 현재 구독자 수가 8만 명인 유튜브 채널 '도쿄 커플'을 운영하는 윤상진 씨는 군 제대 후 25세 때 일본 유학에 도전해 나름대로 성공한 사례다. 가정 형편이 어려웠던 그는 와세다나 게이오와 같이 도쿄에 있는 유명 사립대에 가지 않고, 장학금을 받을 수 있는 지방 국립대인 가고시마 대학 경제학과에 진학하여 최우수로 졸업했다. 구인난으로 인해 대학만 졸업하면 취업이 되어 다른 일본 학생들이 그다지 열심히 공부하지 않다 보니, 조금만 공부해도 경제학과에서 1등을 하기가 쉬웠다고 한다. 졸업 후 원서만 내면 취업할 수 있는 회사가 많았지만, 더 큰 꿈을 갖고 영어 공부를 해서 런던 대학 대학원에서 부동산 경제로 석사 학위를 받았다. 그리고 영국까지 찾아와 취업 설명회를 한 일본 대기업에 취업했다. 또 가고시마 대학 재학 시절에 만난 아내 마코와 결혼해 도쿄에 살며 일본 생활과 자신의 일상을 유튜브에 올리고 있다.

언어보다는 근성과 회복탄력성

수학이 안되어 한국에서 입시 경쟁력이 떨어지는데 영어나 국어 등 다른 분야에 강점이 있다면 이렇게 다양한 기회를 잡아볼 수 있다. 하지만 실제로 문제지 푸는 공부에서 성과가 안 나와 공부 자존감이 떨어질 대로 떨어진 중·고등학생에게 이런 정보를 알려 주어도, 막상 의지를 다지고 한번 해보겠다는 아이들을 만나기가 쉽지 않다. 편입이나 유학 등 새로운 전략을 쓰려면 아이들에게 욕심과 열정이 있어야 하는데, 현실적으로 어려서부터 문제지 푸는 공부에 진이 빠진 터라 아이들에게서 이런 욕심과 열정을 찾아보기는 어렵다.

그래서 초등 고학년이나 중학교 초입에 아이의 공부머리 테스트나 다중지능 검사를 정확히 수행해서 문제지 푸는 공부, 특히 수학이나 영어가 안되는 학생들은 바로 방향을 선회할 필요가 있다. 안되는 것을 계속 붙잡으며 자존감이 더 떨어지게 놔두지 말고, 아이가 그나마 잘할 수 있는 한두 가지에 집중하게 함으로써 새로운 비전을 심어주는 전략적 사고가 필요하다.

그리고 이런 전략이나 구체적인 진로 정보보다 더 중요한 것이 아이의 '마음 근력'이다. 다음 장에서 자세히 다룰 회복탄력성 훈련을 초·중·고 시절에 꾸준히 해두어, 아이에게 국내외 어디에 갖다 놓아도 주어진 어려움을 극복하고 다시 튀어 오를 수 있는 근성을 길러 주어야 한다. 그런데 안타깝게도 이런 교육을 학교나 학원에서 해주지 못하는 게 엄연한 현실이다. 결국 우선 가정에서 마음 근력 훈련을 시작할 수밖에 없다. 아무튼 분명한 사실은 학교 공부나 입시 쪽 방향이 아니라면, 아이가 잘할 수 있는 일에 집중하고 마음 근력을 길러두는 것이 현재 할 수 있는 가장 현명한 진로 준비라는 점이다.

 참|고|자|료

독독독 TV(독일 유학, 생활 정보)
저희 유학 갈 수 있나요? 독일 대학 입학 기준은?
www.youtube.com/watch?v=pCU4TAZitnE

윤상진 씨 유튜브 '도쿄 커플'
일본 유학 공짜로 가는 법?
www.youtube.com/watch?v=UTjFql8dZqQ

20

영어 공부도 강점 지능을 봐가며 시키자

영어는 중학교 때 마쳐야 한다는 조급함

영어는 유치원 때부터 성인까지 사교육 비중이 높은 과목 중 하나다. 영·유아 대상 영어 학원(영어 유치원)에 보내거나 엄마표 영어, 화상 영어 등을 통해 영어 공부를 한다고 할 때 주변에서 "아니, 영어 공부를 왜 해?"라고 묻는 사람은 거의 없다. 영어를 못하면 좋은 대학에 못 가고 좋은 직장에 가기 힘들다는 게 우리 사회에서는 '상식'이다.

영어 공부의 목적이 입시가 아니라 자연스러운 의사소통과 다양한 글로벌 콘텐츠 접속 및 활용이라면 수능이나 내신 영어를 걱정할 필요가 없다. 개인적으로는 이런 목적으로 영어 동화책을 읽고, 원어민 화상 영어를 하면서 즐겁게 영어 공부를 하는 아이들이 많이 나왔으면 하는 바람이다. 이렇게 즐거운 마음으로 공부하면 실력도 늘고, 크게 기대하지 않았던 시험 성적이 자연스럽게 오를 수도 있다.

하지만 현실에서 조기 영어 교육 목표는 결국 영어를 빨리 수능 수준으로 올려놓고 이후 요즘 입시의 대세인 수학에 매진하자는 것이 대부분이다. 이게 대치동을 비롯한 명문학군의 추세이자 '닥치고' 영어 조기 교육의 목표라고 한다.

지난 20년간 영어 1등급은 얼마나 늘었나?

하지만 냉정하게 생각해 보자. 영·유아 대상 영어 학원이나 엄마표 영어 혹은 각종 영어 조기 사교육에서 출발해 수능 영어 1등급을 받는 아이들이 얼마나 될까?

2022학년도 수능에서
영어 1등급(절대 평가 90점 이상, 6.25%)은 2만 7,830명,
2등급(절대 평가 80~89점, 21.64%)은 9만 6,441명이었다.

참고로 같은 해 수능에서
국어 1등급(4.01%)은 1만 7,914명, 2등급(7.29%)은 3만 2,561명,

수학 1등급(4.20%)은 1만 8,031명, 2등급(7.43%)은 3만 1,917명이었다.

2018학년도에 영어를 절대 평가로 전환한 이후 90점 이상으로 1등급을 받은 인원은 원년인 2018년 약 5.9만 명(10%)과 2020년 5.3만 명(12%)이 최고치로, 지금까지 6만 명을 넘은 적이 한 번도 없다. 여기에 1등급 상당수가 재수생임을 고려하면 수능에서 현역으로 영어 1등급을 받는 아이들은 3만~4만 명 정도로 볼 수 있다.

그러면 여기서 현재 우리나라의 영어 조기 교육에 대한 의문점이 생긴다. 부모 때보다 영어에 자연스럽게 노출되고 재미있게 영어를 배울 수 있는 수많은 방법론이 발전했음에도, 왜 영어 1등급 비율은 영어 사교육비 혹은 영어 교육 방법 발전 속도에 비례하지 않을까?

결국 수능을 기준으로 봤을 때 영어 8등급 받을 아이들을 5~6등급 정도로 올려주는 수많은 방법론은 발전했지만, 이 방법론이 5~6등급 받을 아이들을 3~4등급으로 올려주거나 3~4등급 받을 아이들을 1~2등급으로 만들지는 못하는 것이 아닐까? 3~4등급인 아이가 1~2등급 이상으로 올라가려면 좋은 교육 프로그램과 환경이 아닌, 자기 공부와 자기 의지가 있어야 한다. **좋은 교육 환경과 프로그램이 인지 능력이 안되는 아이들을 입시에서 유의미한 수준으로 올려주는 데는 이렇듯 한계가 있다.**

잘하는 것을 더 잘하게

그래도 영어 사교육을 안 시킬 때보다 1~2등급으로 실력을 올려준 게 어디냐고 말할 수도 있다. 물론 영어 사교육을 통해 아이들이 회화도 전혀 못 하다가 간단한 의사소통을 할 수 있을 정도로 영어 실력이 는다면 전혀 문제가 없다. 문제는 회화에도 별로 도움이 안 되는 문제지 푸는 입시 영어 공부에서 하위 등급을 중위 등급으로 올리는 것은 별 의미가 없다는 것이다. 사실 수능 영어에서 4등급 이하는 입시에서 큰 힘을 발휘하기 힘들다. 2022학년도 수능에서 1~3등급 누적 인원은 전체 응시자의 53.4%였다. 극단적으로 다른 과목에서 1~2등급을 받고 수능 최저를 맞춰야 하는 상황에서는 영어 7~8등급(20~30점대)보다 5~6등급(40~50점대)이 입시에 더 유리할 수 있다. 하지만 상위권 대학 입시에서 영어 하위권 1~2등급 차이는 그다지 큰 의미가 없다.

좀 더 솔직히 대학 졸업 후 취업까지 생각하면, 수능 영어 3~4등급 정도의 인지 능력으로 원하는 대기업에 취업하기란 쉽지 않다. 그리고 공부 역량이 영어뿐 아니라 나머지 과목에서도 5~6등급을 받을 정도인 아이라면 국어 5등급, 수학 5등급을 받기 위해 어려서부터 전 과목 사교육을 시킬 필요가 없다. 오히려 전략적으로 국·영·수 가운데 제일 잘하는 과목 하나를 골라 1등급을 목표로 교육 자원을 집중하는 것이 좋다. 한 과목에서 확실하게 1~2등급을 받아 두고, 정말 점수가 안 나오는 과목이 큰 비중을 차지하는 전형이나 대학을 피해서 지원하는 전략을 쓰면 된다.

극단적으로 예를 들면 국·영·수 세 과목 평균 등급이 5등급이라면 5, 5, 5보다 1, 9, 5나 9, 5, 1이 대학에 갈 때 훨씬 유리할 수 있다. 이렇게 확실한 1등급을 바탕으로 사탐이나 과탐에서 등급을 끌어올리거나 9등급 과목 중 하나를 5~6등급 정도로 끌어올리는 전략을 쓰면 된다. 물론 이는 이론적인 가정이다. 수능 평균 등급이 5~6등급이라면 실제 각 과목 등급은 3, 6, 7등급 정도가 나올 것이다. 하지만 이럴 때도 6, 7등급을 5등급으로 올리려고 하기보다 3등급을 1등급으로 끌어올리는 전략을 쓰라는 이야기다.

국어가 안되는 아이들이 넘치는 현실

이런 관점에서 본다면 공부머리가 애매한 아이들은 전략적으로 영어보다, 국어 공부(특히 한자 공부를 중심으로 하는 기본 어휘 공부)를 더 시키는 것이 더 좋다. 왜냐하면 지금 교육 현장에는 영어가 문제가 아니라 정말로 국어가 안되는 아이들이 넘쳐나기 때문이다.

필자는 20년간 해외에서 살다 온 아이들의 입시를 지도하며, 중국어권에서 살다 온 상위권 학생들이 영미권 아이들보다 수학을 더 잘하는 모습을 흥미롭게 관찰했다. 영미권의 수학 난도가 낮아서 그런 것도 있지만, 중국어권 아이들 가운데 상위권 아이들은 한자를 알아서 등차수열(等差數列), 등비수열(等比數列), 인수분해(因數分解), 미분계수(微分係數) 등의 용어나 개념을 훨씬 잘 이해했다. 물론 영어도 영어 나름대로 우리 한자 개념보다 훨씬 쉬운 용어로 설명되어, 영어권에서 온 상위권 학생 가운데 수학적 개념을 언어적으로 분명히 알며 문제를 푸는 아이들도 있었다.

문제는 한자도 영어도 안되는 우리나라 아이들이다. 몇몇 수학적 머리가 있는 아이들은 문제를 많이 풀며 "아! 이 용어가 이런 개념이겠구나!"라고 추론하는데, 대부분 아이들에게는 완전히 외계어를 반복하는 느낌을 줄 수도 있다.

영어도 마찬가지다. 영어에도 한자어가 왜 이리 많은지. 수능 영어는 듣기와 독해 중심으로 나오는데, 중·고등 교육 현장의 내신 문제에서는 여전히 문법이 큰 비중을 차지한다. 그리고 수업 시간에 대부분 선생님이 일본 학자들이 어색하게 번역해 놓은 부정사, 분사, 동명사, 가정법 과거 완료, 혼합시제 가정법 등의 영문법 용어를 쓴다. 차라리 한자를 쓰는 일본 아이들은 낫다. 한자도 제대로 가르쳐 주지 않으면서 수많은 한자 용어를 들어야 하는 우리 아이들은 어쩌란 말인가? 영어 부정사(不定詞)의 '부정'이 부정문(否定文)의 '부정'과 다르다는 것을 아는 학생들이 얼마나 될까? 차라리 처음부터 부정사를 영어 원어인 infinitive로 배우고 기능이 define(정의)되지 않거나 finalized(최종화)되지 않아서(in은 not의 의미를 갖는 접두사이므로) 명사, 형용사, 부사적으로 기능할 수 있다고 설명해 주는 것이 낫지 않을까?

계속 말하지만 이런 이야기는 국·영·수 모두 잘하는 최상위권 아이들에게 하는 이야기가 아니다. 최상위권 아이들은 국·영·수, 탐구 모든 과목에서 1~2등급을 받을 만한 공부 역량을 갖추고 있다. 문제는 주요 과목에서 1~2등급이 안 나오는 대다수의 평범한 학생들이다. 이런 학생들은 전략적으로 본인이 제일 잘하는 것에 먼저 집중해야 한다. 그래서 먼저 한 과목에서 유의미한 성과를 냄으로써 공부 자신감을 가질 필요가 있다. 또 공부 요령(일종의 메타인지라고 할 수 있다)을 길러 가며 다른 과목으로 그 요령을 확대해 효율적으로 입시 공부를 해야 한다. 그런데 '자신의 취약 과목이 영어니까, 영어는 기본이니까, 영어는 취업하는 데 꼭 필요하니까, 남들이 다 하니까'와 같은 막연한 생각으로 가뜩이나 부족한 공부 역량을 무조건 영어에 쏟는 잘못을 범하지 말아야 한다. 영어 공부에도 전략적 선택이 필요하다.

21

학폭 피해 소년이
150만 유튜버가 되기까지
(외국어도 강점 강화 전략)

학교 폭력 피해 학생의 드라마 같은 성공기

2023년 6월 현재 구독자 수 159만 명을 보유한 여행 유튜버 곽준빈 씨(1992년생)는 초등 6학년, 중학교 시절 내내 학교 폭력 피해 학생이었다. 특성화 고등학교에 진학하여 1년 동안은 학교 폭력에서 해방되었지만, 중학교 때 소문이 고등학교까지 알려지며 괴롭힘이 시작되자 결국 학교를 중퇴하고 가출까지 했다. 이후 여러 우여곡절 끝에 검정고시를 거쳐 대학에 진학했다.

원래 본인은 한국 외국어대 영어과에 진학하여 영어로 프리미어 리그 축구 경기를 보기 원했지만, 공부가 부족하여 부산 외국어대 러시아인도통상학과에 진학하여 러시아어를 공부했다. 졸업 후 러시아와 거래하는 부산의 중소기업에서 사회생활을 시작했고, 이후 아제르바이잔 한국 대사관 직원으로 근무했다. 2019년 아제르바이잔에 여행을 온 유명 여행 유튜버 '빠니보틀(2023년 6월 현재 구독자 수 177만 명)'의 가이드를 하며 새로운 자극을 받아, 대사관을 그만두고 2020년부터 전업 유튜버 '곽튜브'로 활동을 시작했다. 이후 코로나19로 인해 여행이 쉽지 않은 상황에서도 자신만의 독특한 콘텐츠를 만들며 150만 명 이상의 구독자를 확보하고, 자신의 멘토라고 할 수 있는 '빠니보틀' 수준의 유튜브 크리에이터가 되었다.

2.5억 명이 쓰는 러시아어라는 블루오션

곽준빈 씨의 사례에서 외국어를 할 때도 강점 강화와 전략적 선택이 얼마나 중요한지 알 수 있다. 영어를 잘하는 한국 사람은 많다. 그런데 러시아어를 잘하는 한국 사람은 그리 많지 않다. 러시아의 위상이 낮아지며 러시아어를 공부하는 한국인이 점점 줄어드는 가운데, 최근 우크라이나 전쟁 이후 신냉전 상황과 러시아 이미지 악화로 앞으로도 러시아어를 공부하는 사람은 더 없을 것이다.

그런데 러시아어를 사용하는 인구는 생각보다 많다. 1.4억 명의 러시아 사람들뿐 아니라, 구소련 영향권에 있던 많은 나라에서 러시아어를 쓸 수 있다. 앞의 곽준빈 씨가 취업한 아제르바이잔뿐 아니라 카자흐스탄, 우즈베키스탄, 키르기스스탄 등의 중앙아시아 국가에서 고등 교육을 받은 웬만한 엘리트들은 러시아어로 의사소통을 할 수 있다. 또 러시아어를 많이 쓰는 의외의 국가가 이스라엘이다. 이스라엘 건국 이후 러시아계 유대인이 대거 이스라엘로 들어오면서 러시아어는 히브리어, 아랍어와 함께 이스라엘의 주된 언어가 되었다. 소련의 붕괴와 러시아 경제 침체로 많이 줄어들기는 했지만 2023년 현재 러시아어 사용 인구는 2.5억 명 정도로 추산된다.

영어를 잘하면 많은 기회가 주어진다. 하지만 영어는 경쟁이 너무 치열하다. 입사 시험에서 토익 900점 이상은 차고도 넘친다. 대학 때 영어권 국가에 교환학생으로 가는 것도 쉽지 않다. 하지만 곽준빈 씨 사례처럼 러시아어를 잘하면 러시아 교환학생이나 유학의 기회가 많다. 졸업 후에도 러시아와 교류하는 중소기업에 쉽게 취업할 수 있다. 물론 대기업이나 남들이 부러워하는 일자리를 얻으려면 영어를 잘하고 학벌도 좋아야 한다. 하지만 학벌도, 영어 실력도 없는 중·하위권 학생들에게 이렇게 자기만의 강점이 될 수 있는 언어가 하나 있다는 것은 새로운 인생을 개척하는 데 큰 무기가 된다.

비영어권 스타 유튜버들

곽준빈 씨처럼 전 세계를 누비는 유튜버가 아니더라도, 비주류 언어나 문화권에서 한국인의 강점을 살려 일가를 이룬 유튜버들도 많다. 베트남 사람들을 주 구독자로 하는 '우씨(Woosi)'는 2023년 6월 현재 구독자 수가 172만 명인 대형 유튜브 채널이다. 우씨의 운영자 박우성 씨는 1996년생 부산 출신으로 베트남어를 원어민 수준으로 구사하며 '먹방'을 중심으로 한 다양한 콘텐츠로 베트남 사람들을 사로잡고 있다. 우씨 이외에도 베트남에는 한국 외국어대 베트남어과 출신의 크리에이터들이 많이 활동하고 있다. 체리혜리(117만 명), 꽈띵비엣(28만 명), 진주(21만 명) 등이 대표적이다.

인도네시아에서 연예인급으로 성장한 한유라 씨(채널명: Hanyura Little and Big)도 한류와 뷰티 콘텐츠를 기반으로 한 구독자 수 100만 유튜버. 한유라 씨는 중학교 때 인도네시아로 건너가 인도네시아어를 모국어 수준으로 구사한다. 인도네시아도 인구 2.7억 명의 대국이다. 또 공식 언어인 바하사 인도네시아어는 알파벳을 쓰는 데다, 섬 간의 수많은 방언을 고려해 최대한 쉬운 문법으로 구성되어 다른 언어에 비해 습득이 쉬운 장점도 있다.

많이 알려진 사례를 소개하다 보니 유튜버 중심으로 이야기했지만, 공부나 영어가 애매한 아이들이라면 이렇게 인연이 되는 나라의 언어 하나를 제대로 하는 것도 좋은 강점 강화 전략일 수 있다. 아랍어, 히브리어, 스페인어, 포르투갈어(브라질에서도 사용) 등 가능성 있는 언어나 국가가 많다.

물론 해외에 나가 있는 교민 자녀들이 현지어만 잘한다고 해서다 이런 유명 유튜버가 되거나 의미 있는 성과를 내는 것은 아니다.

하지만 자신만의 독특한 경험과 남들에게 없는 언어 능력을 하나 가지고 있으면 인생에서 더 많은 선택을 할 수 있다.

오래된 일이지만 필자는 대학 시절 와세다 대학에서 교환학생으로 온 일본 학생을 만난 적이 있다. 왜 한국에 왔느냐고 물었더니, 자기는 외국어 선택과목을 영어가 아닌 한국어로 선택해서 한국으로 왔다고 했다. 지금은 어떤지 모르겠지만 당시 와세다 대학은 제1 외국어를 영어로 하고, 제2 외국어를 다른 언어로 하는 대부분 대학과는 달리, 본인이 자신 있는 외국어 하나만 제대로 하면 받아 주었던 것 같다. 영어는 제1 외국어, 다른 언어는 제2 외국어라는 고정관념을 갖고 있던 필자에게는 신선한 충격이었다. 인지 능력이 되는 아이들은 영어와 제2 외국어를 둘 다 잘한다. 하지만 대부분의 평범한 아이들은 하나의 외국어라도 제대로 공부하는 게 인생에 더 큰 도움이 될 수 있다.

22

다중지능 검사로 예상해 보는
수능 등급 상한선

수학이 약했던 문과 상위권 학생

안양에서 초등학교, 중학교를 다닌 B군은 어려서부터 많은 어른의 기대를 받았다. 우선 독서량이 많았고, 단순히 책만 많이 읽는 것을 넘어 토론도 잘했다. 또 성실했으며 예의도 바르고 선생님이나 주변 어른들과 소통하는 능력도 좋았다. B군을 만나서 이야기를 나눠 본 어른들은 다들 "이 아이가 장차 커서 어떻게 될까?"라며 기대했다. 필자도 B군을 어려서부터 지켜보며 많이 기대했는데, B군 부모님의 의뢰로 공부머리 테스트, 다중지능 검사, 회복탄력성 검사를 한 뒤 좀 더 세밀한 입시지도가 필요하겠다는 생각이 들었다.

우선 B군은 다중지능 검사에서 언어 능력이나 사회 소통 능력, 신체운동 능력 등은 80~90점대로 높게 나왔지만, 수리·논리 능력이 60~70점대, 공간 지각 능력이 40~50점대로 낮게 나왔다. 또 공부머리 테스트를 해보니 수학 점수 향상 가능성이 그리 높지 않았다. 실제로 중학교 성적도 국어나 영어는 거의 100점 가깝게 나오는데 수학은 간신히 90점을 넘는 A를 받았고, 한 번은 B를 받기도 했다.

필자는 이런 상황이라면 B군이 고등학교에 진학해 수능 모의고사 기준으로 수리 영역(수학) 1등급을 안정적으로 받기는 힘들겠다고 생각했다. 고1 때 배우는 내신 수학은 어느 정도 따라갈 수 있어도 이후 삼각함수, 지수 로그, 고차 방정식 쪽으로 가면 서서히 벽에 부딪힐 것이 예상됐다.

200위권 학교에서 내신 1등급 전략 추천

B군은 독서력도 되고 자기 주도 학습 능력도 좋아서 수시 경쟁력도 있었다. 하지만 수학이 안되는 상황이라 수시형 학교에 가서도 내신 경쟁이 쉽지 않아 보였다. 그래서 필자는 B군에게 외고나 자사고 진학보다는 안양지역 200위권 일반고 두 곳 중 한 곳에 지원해 보라고 권했다. 안양에는 이과가 강하고 의대 진학률이 높은 전국 100위권 남고인 신성고가 있는데, 이 학교에 가면 역시 수학 내신 경쟁이 힘들 것 같았다. 또 외고는 수능과 관계없는 전공 외국어 공부나

수행평가에 너무 많은 시간을 써야 해서, 꼭 특목고나 자사고에 가고 싶으면 차라리 수능 대비 능력을 갖춘 정시형 자사고 쪽을 생각해 보라고 했다.

그런데 B군은 필자의 조언과는 달리 안양 학군의 C 외고에 진학했다. 다니고 있는 학원에서 강력히 C 외고를 권했고, B군도 C 외고 학교 설명회에 다녀오더니 많이 흔들렸다. B군의 부모는 기본적으로 아이 의견을 따르겠다는 견해였는데, 당시 C 외고의 대학 입시 결과도 좋게 나오면서 완전히 외고에 가는 쪽으로 대세가 기울었다.

3년 뒤 입시 결과는 필자가 예상한 대로 나왔다. B군은 외고의 내신 경쟁에서 밀리면서 수시로는 Top 10위권 대학 진학이 힘들었고, 정시에서도 수학에서 3등급이 나오고, 믿었던 국어에서도 2등급이 나오면서 원하는 대학에 갈 수 없었다. 어쩔 수 없이 재수했는데, 재수 수능 결과도 비슷하게 나왔다. 결국 B군은 이후 미국 유학으로 방향을 틀었다.

언어 능력만으로 해결할 수 없는 수능 수학

굳이 다중지능 검사를 해보지 않아도 입시 현장에서 B군과 비슷한 유형의 학생을 자주 만난다. 언어 능력은 탁월한데 수리, 논리 능력이나 공간지각 능력이 약한 학생은 중학교 수학까지는 어느 정도 상위권을 유지하지만, 고등학교 수학에서는 한계에 부딪히곤 한다.

이런 학생들은 독서량도 많고, 언어 감각이 있어서 초등 수학은 수학적 개념에 대한 분명한 이해 없이도 충분히 100점을 받는다. 중학교 수학도 범위가 그리 넓지 않기 때문에 성실하게 수업 듣고 기출 문제를 반복해서 푸는 연습을 충분히 하면 A를 받는 데 큰 지장이 없다. 그런데 경시 수학 같이 심화 문제에 들어가면 한계를 보이고, 수학 점수도 100점이나 97점 같은 최상위 점수는 아니다. 90점을 간신히 넘고 대신 수행평가를 완벽하게 해서 A를 받는 경우가 많다. 결국 중학 수학도 자신이 가진 수리·논리력이나 공간지각 능력을 활용해 수학적 개념을 이해하고 문제를 푸는 게 아니라, 강점 지능인 언어나 소통 능력 등을 활용해 A 받을 정도의 점수를 유지하는 것이다.

그런데 이렇게 성적을 유지하다가 수능 수학처럼 범위도 없고, 기출 문제에도 없던 신유형 문제가 나오는 수준으로 올라가면 밑천이 드러나는 지점에 도달하게 된다. 수능 수학에서 고난도 문제로 불리는 신유형 문제는 기출 문제를 반복해서 많이 푼다고 해결할 수 있는 수준이 아니다. 수학적 개념을 자기 것으로 정확히 소화하고 출제자의 의도를 읽어야만 풀 수 있다.

그렇기에 수리·논리 능력이나 공간지각 능력이 부족한 학생이 순수하게 자기 실력만으로 신유형 문제 3~4문제를 다 풀고 수능 수리 영역 1등급을 받기는 정말 힘들다. 유일한 방법은 담담한 마음으로 잘 찍고, 운이 따라주어 이 중에서 한두 문제 이상을 맞히는 것이다. 이는 물론 다른 쉬운 문제는 평소에 기출 문제를 반복해서 풀어 대부분 풀었을 때를 전제로 한다.

수능 수학 경쟁력이 약한 학생의 내신 집중

수능 수학에서 1등급을 받기가 이렇게 힘든 반면 전국 200~300 위권 고등학교의 내신 수학 문제는 그래도 해볼 만하다. 전국 100위권 고등학교에서는 상대평가 내신 변별력과 수능 대비 능력을 기르기 위해 내신 문제도 수능 수준으로 내는 경우가 있다. 그래서 100위권 특목고, 자사고나 강남급 일반고에서는 내신 수학 1, 2등급을 받기가 쉽지 않다.

하지만 전국 200~300위권을 포함한 일반적인 고등학교에서는 수학을 포기한 학생들을 고려하여 문제를 그리 어렵게 내지 않는다. 그리고 내신 수학은 범위가 정해져 있고, 선생님이 강조한 문제지나 프린트물에서 그대로 내는 경우도 많다. 여기에 수행평가 20%도 있다. 평소 수업을 열심히 듣고, 주어진 과제를 충실히 하면 인지 능력과 관계없이 노력만으로도 수행평가에서 20% 점수를 확보할 수 있다. 그러면 나머지 지필고사에서 80점대 이상으로 어느 정도 점수만 나온다면 충분히 수학 내신 1등급에 도전해 볼 수 있다.

만약 B군이 필자의 조언대로 200위권 고등학교에 진학하여 수학 내신을 1등급으로 맞추고, 외고에서 전공 외국어 공부나 수많은 수행평가를 할 시간에 부족한 과목 내신이나 수능을 공부했더라면 충분히 Top 10위권 대학에 갈 수 있었을 것이다. 필자는 솔직히 B군 정도 역량이면 내신 1등급에 수능 최저를 맞추는 조건으로 Top 3위권 대학도 가능하다고 생각했다.

이런 사례를 보면 좋은 조언을 받아들이고 지혜로운 선택을 하는 것에도 운이 크게 작용하는 것 같고, 카이로스(운명의 시간)가 맞아야 하는 것 같다. B군은 탁월한 학생이었기 때문에 필자 말고도 학교나 학원 선생님, 주변의 다른 입시전문가 등 조언해 주는 사람이 너무 많았다. 물론 한국 입시에서 원하는 결과가 안 나왔다고 해서 앞으로 펼쳐질 삶에 희망이 없는 것은 아니다. B군의 경우 충분히 미국에 가서도 잘할 수 있고, 오히려 한국 입시에서의 실패 경험이 전화위복이 될 수 있다. 또한 더 큰 운이 트이고 더 좋은 사람들을 만날 수도 있다. B군은 외고에서 내신이 잘 안 나올 때도 나름의 방법으로 스트레스를 극복하고, 이후 재수나 유학 준비도 스스로 하는 모습을 보였다. 이런 모든 시행착오가 이후 대학 생활이나 군대, 사회 생활에서 큰 밑거름이 될 것이다.

23

다중지능 상담 사례 2

언어 지능이 약한 학생이
의대에 가는 가장 넓은 길

국어가 약한 의대 지망 학생

지성이(가명, 가상 사례)는 의대를 희망하는 중3 학생이었다. 서울 명문 학군지에서 공부하며 반에서 1~2등을 했다. 다중지능 검사를 해보니 수리·논리력이나 공간지각 능력은 80~90점대로 높게 나왔는데, 언어 능력이 30점대로 낮게 나왔다. 평소 문학 작품이나 비문학 글을 자주 읽지 않는다고 했다. 중학교 국어 시험은 범위가 정해져 있어 90점 이상을 받았고, 수행평가를 성실하게 해서 A가 나왔다. 하지만 고1, 고2 수능 모의고사 문제로 공부머리 테스트를 해보니 역시 국어에서 80점대가 나왔다. 이런 학생이라면 의대를 생각하기보다는 과학고에 가거나 이과가 강한 고등학교에 가서 이공계로 진학하는 것이 입시에서 유리할 수 있다. 그런데 본인이 의대를 희망하고, 의대 적성이라고 할 수 있는 자연친화력이나 인간관계 능력도 그리 낮지 않았다. 또 DiSC 검사도 DI형으로 I 성향이 있어 의사로 진로를 결정해도 나쁘지 않다고 생각되었다.

문제는 수능 국어 점수였다. 2023년 현재 서울이나 지방 어느 의대에 가려고 해도 정시로는 수능 국어(언어), 영어(외국어), 수학(수리), 과학 탐구 전 영역에서 1등급이 나와야 한다. 수시 전형으로 진학하고 수능 최저를 맞추는 경우라면 내신 평균 평점 1점대에, 수능 한 과목 정도가 2등급이 나오는 선이 마지노선이다. 특히 정시에서는 등급뿐 아니라 전체 수능에서 틀린 문제가 3~4문제 안쪽이 되어야 본인이 원하는 대학에 갈 수 있다.

그러면 이렇게 수능 국어 1등급이 불확실한 학생은 의대 지원 전략을 어떻게 짜야 할까? 가장 좋은 방법은 빨리 서울을 벗어나 지역 인재 전형이 있는 지방으로 이사하는 것이다. 2023학년도 현재 중3이라면 빨리 전학 가서 지방에서 3년간 고등학교를 다니고 졸업하면 지역 인재 전형 지원 자격이 주어진다. 부모 거주는 의무가 아니므로 기숙사가 있는 학교라면 학생만 가도 된다. 2023학년도 현재 중2 학생 이하라면 중학교 3년도 비수도권 재학, 졸업 조건이 적용된다. 이미 서울, 수도권에서 재학 중이라면 지역 인재 전형은 포기하고 수능에 올인 해서 우선 수능 만점을 목표로 공부해야 한다.

노력으로 극복하기 힘든 수능 점수

그렇기에 앞으로도 수능이 없어지지 않는다면 초등 고학년 학생 가운데서도 의대를 지망하는데 수능 전 과목 1등급의 자신이 없다면, 지역 인재 전형을 적극적으로 활용해야 한다. 물론 지방에 있는 고등학교에 간다고 해서 1점대 내신이 보장되고, 수능 최저 등급을 다 맞출 수 있는 것은 아니다.

하지만 다중지능 검사에서 언어 능력이 낮게 나온 학생이 의대 진학에 필요한 성적을 맞추는 데는 수능보다 내신이 훨씬 유리하다. 우선 내신은 수능과는 달리 시험 범위가 정해져 있다. 그리고 전국 300위권 이하 학교 대부분이 내신 문제를 학교 유인물이나 정해진 문제지에서 낸다. 의대에 갈 실력이 되는 학생이라면 배운 내용을 열심히 공부해서 최소 85점 이상은 받을 수 있다. 또 수행평가 20%가 있다. 과제나 수행평가를 충실히 잘하면 90점 미만의 지필고사 성적을 받고도 국어나 영어에서 내신 1등급을 맞춰볼 수 있다. 또 내신 경쟁이 그리 심하지 않기에 스트레스받아 가며 전 과목 내신을 관리하지 않아도 된다. 웬만한 과목은 시험 몇 주 전에 정리하고, 취약 과목에 좀 더 많은 시간을 전략적으로 배분하며 공부할 수 있다.

하지만 실전 수능은 범위가 없다. 또 기출 문제가 그대로 나오지도 않는다. 공부 능력이 어느 정도 되어도, 특정 인지 능력에 약점이 있는 학생은 아무리 노력해도 넘을 수 없는 한계에 부딪히게 된다.

그러므로 의대뿐 아니라 다중지능 검사에서 수리, 공간, 언어 능력 등 국·영·수 성적과 밀접한 지능이 70~80점대 이상 안 나오는 학생이라면 적극적으로 내신 위주, 수시 위주의 전형을 노려야 한다.

그러면 지방에 내려갈 수 없고, 수능 경쟁력이 담보되지 않은 서울 및 수도권 학생들에게 의대 진학은 불가능한 꿈일까? 마지막 남은 방법은 회복탄력성과 마음 근력을 키워서, 긴장하기 쉬운 수능 시험장에서 최선을 다해 자기 실력보다 120%의 결과를 내는 것이다. 속된 말로 '떨지 않고 잘 찍어서' 모의고사 점수보다 높은 실전 수능 점수를 받아 국어나 다른 약한 과목을 1등급으로 끌어올려 볼 수 있다.

남의 성공 경로가 아닌, 자기에게 맞는 길을 찾아야

일전에 의대를 많이 보내기로 유명한 전국 선발 자사고인 A고를 졸업한 남매가 출연한 유튜브 영상을 본 적이 있다. 누나는 4수 끝에 지방대 수의대에 진학했고, 남동생은 현역으로 지방 의대 정시 전형에 합격했다. 누나는 자기가 A고에 오지 않고, 집 가까운 일반고에 가서 내신을 잘 받고, 수능 최저를 맞췄더라면 4수까지 하지 않고도 의대나 수의대에 가지 않았겠느냐고 말했다. 동생은 자기는 공부머리는 있는데 분위기를 많이 타는 편이라, 평범한 일반고보다 경쟁적인 자사고 분위기가 맞았고, 내신은 안 좋았지만 수능을 잘 봐서 재수 없이 목표한 대학에 갈 수 있었다고 말했다.

이 남매 중 누나 같은 유형이 중학교 때 다중지능 검사나 공부머리 테스트를 해보았더라면 본인의 발목을 잡는 과목이 분명히 드러났을 것이다. 그리고 동생 같은 유형은 반대로 다중지능에서 언어, 수리, 공간 능력이 다 높게 나오고 공부머리 테스트에서도 오픈북 점수가 높게 나올 가능성이 크다. 같은 형제라도 이렇게 자신의 성향과 기질, 또 다중지능 강점과 약점에 따라 전략을 달리 써야 함을 알 수 있는 좋은 사례라고 할 수 있다.

비단 의대를 지원하는 학생들뿐 아니라 일반 학생들도 다중지능 검사와 공부머리 테스트를 학년이 바뀔 때마다 꾸준히 해보고, 자신의 가능성과 한계를 냉철하게 파악하면 엄한 고생을 하지 않고도 자신이 원하는 진로를 좀 더 수월하게 개척할 수 있다.

지역별 의대 지역 인재 선발 인원

수능 응시자 수에 비해 의대 지역 인재 전형을 가장 많이 뽑는 지역은 호남이다. 2023학년도 입시에서 의대 지역 인재 전형 수시 선발 인원은 680명, 정시는 175명으로 총 855명 규모였다. 이 가운데 수능 응시인원 1,000명당 수시 선발 인원을 비교해 보면 호남이 4.4명, 부·울·경이 3.1명, 대구·경북이 3.0명, 대전·충청이 2.4명 순이다.

(단위: 명)

지역	2023학년도 지역 인재 수시 인원 (지역 인재 정시 인원)	2022학년도 수능 응시 인원	*수능 응시생 1,000명당 지역 인재 수시 선발 인원	비고
대전, 세종 충남, 충북	건대충주 12 건양대 20 순천향대 28 을지대 15 충남대 23(26) 충북대 7(12) 충청권 합: 105(38)	대전 13,680 세종 3,650 충남 13,966 충북 11,019 합: 42,315	2.4	대전 둔산 학원가
광주, 전남 전북	원광대 40 조선대 42(26) 전남대 67(13) 전북대 46(29) 호남 합: 195(68)	광주 15,781 전남 13,256 전북 15,190 합: 44,227	4.4	
대구, 경북	경북대 46 계명대 29 영남대 25 대구가톨릭 17 동국대경주 10 대구경북 합: 127	대구 22,992 경북 17,990 합: 40,982	3.0	대구 수성 학원가 대구 월배 학원가
부산, 울산 경남	부산대 80(20) 경상대 27(20) 고신대 25(13) 동아대 30(10) 인제대 28 울산대 4 부울경 합: 194(63)	부산 25,961 울산 9,643 경남 26,682 합: 62,286	3.1	

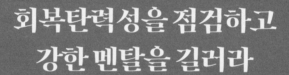

4장

회복탄력성을 점검하고
강한 멘탈을 길러라

•

성공과 인격 형성, 행복과 평생의 성취에서 중요한 요소는
감정을 다루는 기술이다. 즉, 전통적인 IQ 검사로 측정되는
인지적 능력만 중요한 것이 아니다.
- 다니엘 골먼

"What really matters for success, character, happiness and life long achievements is
a definite set of emotional skills not just purely cognitive abilities that are measured
by conventional IQ tests."

– Daniel Goleman

24

현재 입시의 승부수는
아이의 멘탈이다

상위권 대학에 갈 수 있는 2가지 방법

현재 우리나라 입시 제도에서 원하는 입시 결과를 얻는 데 가장 중요한 변수 하나를 꼽으라면 멘탈(정신력)이라고 할 수 있다. 멘탈은 원래 사고방식(way of thinking or ability to think or learn)을 의미하는 영어 단어 멘탈리티(mentality)에서 온 말로 이제는 거의 국어사전에 올려야 할 정도로 우리말에서 광범위하게 쓰이고 있다. '멘탈이 좋다', '멘탈이 털리다', '멘탈 갑', '유리 멘탈', '멘탈 붕괴(멘붕)' 등 자주 쓰는 표현에서 우리나라 사람들이 사용하는 멘탈이라는 단어의 의미를 추론해 보면 '긴장되는 상황이나 좋지 않은 주변 환경 속에서도 흔들리지 않는 마음이나 정신상태'라고 할 수 있다.

현재 대학 입시 체제에서 Top 30위권 대학의 원하는 학과에 진학할 수 있는 가장 넓은 길은 두 가지다. 하나는 전국 100위권 안에 드는 특목고 또는 자사고나 강남급 일반고에 가서 내신 경쟁을 잘하거나, 수능 대비 능력을 기르는 것이다. 이런 학교는 웬만한 중학교에서 전교권 성적을 내는 상위권 학생들이 몰려 면학 분위기가 좋고, 학생부 종합 전형 경쟁력을 갖출 수 있는 다양한 비교과 활동 프로그램을 갖추고 있다. 이런 학교에서 내신 4등급 안쪽에 든다면 수시 전형이 되었든 수능-정시가 되었든, 혹은 재수해서라도 Top 30위권 대학에 갈 수 있다.

경쟁이 치열한 학교에서 필요한 멘탈

그런데 문제는 이런 상위권 학교에서 벌어지는 치열한 내신 경쟁이다. 공부머리가 탁월하지 않거나 충분한 영·수 선행 없이 이런 학교에 진학했다가는 내신 5~6등급 이하로 밀리기 쉽다. 이렇게 되면 수시 전형은 거의 포기하고 수능에 모든 것을 걸어야 한다. 그런데 여러 가지 요인으로 멘탈이 무너져서 수능 공부도 제대로 되지 않으면, 전국 300위권 이하 고등학교에 가서 내신 1~2등급을 받아 수시 전형으로 대학에 가는 것보다 못한 입시 결과를 받아 들 수도 있다.

하여간 이런 치열한 학교에서는 어느 정도 성적이 밀려도 흔들리지 않는 정신력, 즉 강한 멘탈이 필요하다. 300명 가운데 200위권 밖 성적이 나오더라도, 여기서는 내가 하위권이지만 전국적으로 보면 상위권이라는 자신감을 가져야 한다. 너무나 탁월한 친구들과 자기를 비교하며 패배 의식에 사로잡히기보다, 인생을 크게 보고 현재 주어진 상황에서 내가 얻을 수 있는 것에만 집중해야 한다. 좋은 면학 분위기, 열심히 하는 친구들로부터 받는 자극 등이 바로 그것이다.

면학 분위기가 좋지 않은 학교에서 필요한 멘탈

또 한 가지 방법은 전국 200위권 밖의 평범한 고등학교에서 내신 1~2등급을 받고 수능 최저를 맞춰 수시 교과 전형이나 학생부 전형을 최대한 활용하는 것이다. 만약 전교 1~2등을 해서 최상위 성적을 유지한다면 서울대 지역균형선발 학교장 추천을 받거나 의대 교과 전형 기회도 잡아 볼 수 있다. 비교과 활동이 필요한 학생부 종합 전형과는 달리 학생부 교과 전형에서는 내신 1등급과 수능 최저만 맞추면 원하는 학교에 충분히 도전해 볼 수 있다.

서울대나 의대를 바라보고 처음부터 이런 학교에 전략적으로 진학하는 학생들도 있고, 전국 100위권 특목고나 자사고, 일반고에 지원했다가 안 돼서 원치는 않지만 이런 고등학교에 배정받는 학생들도 있다. 이런 학교의 상위권 학생들이 갖춰야 할 멘탈은 주변 환경에 휘둘리지 않고 중심을 잡으며 자기 공부를 할 수 있는 정신력이다. 그리고 쉽게 나오는 내신에 자만하지 않고, 내신 공부에서 아낀 시간을 수능 공부에 최대한 집중해서 수능 최저를 맞춰야 한다.

아무래도 전국 300위권 이하 학교에는 상위권 학생들이 적다. 거칠게 이야기하면 전국 1,700여 개 인문 계열 일반고 대부분은 서울대나 의대를 노리는 최상위권과 중·하위권으로 구성되고, 중·상위권 학생들은 거의 없다고 볼 수 있다. 중학교 때 공부 좀 한다는 학생이라면 대부분 전국 200위권 이상의 특목고나 자사고, 강남급 일반고로 빠져나갔기 때문이다. 그렇다 보니 많은 학교에서 수업 분위기가 좋지 않다. 아이들이 열심히 듣지 않으니 가르치는 선생님도 열의가 떨어질 수 있다. 또 어려운 문제나 수준 있는 문제를 수업 시간에 다루기 어렵다 보니 학교 수업이나 시험을 통해 수능 경쟁력을 갖추기 쉽지 않다. 동영상 강의 등을 통해 최대한 수준 있는 강의를 듣고, 신유형 문제를 풀어 보며 학생 스스로가 주도적으로 수능에 대비해야 한다.

이런 학교의 상위권 학생들은 학교에서 해주지 못하는 비교과 영역 활동이나 어수선한 반 분위기에 불만을 품기보다 학교나 친구들에게 늘 감사한 마음을 갖는 것이 좋다. 상위권 학생들이 적은 덕분에 수월하게 모든 과목에서 내신 1등급을 받고, 내가 부족한 과목에 집중할 시간을 확보할 수 있으니 말이다. 학교 측에서도 수업 수준은 낮더라도 소수 상위권 학생들에게 더 관심을 두고 비교과나 봉사활동 기회를 더 많이 챙겨 주기도 한다. 감사한 마음으로 학교 방침에 잘 따르고, 수행평가나 조별 활동도 주도적으로 할 필요가 있다. 학교나 친구들에게서 내가 도움을 받는다는 마음보다, 수월한 내신에 대한 감사의 표시로 친구들이나 학교에 내가 무언가 이바지할 바를 찾는다는 여유로운 마음으로 학교에 다닐 필요가 있다.

수능 시험장에서 갖춰야 할 멘탈

마지막으로 수능 시험장에서 긴장하지 않고, 자기 실력을 발휘할 수 있는 멘탈이 중요하다. 필자는 고등학교 진학 상담을 할 때 학생의 멘탈을 알 수 있는 회복탄력성 점수를 아주 중요하게 본다. 멘탈이 약한 학생은 수능 시험장처럼 긴장되는 상황에서 제대로 실력을 발휘하지 못한다. 모의고사 성적은 잘 나와도 실제 수능에서 1~2등급 하락하는 사례가 많다. 그래서 수능 최저가 있는 수시 입시에서 평소 모의고사 성적에 기반해 원서를 썼다가 여섯 군데 모두 떨어지는 이른바 '올킬(All kill)'이 자주 나오기도 한다. 평소 모의고사 점수라면 충분히 수능 3과목을 합해 6~7 정도(등급이 아니라 3과목 합 6, 7과 같은 등급 합)로 수능 최저를 쉽게 맞출 수 있을 줄 알았는데, 실제 수능에서 1~2등급이 하락해 최저를 맞추지 못하게 되는 것이다.

물론 멘탈이 좋지 않으면 내신에서도 시험 불안증에 시달릴 수 있다. 하지만 내신은 한 학기마다 중간과 기말 두 번, 총 5학기(보통 3학년 1학기 내신까지 반영) 10번의 시험 기회가 있다. 이번 시험에서 긴장해 잘 못하더라도 다른 기회가 있으니 좀 더 마음에 여유가 있다. 또 지필고사에서 실수한 부분을 수행평가로 만회할 수도 있다. 축구 경기로 비유하면 내신은 조별 리그고 수능은 토너먼트다. 조별 리그는 한 경기에서 실수해도 다음 경기를 잘하면 되는데, 토너먼트는 여기서 지면 짐 싸서 가야 한다. 즉, 긴장감의 강도가 다르다.

그래서 회복탄력성 검사를 한 결과 멘탈이 약한 학생들은 가능한 한 내신 받기 좋은 고등학교에 가고, 수능 비중이 적은 수시 전형 위주로 입시 전략을 짜는 게 좋다. 반대로 성실성에 비해 멘탈이 좋은 학생들은 정시 중심의 학교나 수능 위주의 전형을 선택하는 게 좋다. 또 수시 전형에서 대학 원서를 지나치게 낮춰 써 이른바 '수시 납치'를 당하지 않게 해야 한다. 수능 점수가 생각보다 높아 정시로 가면 훨씬 좋은 대학에 갈 수 있는데, 수시로 낮은 대학에 합격해서 정시 지원 기회를 얻지 못하는 경우를 '수시 납치'라고 한다. 어느 정도 기본 실력이 있고 멘탈이 좋은 학생들 가운데 이런 결과가 나오기도 한다. 이렇게 되면 대학에 가서도 재수나 반수를 하는 경우가 많다.

가정 분위기와 아이의 공부 멘탈

최근 입시에서 어려서부터 방송에 자주 나오던 모 학생이 300위권 일반고 5학기 평균 내신 2.66으로 수시를 포기하고 정시에 올인해서 서울대 인문대에 간 사례가 있다. 이 학생은 문, 이과 통합 수능 수학에서 1등급을 받고(당시 수능 1등급의 90%는 이과생), 역대급 불수능으로 어렵게 나온 국어에서도 1등급을 받아 현역으로 서울대 정시라는 좁은 문을 뚫었다. 이 학생의 평소 생활을 담은 여러 방송 영상을 보며 필자가 느낀 점은 학생의 멘탈이 좋다는 것이었다. 특히 내가 어떤 결정을 내려도 부모님은 진심으로 나를 믿고, 내 결정을 지지해 줄 것이라는 정서적 안정감이 모든 장면에서 배어 나왔다. 이 학생이 회복탄력성 검사를 한다면 자기 조절력, 타인과의 소통 능력, 자기 효능감 모두 최상위 점수가 나올 것 같았다.

입시 현장에서 아이의 멘탈을 직관적으로 알아볼 수 있는 순간은 부모님과 함께 학교나 학원에 와서 대학 지원 원서를 쓸 때다. 멘탈이 좋은 아이가 속한 가정은 원서 쓰는 순간에 평안하다. 서로에 대한 원망이나 불평도 없다. 아이의 결정을 부모가 존중해 주고, 아이도 엄마와 아빠가 자기를 믿고 지지해 준다는 확신이 있다. 그런데 멘탈이 좋지 않은 아이가 속한 가정은 원서 쓰는 현장이 평안하지 못하다. 서로에 대한 원망과 불평의 말이 오가고 부모나 아이나 눈동자에 불안함이 가득하다. 이런 가정은 가능한 한 상향 지원하지 않는 게 좋고, 수능에서 최악의 변수를 고려하여 원서를 쓸 필요가 있다.

결국 어느 상황에서든 멘탈이 가장 중요하다고 할 수 있다. 그러면 아이들의 멘탈을 어떻게 측정하고, 어떻게 기를 수 있을까? 이를 위해 필자가 활용하는 검사 도구는 한국형 회복탄력성 지수(KRQ-53)다. 자세한 내용은 뒤에서 소개하도록 하겠다.

25

강한 멘탈을 만나면 정보는 무기가 된다

재외국민 자녀들을 위한 창의적 진로 지도

필자는 한국에 있는 필리핀 외국인 노동자들을 돕는 일을 오랫동안 해오며 해마다 필리핀에 갈 기회가 많았다. 그때마다 필리핀 사람들뿐 아니라 필리핀에 거주하는 한인들에게 도움이 될 만한 일을 찾던 차에, 필리핀 한인 교회에서 학생들 입시와 진로 관련 강연과 상담을 두어 차례 해준 적이 있다. 한 번은 교회 담임 목사님이 입시로 승부를 볼 수 있는 아이들 말고, 공부가 애매한 아이들을 위해 좀 더 전략적으로 진로를 안내해 줄 수 있느냐며 다음과 같이 물었다.

"언젠가 신문을 보니, 필리핀에서 어렵게 살다가 한국에 가서

ROTC 장교가 되어 타클로반 태풍 피해 복구팀으로 온 분이 있더라고요. 공부가 애매한 아이들은 이렇게 장교에 도전해 보거나 군사 관련 학과나 기술 전문 하사관 같은 분야로 나가는 것도 좋지 않을까요? 이런 학과들도 많다고 하는데 구체적인 자료를 조사해서 우리 아이들에게 알려 주시면 공부가 잘 안되는 아이들도 비전을 가질 수 있을 것이고, 한국에 돌아가는 것에 대한 두려움도 줄어들 것 같아요."

학비와 취업 걱정이 덜한 군 관련 학과

한국에 돌아와 구체적으로 자료를 찾아보니 역시 기회는 많았다. 대표적으로 군 전문 인력을 양성하기 위해 군과 협약을 맺어 운영하는 '국방 관련 학과'가 있다. 고려대에는 사이버국방학과가 있는데, 4년 동안 전액 장학금이 나오고 약간의 생활비도 지원된다. 가난한데 공부를 잘하는 학생이라면 돈 걱정 없이 학교에 다닐 좋은 기회다. 졸업 후 보안 전문 장교로 임관하여 7년간 의무 복무하고, 군에 남든지 민간 업체로 취업할 수 있다. 사이버 보안 전문가는 군이나 민간이나 모두 모서 가려고 하는 귀한 인재다. 적성만 맞으면 직장 걱정은 없다. 군 복무도 연구원처럼 하고, 석·박사 학위를 따는 경우도 많아 7년 의무 복무를 크게 부담스러워하지 않는 분위기라고 한다. 그래서 사이버국방학과는 입학 경쟁이 치열하고 고려대 안에서도 최상위 학과로 분류된다.

　이런 국방 관련 학과는 크게 (군) 협약 학과와 자율경쟁 대학으로 나뉜다. 협약 학과에 진학하면 나라에서 전액 장학금을 지원받고, 졸업 후 바로 장교로 임관한다. 이런 학과로는 고려대 사이버국방학과, 아주대 국방디지털융합학과, 용인대 군사학과, 충남대 해양안보학전공, 단국대(천안) 해병대군사학과가 있다. 자율경쟁 대학은 입학 후 군장학생으로 선발되어야 장학금을 받을 수 있고, 시험을 봐서 장교로 임관하게 된다. 상명대 국가안보학과, 서경대 군사학과, 동양대 컴퓨터·정보통신군사학과, 충남대 국토안보학전공이 이런 과다.

　국방 관련 학과도 '인서울'권 협약 학과는 경쟁이 치열하지만, 지방 소재 대학은 일반 수도권 대학에 비해 입학이 수월한 경우가 많다. 몇몇 대학은 수능 최저 조건 없이 갈 수도 있다. 부모가 경제적으로 넉넉하게 지원하지 못하고 본인이 공부를 탁월하게 잘하지 못해도, 한국인이고 조직 생활에 잘 적응할 수 있는 소통 능력과 근성만 있다면 이렇게 다양한 진로를 모색해 볼 수 있다. 그런데 문제는 얼마나 많은 아이에게 이런 근성과 의지가 있느냐 하는 것이다. 앞의 자세한 정보를 보내며 필자는 다음과 같은 메일을 썼다.

　"보시다시피 이렇게 돈 없고, 공부를 아주 잘하지 못해도 한국인이라면 여러 가지 기회를 살릴 수 있는데, 과연 우리 아이들 중에 몇 명이나 약간 힘든 군대 생활을 한다는 각오로 이런 도전을 할지 의문이네요. 개천에서 용 나는 시대는 지났다고 하지만, 문제는 기회만 주어진다면 무엇이라도 해보겠다는 근성을 가진 아이들이 점점 줄어드는 게 가장 큰 문제가 아닐까 싶습니다."

근성과 도전 의식이 약한 아이들

이렇게 아이들이 근성과 도전 의식을 잃어가는 것은 비단 우리 나라만의 문제는 아니다. 미국에서도 시민권만 있다면 군대를 활용해 여러 가지 도전을 해볼 수 있다. 경제적으로 어려운 서민 가정이라면 우선 아이가 사병으로 군에 들어가 돈을 벌어 생계를 유지하며 가족을 부양할 수 있다. 미군은 일병, 이병이라도 웬만한 우리나라 대기업 초봉 수준의 급여를 준다. 군대에서 먹여 주고 재워 주고 옷도 주기 때문에 생활비가 거의 들지 않는다.

공부에 의지가 있다면 '지아이 빌(GI Bill)'이라는 학비 보조 프로그램을 이용해 대학 교육도 받을 수 있다. 입학 허가만 받아 오면 국방부에서 학비를 보조해 준다. 어떤 학생들은 대학을 졸업한 후 군에 장교로 다시 와서 이전의 경력을 이어간다. 또 군에서 전문성을 길러 제대 후 관련 업종에 취업하기도 한다. 잘 알려진 대로 미군은 세계 최고 수준의 첨단 군대다. 본인이 마음만 먹으면 기계, 통신, 정보 등 다양한 분야의 전문가가 될 수 있다. 장교들 가운데도 석사, 박사 출신이 많다. 하지만 이렇게 좋은 기회가 있어도 군대에 가서 고생하기 싫고, 공부하기 싫고, 무엇이라도 해보겠다는 의지가 없으면 어떤 도전도 불가능하다.

인지 공부보다 더 중요한 마음 근력 기르기

《회복탄력성》과 《내면소통》의 저자 김주환 교수는 이제 학교에서 가르쳐야 할 것은 국·영·수가 아니라 마음 근력을 기르는 훈련이라고 말한다. 지금 미국에서는 비인지 역량 강화 교육을 교육 현장에 도입하기 위해 다양한 준비를 하고 있다고 한다. 유럽에서는 이미 초·중·고 학교 교육의 대부분이 대학에 가기 위한 문제지 푸는 공부보다 자신의 강점을 강화하고, 다른 사람과 소통하고, 공동체와 지구 환경에 책임감이 있는 민주 시민을 양성하는 데 초점을 맞추고 있다.

많은 경제, 사회 전문가가 우리나라도 곧 일본과 같이 구직보다 구인이 어려운 사회가 될 것으로 예상한다. 2002년에 신생아 수 50만 명이 무너지고, 2017년에 40만 명, 2020년에 30만 명이 무너졌다. 2023년에 태어난 아이들은 24만 9,000명이고 합계출산율은 0.78명이다. 신생아 수가 30만 명대 이하인 2020년 이후 태어난 아이들에게는 정말 국·영·수가 문제가 아니다. 한국인이고 한국말만 하면 군대에 보내고, 회사에 취업시켜 주어야 나라가 유지되는 시대를 살아갈 아이들이다.

물론 그 안에서도 직장과 연봉의 차이가 있겠지만, 기본적으로 사회에서 해야 할 일이 있으니 먹고사는 문제는 해결되는 세대다. 하지만 이런 기회가 주어졌을 때 적극적으로 이를 활용할 아이들이 몇 명이나 될까? 자기가 무엇을 좋아하고 잘하는지, 자기가 어떤 일을 해야 행복한지 알 수 있는 아이들이 몇이나 될지 의문이다.

여기에 chatGPT와 Bard 같은 인공지능이 단순 인지 영역을 대부분 대체할 것을 생각하면, 더더욱 앞으로 미래 교육의 초점을 '마음 근력' 강화에 두어야 한다. 앞으로는 정말 주어진 시간에 정확히 문제를 풀고 정답 하나만을 찾는 교육은 의미가 없다. 내가 누군지 알고, 다른 사람과 소통할 줄 아는 아이가 즐겁고 행복하게 살 수 있는 시대가 이미 다가왔다.

26

문제지 푸는 실력을 보강하는
멘탈 강화 훈련

의지와 노력만으로는 올리기 힘든 수능 등급

우리나라 입시에서 의대나 서울대와 같은 최상위 수준에 도전하려면 수능 등급을 기준으로 전 과목에서 1등급을 받아야 한다. 2022학년도 수능에서 언어(국어)영역 1등급은 1만 7,914명, 수리(수리)영역 1등급은 1만 8,031명이었다. 절대 평가인 외국어(영역) 1등급(원점수 90점 이상)은 2만 7,830명(상위 6.25%)이었다. 주요 과목이라고 할 수 있는 국·영·수 1등급 인원 만해도 서울대와 의대 전체 정원의 배를 넘어간다.

이렇게 1등급 인원이 많은 것 같지만, 수험생으로서 상대평가인

국어와 수학에서 상위 4%에 들어 1등급을 받기는 정말 쉽지 않다. 수능 1등급은 단순히 노력을 많이 하고, 재수나 삼수 하며 공부 시간을 많이 늘린다고 해서 나올 수 있는 점수가 아니다. 다중지능적으로 보면 국어는 언어 능력과 수리·논리 능력, 수학은 수리·논리 능력과 공간지각 능력이 100분위 점수로 80~90점대 이상 나오지 않으면 1등급을 받기가 쉽지 않다. 의지와 노력으로 극복할 수 없는 한계다.

그러면 어떻게 해야 할까? 입시 현장에서 보면 정말 인성도 좋고 열심히 노력하는 학생인데 국어나 수학에서 공부머리가 받쳐 주지 않아 원하는 등급이 안 나오는 경우를 많이 본다. 이런 학생들이 점수 몇 점을 올리는 정도가 아니라 등급을 바꿀 수 있는 수능 점수를 받는 방법은 단 하나다. 바로 멘탈을 강화하는 마음 근육 훈련이나 회복탄력성 강화 훈련을 하는 것이다.

실제로 수능 시험장에서 평소 모의고사 성적보다 2~3문제 더 맞혀 등급을 하나 올리는 학생들이 간혹 있다. 입시 용어로 '멘탈이 좋은 아이들'이다. 수능 시험장이라는 낯설고 긴장된 분위기, 한 문제만 잘못 풀어도 이 힘든 고3 생활을 1년 혹은 2년 더 반복해야 할지 모른다는 불안감, 부모님이나 선생님들의 기대에 부응하지 못할 것 같은 두려움을 극복해야 한 등급을 올릴 수 있다. 그러면 어떻게 해야 이런 결과를 만들 수 있을까? 약간 속된 표현으로 말하면 어려운 문제를 '잘 찍으면' 된다. 위와 같은 심리적 부담을 덜고, 어떤 결과가 나와도 나는 괜찮고 부모님도 나를 비난하지 않을 것이라는 마음의 평안함을 유지하며 잘 찍으면 평소보다 2~3문제 이상 더 맞힐 수 있다.

신유형 문제를 풀 수 있는 제3의 전략

이런 원리를 요즘 입시의 대세인 수학에도 적용해 볼 수 있다. 최근 수능 수학에서는 30문제 중 고난도 3~4문제를 맞히는 게 관건이다. 너무 어려우면 수학 포기자가 더 늘어나기 때문에 모든 문제가 다 어렵게 나오지는 않는다. 수학적 인지 능력이 조금 부족한 학생들도 노력으로 해결할 수 있는 문제가 80% 이상이다. 학교 내신이나 수능 기출 문제를 열심히 풀어서 유형을 익히면 충분히 해결할 수 있다. 이런 문제들의 경우 공부량과 점수가 비례한다.

문제는 이른바 '신유형'이라는 처음 접하는 유형의 문제들이다. 이런 문제는 단순히 기출이나 예상 문제를 많이 풀었다고 해서 풀 수 있는 문제가 아니다. 수학적 개념과 원리를 잘 이해하고, 출제자의 의도를 정확히 파악할 수 있는 깊은 사고력이 있어야 풀 수 있다. 다중지능적으로 보면 수리·논리 능력이나 공간지각 능력이 있는 아이들이 이런 수학적 사고를 할 수 있다. 반대로 생각하면 이런 수학적 인지 능력이 없는 아이들은 아무리 노력해도 이런 문제를 실력으로 풀기가 쉽지 않다.

그러면 어떻게 해야 할까? 조금 이상하게 들릴 수 있지만 이런 학생들은 문제지를 몇 권 더 풀려고 하기보다 회복탄력성 훈련을 통해 마음 근육을 기르는 데 시간을 더 투자해야 한다. 마음 근육을 기른 상황에서 긴장하지 않고 '잘 찍으면' 실제 시험환경에서 평소보다 높은 성적을 낼 수도 있다.

아직 이런 회복탄력성 지수와 실제 수능 성적의 상관관계를 조사한 데이터가 없어서 정확한 통계를 제시할 수는 없다. 하지만 이는 굳이 통계를 제시하지 않아도 직관적으로 알 수 있는 사실이다. 역대급 불수능으로 수능 만점자가 단 1명밖에 없었던 2022학년도 수능에서 만점을 받은 수험생은 고려대 행정학과에 다니던 반수생이었다. 이처럼 이미 명문대에 다니는 학생이 반수나 재수를 하면서 편안한 마음으로 수능을 한 번 더 보면 현역 때 긴장되는 상황에서 수능을 볼 때보다 성적이 더 잘 나올 수 있다. 물론 반수나 재수 기간의 공부 강도나 성실함이 현역 때와 같다는 전제에서다. 그러므로 특정 과목 1등급이 절실한 상위권 학생들은 문제 하나 더 풀고, 특강 하나 더 들으려는 인지적인 노력보다, 마음 근육을 강화하는 훈련에 관심을 두고 실천해 볼 필요가 있다.

이는 최상위권 학생뿐 아니라 등급을 하나라도 더 올려야 하는 간절함이 있는 모든 수험생에게 해당하는 내용이기도 하다. 모의고사에서 매번 비슷하게 나오는 점수가 내 인지 능력으로 받을 수 있는 내 실력이다. 이 실력을 단기간에 올리기는 쉽지 않다. 남은 방법은 멘탈을 강화해서 내 실력을 120% 발휘하는 것이고, 수능 시험장에 가서 불안하지 않고 안정된 상태로 잘 찍는 것이다. 그리고 이렇게 강한 멘탈을 만들고, 강한 마음 근육을 기르기 위해서는 훈련이 필요하다. 매일 문제지를 3~4시간 푸는 것처럼, 마음 근육을 기르기 위해서도 하루에 최소한 30분 이상 시간을 내서 운동하거나 명상을 해야 한다. 그러면 문제지 푸는 공부도 더욱 편안한 마음으로 집중해서 할 수 있다.

27

회복탄력성 개념과
한국형 회복탄력성 지수 KRQ-53

회복탄력성 개념의 등장

회복탄력성(Resilience)은 미국의 발달 심리학자 에미 베르너(Emmy E. Werner)와 그의 동료들이 진행한 40년 장기 추적 연구 결과로 알려진 심리학 용어라고 할 수 있다. 이 연구는 1955년부터 하와이 카우아이섬에서 태어난 아이 698명의 출생부터 이후 성장 과정을 추적, 관찰하는 장기 연구였다. 베르너는 연구 논문뿐 아니라 1971년 《카우아이의 아이들(The Children of Kauai: A Longitudinal Study from the Prenatal Period to Age Ten)》, 1992년 《역경을 극복하기(Overcoming the Odds: High Risk Children from Birth to Adulthood)》등의 단행본을 써서 그간의 연구 결과를 소개했다.

원래 연구 의도는 안 좋은 환경에서 자라난 아이들이 성인이 되어서 범죄나 사회적 문제에 얼마나 취약한지를 알아보려는 것이었다. 그런데 연구자들은 연구를 진행하며 예상치 않은 모습을 발견했다. 미혼모나 마약, 알코올 중독 가정에서 태어난 아이들 가운데서도 상당수가 환경의 열악함을 극복하고 정상적이거나 더 탁월하게 자랐다는 결과가 나왔다. 이때부터 연구의 방향성도 어려운 환경에서 문제가 많은 아이가 나온다는 당연한 결론이 아니라, 이런 안 좋은 환경을 극복할 수 있었던 핵심 역량이 무엇인가로 바뀌었고 회복탄력성이라는 개념도 등장했다. 연구자들이 발견한 회복탄력성의 가장 중요한 요소는 부모가 아니어도 아이를 사랑해 주고, 아이의 존재를 인정해 주는 단 한 사람이 있었는지였다. 그 사람은 할아버지나 할머니, 삼촌이나 이모 같은 가족이기도 하고, 종교 지도자나 공동체의 리더이기도 했다.

김주환 교수의 회복탄력성 측정 지수 KRQ-53

우리나라에서는 연세대학교의 김주환 교수가 이 개념을 본격적으로 소개했다. '회복탄력성'이라는 번역도 김주환 교수가 제시한 것을 보편적으로 쓰게 된 것이다. 김주환 교수는 회복탄력성을 "크고 작은 다양한 역경, 시련과 실패에 대한 인식을 도약의 발판으로 삼아 더 높이 뛰어오르는 마음의 근력"으로 정의했다. 또 회복탄력성을 타고난 것이라기보다는 후천적으로 기를 수 있는 것으로 보았다. 김주환 교수와 연구진은 우리나라 상황에 맞는 회복탄력성 측정 지수인 KRQ-53(Korean Resilience Quotient-53)도 개발했는데 총 53개 문항으로 되어 있다.

김주환 교수는 회복탄력성이 감정과 충동을 잘 통제하는 '자기 조절력', 주변 사람과 건강한 인간관계를 맺는 '대인관계력', 긍정적 정서를 유발하는 습관인 '긍정성'의 3가지 요소로 구성된다고 보았다. 그리고 각각의 하위 개념으로 다음과 같은 요소를 제시했다.

- 자기 조절력 = 감정조절력 + 충동통제력 + 원인분석력
- 대인관계력 = 소통 능력 + 공감 능력 + 자아 확장력
- 긍정성 = 자아 낙관성 + 생활 만족도 + 감사

한마디로 말하면 높은 자존감을 바탕으로 자기감정을 통제하고, 다른 사람들과 원활하게 소통할 수 있는 사람이 회복탄력성이 좋은 사람이다.

김주환 교수는 회복탄력성을 기르기 위해서는 편도체를 안정화하고 전전두엽을 활성화해야 한다고 말한다. 그러려면 몸을 움직이고 긍정적인 내적, 외적 소통을 해야 한다. 뇌 과학적으로도 몸, 마음, 정신(인지 능력)을 관장하는 뇌의 영역(내측 전전두엽-편도체-뇌간)은

서로 연결되어 있다. 정신적인 측면이 강한 회복탄력성을 기르는 데도 몸과 마음의 건강은 중요하다.

또한 김주환 교수는 회복탄력성 강화 프로그램을 중·고등학교 교육 현장, 연세대학교 야구부, 신생 프로야구팀에 적용하여 상당한 성적(공부나 운동) 향상 결과를 거두기도 했다. 이런 회복탄력성 훈련을 적용하는 구체적인 모습은 EBS 다큐 등의 영상에서도 소개되었다.

현재 우리나라에서 회복탄력성 검사 도구만큼 객관적으로 아이들의 공부나 입시 멘탈을 측정할 수 있는 도구는 없는 것 같다. 그리고 무엇보다 정량화된 수치를 알 수 있으므로 매년 회복탄력성이 어느 정도 향상되는지도 살펴볼 수 있다.

 참|고|자|료 ···

EBS 다큐 영상

마음근력 훈련 1: 긍정적 정서 유발과 초등학생 수학 성적의 향상
https://www.youtube.com/watch?v=cG-tREfYVW0&t=1s

마음근력 훈련 2: 자율성이 주어지면 집중력과 성적이 모두 다 오른다
(현암초)
www.youtube.com/watch?v=5fu80ArZfqQ&t=1s

마음근력 훈련 3: 두 달간의 그릿(GRIT) 훈련이 가져오는 변화
(세종고 1학년)
www.youtube.com/watch?v=q84tYoB8Fns&t=223s

마음근력 훈련 4: 6개월간의 마음근력 훈련의 효과 – 마음 근력과 성적 향상
(중화고)
www.youtube.com/watch?v=kchzHlVnexk&t=9s

28

한국형 회복탄력성지수를 활용해
아이 멘탈 알아보기

　필자는 학생들의 학교(학군) 선택이나 진로를 상담해 줄 때마다 반드시 회복탄력성 검사를 하게 한다. 또 가능하면 부모와 아이가 같이 하기를 권한다. 부모의 회복탄력성이 무의식적으로 아이에게 영향을 미치는 경우가 많기 때문이다. 흥미롭게도 대치동이나 목동 같은 입시 경쟁이 치열한 지역에 사는 아이들의 회복탄력성을 측정해 보면 부모의 회복탄력성은 한국인 평균 이상인데, 아이들은 평균에 못 미치는 경우가 많다. 이른바 명문 학군지에서는 이렇듯 부모는 나름대로 자존감이나 멘탈이 좋은데, 아이들은 학교나 학원에서 심한 입시 경쟁에 시달리며 자존감이나 멘탈이 상당히 낮아지는 현상이 흔히 나타난다. 그래서 필자는 공부를 잘하는 아이도 경쟁이 심한 명문 학군지에 너무 일찍 들어오는 것을 권하지 않는다. 비학군지나 준명문 학군지에서 1등도 해보고, 나름대로 '공부 자존감'을 갖춘 뒤 좀 더 경쟁적인 환경에 들어가는 것이 바람직하다.

회복탄력성 검사를 하는 일차적인 방법은 김주환 교수의 《회복탄력성》 책에 수록된 검사지를 활용하는 것이다. 수기로 각 항목에 답하고 점수를 계산한다. 그런데 이 방법은 일일이 점수를 계산하고 더해야 하는 불편함이 있다. 그래서 몇 가지 자동 서식이 인터넷에 올라와 있는데, '세상의 모든 테스트(aiselftest.com/krq53/)' 사이트의 검사도 그중 하나다. 온라인상에서 질문에 답하면 자동으로 결과가 계산되어 나온다.

한국형 회복탄력성지수 검사(KRQ-53)는 총 53문항으로 구성되어 있다. 5점 척도 질문지이므로 53개 문항의 결괏값이 모두 5점으로 나오면 총점이 265점이다. 성적은 아니지만 만점이 265점인 셈이다. 배점은 자기조절능력 90점, 대인 소통 능력 90점, 긍정성 85점이다. 보통 220점 이상이면 최상위 그룹이고 201점 이상이면 상위 20%, 171점 이하면 하위 20%라고 할 수 있다. 한국인 평균은 195점이라고 한다.

아이가 초등 고학년 이상이라면 직접 회복탄력성 검사지 질문에 답하며 회복탄력성 점수를 알아볼 수 있다. 아이가 너무 어려서 스스로 질문지에 대한 답을 할 수 없다면 부모가 관찰한 바를 바탕으로 검사해 볼 수 있다. 가장 추천하는 것은 한 번만 해보지 말고, 매년 연말연시에 다음 해를 준비하며 회복탄력성 검사를 해보는 것이다. 바인더 파일을 하나 만들어 결과를 출력해서 넣어두고, 매년 회복탄력성이 어느 정도나 향상되었는지 관찰하면 더욱 좋다. 그리고 부족한 부분을 보완하기 위해서는 어떤 훈련이 필요한지 아이와 함께 의논해 보고, 한 해 동안 실천해 볼 수 있다.

 참|고|자|료 ···

회복탄력성 검사

위에서 말한 '세상의 모든 테스트' 사이트 이외에도 인터넷에 검색하면 회복탄력성 검사를 엑셀 시트로 만들어 자동으로 결과가 나오는 시트 링크가 있다. 저작권자에게 문의한 결과 상업적인 목적이 아니라, 연구 목적이나 개인적인 용도로 본인과 가족들을 위해 검사지를 활용하는 것은 문제가 되지 않는다고 한다. 이런 자료를 활용하면 각 가정에서도 간편하게 회복탄력성 검사를 해볼 수 있다.

29

유·초등 저학년의 회복탄력성을 관찰하여 매년 기록하기

한국형 회복탄력성 지수 KRQ-53은 회복탄력성이나 마음 근육의 강도를 객관적으로 측정하는 데 유용하다. 그래서 필자는 학습 심리나 진로 지도를 할 때 아이의 멘탈을 알아보는 중요한 도구로서 이 회복탄력성 검사를 자주 활용해 왔다. 아이가 초등 고학년 이후라면 매년 한두 번 검사해 보고, 회복탄력성 수치가 어떤지 살펴보며 스스로 마음 상태를 확인해 보게 하면 좋다.

그런데 정식 버전의 질문은 내용이 길고 대부분 추상적이라 유·초등 저학년이 직접 답하기가 힘들다. 그래서 유아나 초등 저학년의 경우 다음과 같은 간단 체크리스트를 활용하거나 부모가 관찰한 내용을 바탕으로 KRQ-53에 답하고 그 결과를 매년 기록해 볼 수도 있다. 다음의 간단 체크리스트는 회복탄력성의 9개 핵심 요소를 기반으로 필자가 직접 만들어 본 것이다. 간단하게 체크하며 다음과 같은 방식으로 채점해 결과를 해석해 볼 수 있다.

회복탄력성 간단 체크리스트(유·초등 버전)

아래 질문에 '예'면 ○, '아니오'면 ×, 잘 모르겠으면 △를 표시한다.

---

(1) 나는 화가 날 때 화를 좀 더 적게 내거나 내 감정을 가라앉히는 방법을 알고 있다. (예: 숨을 크게 들이쉬고 내쉰다, 화가 나는 상황에서 벗어난다, 조용한 곳에 가서 감정을 가라앉힌다)

(2) 나는 무슨 일을 시작하기 전에 어떻게 하면 좋을까 생각하고 계획을 세우는 편이다.

(3) 힘들거나 생각하지 못한 일에 부딪히면 왜 이런 일이 일어났을까 생각해보고, 이 문제를 해결하기 위해서 나는 무엇을 해야 할지 생각해 본다.

(4) 나는 이야기를 재미있게 하고, 내가 이야기하면 주변에서 잘 들어주는 편이다.

(5) 나는 눈치가 빠른 편이고, 분위기에 맞게 행동하려고 하는 편이다.

(6) 나는 힘들 때 언제든지 찾아가 마음을 터놓고 이야기할 수 있는 사람이 둘 이상 있다.

(7) 아무리 어려운 일이 닥쳐도 이 일은 곧 지나가고 언젠가는 좋아질 것으로 생각한다.

---

(8) 내가 하는 말이나 행동으로 인해 친구들이나 주변 사람들에게 칭찬받거나 인정받는 일이 많다.

(9) 하루를 마무리하며 감사한 일을 말하거나 적으라고 하면 감사한 일을 세 개 이상 말할 수 있다.

필자의 아이가 5세 때 이 유·초등 버전으로 테스트해 보니 다음 과 같은 결과가 나왔다.

(1) 나는 화가 날 때 화를 좀 더 적게 내거나 내 감정을 가라앉히는 방법을 알고 있다. (×)

(2) 나는 무슨 일을 시작하기 전에 어떻게 하면 좋을까 생각하고 계획을 세우는 편이다. (△)

(3) 힘들거나 생각하지 못한 일에 부딪히면 왜 이런 일이 일어났을까 생각해 보고, 이 문제를 해결하기 위해서는 나는 무엇을 해야 할지 생각해 본다. (×)

(4) 나는 이야기를 재미있게 하고, 내가 이야기하면 주변에서 잘 들어주는 편이다. (○)

(5) 나는 눈치가 빠른 편이고, 분위기에 맞게 행동하려고 하는 편이다. (○)

(6) 나는 힘들 때 언제든지 찾아가 마음을 터놓고 이야기할 수 있는 사람이 둘 이상 있다. (○)

(7) 아무리 어려운 일이 닥쳐도 이 일은 곧 지나가고 언젠가는 좋아질 것으로 생각한다. (×)

(8) 내가 하는 말이나 행동으로 인해 친구들이나 주변 사람들에게 칭찬받거나 인정받는 일이 많다. (△)

(9) 하루를 마무리하며 감사한 일을 말하거나 적으라고 하면 감사한 일을 세 개 이상 말할 수 있다. (○)

(아직 글을 적을 수는 없는 나이지만, 매일 밤 자기 전에 오늘 일찍 일어나서 감사하고, 유치원에 가서 감사하고, 유치원에서 친구들과 재미있게 놀아서 감사하고, 급식 맛있게 먹어서 감사하고 등 오늘 있었던 일을 감사 나눔으로 말하게 하고 있어서 이 부분을 ○로 표시했다.)

채점과 결과 해석

다 표시한 후 결과를 수치화한다. ○는 1점, △는 0.5점, ×는 0점이다. 위의 답변을 점수로 표시하면 합계 5점이다.

○ 4개 × 1 = 4점   △ 2개 × 0.5 = 1점   × 3개 × 0 = 0점

합계: 5점

그리고 다음과 같이 결과를 해석한다. 필자는 이 9개 문항의 검사 결과를 '신호등 해석법'이라는 방법으로 해석, 적용하고 있다. 신호등에 빨간불(Red), 노란불(Yellow), 녹색불(Green)이 있고 각각 그 의미가 '정지', '주의', '주행'인 것처럼 각각의 점수가 어느 영역에 속하는지 보고 내가 지금 무엇을 해야 할지 판단하는 것이다.

0~3점(Red): 회복탄력성 위험. 지금 하는 많은 일을 멈추거나 줄이고 자신의 회복탄력성을 기르는 일에 우선순위를 두어야 합니다.

4~6점(Yellow): 회복탄력성 중간. 부족한 영역을 살피며 회복탄력성을 좀 더 높여야 합니다.

7~9점(Green): 회복탄력성 상위. 현재의 마음 근력 상태를 잘 유지하며 새로운 일에 적극적으로 도전하고, 자신의 재능을 발휘할 기회와 함께할 사람들을 찾아봅니다.

원인분석이나 충동 조절 같은 경우, 어린아이들이 하기는 힘들고 사고력이 필요한 부분이기도 해서 유·초등 저학년 때는 간단 체크리스트로 7점 이상 나오기 힘들다. 아이가 자라면서 이런 능력을 기를 수 있도록 도와주고 대화와 소통을 많이 해야 한다. 그래도 이런 검사를 꾸준히 해보면 아이를 키울 때 아이의 마음 근육을 기르는 데 더 많은 관심을 기울일 수 있다.

여기서는 유·초등 버전으로 소개했지만, 어른들도 정식으로 53개 문항에 답하기 힘들거나 바쁠 경우 이 간단 체크리스트로 나의 마음 근력 상태를 바로 확인해 볼 수 있다. 주말에 한 번씩 간단하게 검사하며 지금 내 마음 상태가 어떤지 확인하고, 내가 다음 한 주를 어떻게 살아야 할지에 대한 지침으로 이를 활용할 수도 있다.

유·초등 아이들의 회복탄력성을 키우는 7가지 양육 실천

회복탄력성은 자기 조절력, 대인소통 능력, 자기 긍정성의 3가지 주요 요소로 구성된다. 아이가 어려서부터 이 3가지를 잘 기를 수 있도록 가정에서 다음과 같은 것을 실천해 볼 수 있다.

1. 가소성 있는 재료로 놀이하기

모래놀이나 물놀이는 아이들이 새로운 세상을 자기 마음대로 창조하고, 원하는 대로 바꿔 볼 수 있는 좋은 놀이다. 정형화된 블록이나 형태가 정해진 플라스틱 장난감보다 자기가 원하는 대로 만들어 보고, 해체할 수 있는 놀이를 많이 해보는 것이 좋다. 바닷가나 강가에서 물과 모래를 같이 가지고 놀게 하면 제일 좋다. 이를 통해 자율성과 자기 주도성을 길러줄 수 있다.

2. 아이의 의견을 자주 물어보고 스스로 결정하는 습관 길러 주기

아침에 유치원이나 학교에 갈 때 부모가 정해 준 옷을 입히기보다 어떤 옷을 입을지 물어보고, 큰 문제가 없으면 아이가 옷을 직접 고르게 한다. 음식도 밥이나 채소 등 균형 잡힌 영양을 위해 부모가 반드시 먹어야 한다고 생각하는 것이나 초콜릿, 사탕 등 줄여야 할 간식이 아니라면 가능한 한 아이의 의견을 물어 스스로 먹고 싶은 것을 선택하게 한다. 역시 자기 결정성과 자율성을 길러 줄 수 있다.

3. 집안일을 통해 자기 존재감 느끼게 하기

아이가 자라면서 식사할 때 식탁에 숟가락 놓기나 신발 정리와 같이 자신이 가족을 위해 이바지할 수 있는 간단한 집안일을 하게 한다. 이런 경험을 통해 자신이 가족 내에서 꼭 필요한 존재임을 확신할 수 있다.

4. 자기 전에 감사 나눔 하기

어려서부터 자기 전에 하루를 돌아보고, 감사한 일을 나누는 습관을 길러 준다. 아이가 글을 쓸 수 있으면 감사 일기를 쓰도록 권하고 부모도 같이 실천해 본다.

5. 마음에 분노나 슬픔을 품고 잠들지 않게 하기

아이가 마음에 분노나 슬픔을 품고 잠들지 않도록, 잘못하더라도 될 수 있으면 잠들기 전에는 혼내지 않는다. 어쩔 수 없이 혼낼 때는 반드시 자기 전에 마음을 풀어 주고 부모가 아이를 사랑하고 있음을 신체적으로나 정서적으로 확신하고 잠들게 한다. 뇌는 잠들기 전의 감정과 기억을 고착하므로 가능한 한 좋은 기억과 감정을 품고 잠들게 해준다. 잠들기 전에 책을 읽어 주거나 내용이 좋은 자장가를 들려주는 것도 좋다.

6. 잠들기 2시간 전 먹지 않기, 디지털 기기 쓰지 않기

아이가 잠들기 2시간 전에는 될 수 있으면 음식을 주지 말고, 스마트폰이나 디지털 기기를 쓰지 않고 아이가 온전히 잠잘 수 있게 해준다. 영·유아 때는 가능하면 9시 이전에 잠들어 8~9시간 이상 충분히 잘 수 있게 한다.

7. 간단한 어린이 명상 실천하기

유치원생 이상 아이들이라면 '움직이지 않고 오래 버티기', '배 위에 인형 올려놓고 떨어뜨리지 않고 숨쉬기' 등의 간단한 어린이 명상 놀이를 해볼 수 있다. 또 책을 읽어 주거나 같이 공부하기 전에 숨을 들이쉬고 내쉬는 심호흡을 하며 마음을 가라앉히는 훈련을 해볼 수도 있다. 어린이 명상과 관련해서는 아래 필자의 블로그와 영상을 참조해 보자.

어린이 명상 실천
blog.naver.com/jonathanshim/223110345520

사자소학 공부 전 간단한 심호흡 하기
blog.naver.com/jonathanshim/222988130393

자기 주도성을 길러 주는 바닷가 모래놀이 　　아이와 함께하는 명상 놀이: 집중력 게임

30

바로 실천하는 마음 근력과
회복탄력성 강화 훈련

편도체를 안정화하고 전전두엽을 활성화하는 방법

앞에서 입시와 교육뿐 아니라 인생에서 멘탈로 불리는 마음 근력과 회복탄력성이 중요하다고 계속 말했는데, 그러면 어떻게 해야 제대로 마음 근력을 기를 수 있을까? 비싼 심리상담을 받고 전문가를 찾아가 특별한 훈련을 받아야 할까? 물론 그렇게 할 수도 있지만, 관련된 책과 유튜브 동영상만 잘 봐도 큰 비용을 들이지 않고 일상생활에서 바로 실천해 볼 수 있는 훈련이 많이 있다.

어떤 환경에서도 적응하며, 어려움을 딛고 한 단계 도약할 수 있는 회복탄력성을 키우기 위해서는 기본적으로 두려움이나 분노와 같은 감정을 가라앉히고, 이성적이고 합리적으로 판단할 수 있는 자기조절력을 키워야 한다. 이를 뇌 과학적으로 이야기하면 감정을 주관하는 편도체를 안정시키고, 자기 조절력과 이성적 판단력을 높이는 전전두엽을 활성화해야 한다. 이를 위해 명상이나 감사 일기 작성, 운동 등 여러 가지 방법이 있지만 가장 중요하고 제일 먼저 실천해야 할 사항은 '충분한 수면'을 취하는 것이다.

충분한 수면이 강한 멘탈의 첫걸음이다

우리나라뿐 아니라 세계 대부분의 문화권에서 잠은 게으름의 상징이었고, 줄여야 할 대상이었다. 그러나 2000년대 이후 수많은 뇌 과학 논문이 잠의 효과와 충분한 수면의 필요성을 과학적으로 검증하고 있다. 충분한 수면은 치매와 암 발생, 심혈관 질환을 감소시키고 면역력을 증가시킨다. 학습적으로도 기억력과 인지 능력을 높여 준다.

세계적인 수면 과학자이자 《우리는 왜 잠을 자야 할까(Why we sleep)》의 저자 매슈 워커(Matthew Walker)는 수면 부족 그룹은 충분한 수면을 취한 그룹에 비해 학습 능력은 40% 떨어지고, 편도체는 60% 이상 활성화된다는 연구 결과를 발표했다. 그는 다른 어떤 신경, 정신계 치료나 처방보다도 가장 확실한 치료법은 충분한 수면을 취하는 것이라고 말한다.

이런 뇌 과학자들의 연구 결과를 반영하여 미국 미네소타주 에디나시에서는 청소년의 등교 시간을 7시 25분에서 8시 30분으로 늦췄다. 이후 이 지역 상위 10% 학생들의 SAT 성적은 평균 1,288점에서 1,500점으로 212점이나 향상되었다. 또 학생들의 내신 성적이 올라가고, 학교 폭력 등 문제 행동이 감소했으며, 심리상담 횟수도 줄어드는 효과가 나타났다. 청소년 교통사고 비율도 70%나 줄었다. 아이들을 한 시간 정도 더 자게 했더니 수많은 교육적, 사회적 문제가 감소한 것이다.

충분한 수면을 방해하는 두 가지 걸림돌

뇌 과학자들은 성인은 최소한 7시간 반에서 8시간 동안 자야 하고 자라나는 아이들은 이보다 더 긴 시간 동안 자야 한다고 말한다. 그런데 현대 산업 사회에서는 이렇게 온전한 수면 시간을 확보하기가 쉽지 않다. 가장 큰 걸림돌은 자기 전에 음식을 섭취하는 것과 디지털 기기를 사용하는 것이다.

먼저 잠자기 4시간 전에 음식물을 섭취하면 몸은 소화 활동에 에너지를 써야 하므로 온전히 잠들지 못한다. 그래서 가능한 한 저녁은 6~7시경에 일찍 먹고, 사정이 생겨 식사 시간이 너무 늦어지면 아예 먹지 말고 아침까지 금식하는 게 좋다. '간헐적 단식'이라는 말도 있지만 위를 12시간 이상 비워 소화에 드는 에너지를 줄이는 것이 대사 작용이나 면역 능력 향상에 도움이 된다는 의학적 보고도 계속 이어지고 있다.

자기 전 디지털 기기 사용 줄이기

다음으로 잠자기 2시간 전에는 스마트폰과 컴퓨터, TV를 비롯한 모든 디지털 기기를 사용하지 않는 것이 좋다. 뇌는 마지막으로 이런 디지털 기기를 쓴 2시간 이후부터 온전한 수면에 들어간다고 한다. 그러므로 밤 10시까지 스마트폰이나 컴퓨터를 쓰고 잠들어 아침 6시에 일어나면 8시간 수면한 것 같지만, 제대로 잔 시간은 6시간밖에 되지 않는다.

어쩔 수 없이 책을 보거나 일을 해야 한다면 종이책이나 문서를 보며 아날로그적으로 일하는 게 좋다. 또 가능하다면 자기 전에 명상을 하거나 감사 일기를 쓰면서 조용하고 평안한 마음으로 하루를 마무리하는 것이 좋다. 뇌는 자기 전의 마지막 감정이나 인지 정보를 그대로 고정하는 경향이 있다. 두려움이나 원망 같은 부정적인 감정을 털어내고 평안하고 감사한 마음으로 잠드는 것이 마음 근육을 강화하는 가장 좋은 방법이다.

좋은 영양 섭취 그리고 명상과 운동

수면 다음으로 중요한 것은 좋은 영양이다. 어떤 음식이 몸에 좋은지는 과학적으로도 의견이 나뉜다. 채식이나 육식, 탄수화물이나 지방 섭취에 대한 의견이 다르므로 쉽게 이야기할 수는 없지만, 무엇이 우리 몸에 안 좋은지는 비교적 명확하다. 식품 첨가물이 많이 들어간 가공식품을 피하고, 혈당을 급격히 올리는 정제된 쌀이나 밀가루 소비를 줄이고, 사탕, 초콜릿, 탄산음료 등의 당류를 줄여야 한다는 데는 이견이 없다. 좋을 것을 찾아 먹기보다 우선 안 좋은 것을 피하고 줄이는 게 뇌와 몸의 건강을 위한 첫걸음이다.

마지막으로 더 실천할 수 있다면 명상과 운동을 해야 한다. **명상이라고 하면 보통 가부좌를 틀고, 호흡에 집중하는 정적인 명상을 떠올리지만 진짜 중요한 명상은 움직임 명상이다.** 뇌 과학적으로 명상은 몸의 고유 감각(proprioception)을 회복하여, 몸에서 뇌로 보내는 신호가 정상적으로 전달되게 도와주는 행위다. 고유 감각은 신체 위치, 자세, 평형 및 움직임 등에 대한 감각으로, 우리 몸이 어디에 있고 어떻게 움직이는지 아는 감각이다. 최근 뇌 과학 연구에서는 몸에서 보내는 신호를 적절하게 무시 혹은 활용하는 뇌의 메커니즘이 무너지는 탓에 우울함이나 불안, 이유 없이 아픈 만성 통증 등이 생긴다고 보는 견해가 큰 힘을 얻고 있다. 이런 원리를 적용하면 몸의 고유 감각을 깨우고 뇌의 기능을 정상화하는 것이 몸과 마음의 건강을 위해 중요한데, 이를 위해 필요한 것이 바로 움직임 명상이다. 그리고 다양한 움직임 명상을 통해 불면이나 우울증, 만성 통증을 완화했다는 수많은 결과가 논문으로 보고되고 있다.

이런 움직임 명상법에는 태극권, 페르시아 고대 운동, 알렉산더 테크닉 등 여러 가지가 있는데, 일반인이 실천할 수 있는 가장 보편적인 방법은 Zone 2 운동이다. 유산소 운동을 할 때 심박수를 5단계로 나누어 Zone 1(약한 운동)에서 Zone 5(심장에 무리가 되는 강한 운동)와 같이 구분했을 때 Zone 2는 약간 쉬운 정도로 운동했을 때의 심박수 구역이다. 정확히는 자신의 심박수에 맞는 운동 강도를 찾아야 하지만, 가장 쉽게 자신의 Zone 2를 알아내는 방법은 빠르게 걷거나 가볍게 달리면서 옆 사람과 이야기가 가능할 정도로 운동하는 것이다. 숨이 턱턱 막히고, 말하기 힘들 정도의 강도로 운동하는 것은 몸에 무리가 된다. 많은 임상 연구 결과에 의하면, 이렇게 Zone 2 운동만 한 달 이상 꾸준히 해도 여러 가지 정신 질환과 불면증 등이 완화되고 편도체가 안정화된다고 한다.

결론적으로 부모와 자녀의 마음 근력과 회복탄력성을 높이기 위해서는 몇 가지 좋은 생활 습관만 가지면 된다. **8시간 가까이 온전한 수면을 취하고, 나쁜 음식을 피하며, 하루에 30분 이상 빠르게 걷거나 힘들지 않게 뛰기만 하면 된다.** 학원에 다닐 필요도 없고, 돈과 시간을 많이 들일 필요도 없다. 문제지 푸는 공부도 안되고 아직 뭐 하나 잘하는 게 보이지 않는 아이라면 이 세 가지만 실천해도 앞으로 자기 인생을 개척하고 행복한 삶을 살아가는 데 큰 지장이 없을 것이다. 가장 중요한 마음 근력을 꾸준히 훈련하고 있기 때문이다.

지금 바로 실천해 보세요

1   아이와 함께 김주환 교수의 수면에 관한 영상을 본다. 아이가 알아들을 수 있는 나이라면 같이 보며 이야기를 나누고, 너무 어리다면 부부 간에 이야기를 나누고 우리 가정의 적정 수면 시간과 온전한 수면을 위한 생활 습관 개선을 의논해 본다.

참고: 숙면을 위한 구체적이고도 과학적인 방법
www.youtube.com/watch?v=FU9t_AdecAs&t=2695s

2   잠자기 2시간 전에는 최대한 음식물을 섭취하지 않고, 스마트폰이나 컴퓨터 등 디지털 기기를 쓰지 않는 생활 습관을 만든다.

심쌤의 TIP

온전한 수면을 위한 야간 디지털 기기 사용 자제

많은 수면 과학 전문가들은 잠자기 전 디지털 기기 사용을 줄이기 위해 스마트폰의 블루라이트 차단 기능이나 컴퓨터의 청색광 차단 프로그램을 사용하길 권한다. 스마트폰 블루라이트 차단 프로그램은 앱 스토어에서 쉽게 내려받을 수 있고, 최신 스마트폰에는 Wi-Fi나 블루투스를 설정하는 설정 기능 창에 '블루라이트 필터' 설정 기능이 있다. 실제로 사용해 보면 저녁 8~9시경에 스마트폰이나 컴퓨터 화면이 붉어지는데, 붉은 화면에서는 영상 시청이나 컴퓨터 작업을 오래 하기 힘들어서 자연스럽게 일찍 잠들 수 있다.

31

15분 글쓰기로 인생을 바꾸는 마음 근력 기르기

제프리 코헨의 자기 가치 확인 실험

미국 스탠퍼드 대학의 심리학자인 제프리 코헨(Jeffrey Cohen) 교수는 2006년 세계적인 과학 학술지 〈사이언스(Science)〉에 흥미로운 실험 결과를 발표했다. 논문 제목은 「사회 심리적 개입을 통한 인종 간 성적 격차 해소(Reducing the Racial Achievement Gap: A Social-Psychological Intervention)」였다. 코헨 교수 연구팀은 캘리포니아 지역 미국 중학생 7~8학년 100여 명을 대상으로 학기 초에 15분 정도 자기 가치를 확인하는 글쓰기 시간을 주고, 이후 이 학생들의 학업 성취도를 조사했다. 자기 가치 확인 글쓰기를 한 그룹은 그렇지 않은 그룹에 비해 성적이 향상되는 유의미한 결과가 나타났고, 아프리카계 학생과 유럽계 학생의 성적 격차를 40% 가까이 줄이는 효과가 있었다. 또 후속 연구로 같은 학생들을 대상으로 2년 뒤 학업 성취도를 확인한 결과 향상된 성적을 계속 유지했다.

처음 이 연구를 알게 된 후 필자는 이미 2006년에 이런 결과가 나왔는데, 왜 그동안 우리나라에서는 이런 시도를 하지 않았는지 의아한 생각이 들었다. 이 결과가 사실이라면 모든 학교에서 학기 초에 이런 글쓰기 세션을 안 가질 이유가 없기 때문이다. 그래서 관련 논문을 자세히 살펴보았다.

아이들이 받은 글쓰기 과제는 "네가 생각하는 가장 중요한 가치는 무엇이고, 그렇게 생각하는 이유는 무엇인가?"였다. 가치의 예로는 운동 능력, 음악이나 미술을 잘함, 똑똑함 혹은 좋은 성적을 받음, 창의성, 독립성, 현재의 삶에 집중하는 것, 공동체 소속감(지역, 인종, 학교 동아리 등), 음악, 정치, 친구나 가족과의 관계, 종교적 가치, 유머 감각 등이 주어졌다.

아이들이 쓴 답변은 다음과 같았다.

① 아프리카계 학생

"내가 어려운 상황에 부닥쳤을 때 친구들과 가족들은 나에게 가장 중요합니다. 어려움을 함께 이야기할 수 있고, 친구들은 저에게 우정과 용기를 주며 우리 가족은 사랑과 이해를 줍니다." (여학생)

"부모님이 항상 우리 곁에 있지는 않을 것이기 때문에 나에게 독립은 아주 중요합니다. 나는 나의 삶을 살아야 합니다. 또 운동 능력은 (위급한) 상황에서 매우 유용합니다. 9·11 사태에서 운동 능력이 있는 사람들은 계단을 뛰어 내려와 살 수 있었습니다. 그리고 제게는 종교적 가치가 중요합니다. 신(God)은 모든 문제의 답입니다." (남학생)

② 유럽계 학생

"나는 웃는 것을 좋아하기 때문에 유머 감각은 나에게 중요합니다. 내 생각에 유머는 일종의 해방입니다. 나는 농담을 좋아하고 그냥 웃는 것을 즐깁니다. 또 음악은 감정을 발산하는 좋은 방법입니다. 슬프면 슬픈 노래를, 행복하면 행복한 노래를 들을 수 있습니다." (여학생)

"나에게는 운동선수가 되는 것이 매우 중요합니다. 내가 운동선수가 아니었더라면 나는 결코 친구들과 함께 경기할 수 없었을 것입니다. 우리는 항상 축구나 야구, 농구를 하며 밖에서 놉니다. 또한 창의력도 중요합니다. 창의력이 없다면 내 삶은 매우 지루할 것입니다. 창의력은 친구와 가족 관계에서도 중요합니다. 만약 내게 창의력이 없었다면 심심해서 미쳤을 것입니다. 마지막으로, 유머 감각은 친구와 가족에게도 좋습니다. 내 농담에 사람들이 웃고 그렇게 웃는 모습을 보면 항상 내 얼굴에도 미소가 떠오릅니다." (남학생)

내면 소통의 뇌 과학적 원리

결국 이 실험은 글쓰기를 통해 자기를 객관화해서 보고 자기의 가치를 점검하는 과정만 거쳐도 아이들이 자신의 역량을 더 끌어낼 수 있다는 사실을 보여 준다. 이러한 심리학 논문이 과학 저널에 실리는 이유는 이런 심리적 효과가 나타나는 바탕에 '능동적 추론 이론' 같은 뇌 과학적인 메커니즘이 작용하기 때문이다.

김주환 교수에 따르면 사람에게는 3개의 자아가 있다고 한다. 하나는 일상을 살아가는 경험 자아(experiencing self)이고, 또 하나는 경험을 이야기로 만들어 기억하는 기억 자아(remembering self)이며, 나머지 하나는 이 모든 것을 지켜보는 인식의 주체인 배경 자아(background self)다. 결국 어떤 사람의 마음 근력이 좋고 회복탄력성이 강하다는 것은 건강한 내면 소통을 통해 긍정적인 기억 자아를 형성한 것이라고 할 수 있다.

제프리 코헨의 실험과 같은 자기 가치 확인 작업은 내가 정말 중요하게 여기는 것이 무엇이고, 왜 그렇게 생각하는지를 점검함으로써 내가 통제할 수 없는 사건과 환경 가운데서도 원래 생각했던 방향으로 내 생각과 행동을 움직이는 효과가 있다. 생각과 행동을 일치(alignment)시키는 무의식적 작업이 뇌에서 일어나는 것이다. 이 실험에 참여한 아프리카계 학생들은 자신의 가치를 확인하며 "아프리카계 아이들은 원래 공부를 못한다"라는 사회적 편견과 학교 분위기를 극복하고, 자신과 긍정적인 내면 소통을 계속하며 실제 자신의 역량을 끌어올렸다. 그리고 이는 성적 향상이라는 결과로 이어졌다.

우리나라 아이들의 자기 가치 확인

필자는 제프리 코헨 교수의 연구 결과를 접하고서 바로 학생들의 진로, 교육 상담에 앞의 자기 가치 확인 글쓰기 내용을 추가했다. 다음은 최근에 상담한 두 학생의 자기 가치 확인 내용으로, 상담 학생의 프라이버시 보호를 위해 약간 수정했다.

학생 1

"제가 생각하는 가장 중요한 가치는 도전입니다. 실패할까 봐 도전하지 않는 경우가 있는데, 도전하지 않으면 성공의 밑거름인 실패를 경험하지 못하고 성공할 기회도 얻을 수 없기 때문입니다. 또 차분함이 중요하다고 생각합니다. 해야 할 일이 몰리거나 위기 상황이 닥쳤을 때 차분함을 유지하지 못하면 일을 그르치기 쉽습니다. 상황을 차분히 바라보고 무엇이 가장 좋은 선택인지 신중히 결정해야 합니다."

이 학생은 DiSC 성향이 CD 창의형(Creative)이었는데 본인의 성향대로 도전과 신중함을 가장 중요한 가치로 꼽았다. 흥미롭게도 DiSC 검사 결과로는 신중 성향이 도전 성향보다 높은데, 본인의 가치는 도전을 더 중시했다. 고등학교 진학을 앞두고 자신이 하려는 도전적인 선택에 좀 더 자신감을 갖기 위해 그런 것으로 보였다.

학생 2

"제가 제일 중요하게 생각하는 가치는 유능함입니다. 유능해야 다른 사람들에게 인정받을 수 있고, 무언가를 잘하고 싶은 동기도 생깁니다. 또 사회적으로 성공하는 것이 중요합니다. 성공은 돈이나 사회적 지위, 명성 등으로 평가될 수 있는데, 제가 제일 중시하는 것은 사회적 지위입니다. 돈은 사회적 지위가 있으면 자연스럽게 따라온다고 생각합니다. 그리고 성공은 쉽게 찾아오지 않습니다. 지금 하기 싫은 것을 잘 참고 견뎌야 현재는 힘들어도 나중에는 행복할 수 있다고 생각합니다."

이 학생은 DiSC 검사 결과 자기 주도(D) 성향이 강했다. 경쟁이 치열한 외고에서 공부 스트레스를 많이 받는 학생이었는데, 자기 가치 확인 글쓰기만으로도 아이가 받는 스트레스가 느껴졌다. 이 학생과의 상담에서 필자는 다른 사람의 인정에 목매지 말고, 친구와 비교하기보다는 어제의 나와 오늘의 나를 비교하며 자기중심적인 삶을 살라고 했다. 또 성적이나 성과에 너무 '집착'하지 말고, 하루하루 성실함에 '집중'하라고 이야기해 주었다. 이런 학생이야말로 정말 잠을 충분히 자고, 하루 30분 이상 가벼운 달리기나 움직임 명상을 하며 마음 근력을 키워야 남은 고등학교 생활도 편해지고, 수능 시험장에서도 자신의 실력을 120% 발휘하는 멘탈을 가질 수 있다.

그런데 여전히 많은 학생이나 부모가 좀 더 노력하고 공부량을 늘리는 데는 관심이 많은데, 이런 마음 근력을 기르는 데는 시간과 에너지를 쓰지 않으니 안타깝다.

지금 바로 실천해 보세요

1 초등 고학년 이상의 자녀가 있는 가정에서는 다음 '자기 가치 확인 (Self-affirmation)' 영상을 아이와 같이 보고, 바로 15분 정도 시간을 내어 앞의 자기 가치 확인 글쓰기를 해본다.

참고: 셀프 어퍼메이션을 스스로 직접 해보는 자기 확언 훈련
www.youtube.com/watch?v=czw72KfOy1M&t=2025s

2 가능하다면 이 15분 글쓰기를 1년에 한두 번 정도 실시하고, 그 내용을 노트 한 권에 기록하며 자신의 가치가 어떻게 바뀌는지 관찰해 본다.

청소년과 성인을 위한 자기 가치 확인 글쓰기

김주환 교수는 제프리 코헨의 연구와 다른 연구 결과를 종합해, 성인들이 자기 가치 확인을 좀 더 구체적으로 해볼 수 있도록 매뉴얼을 만들었다(앞의 유튜브 영상 참조). 제프리 코헨의 '가치 확인', '이유 적기'에 실천 점검을 추가하고 가치 확인 영역을 자아실현, 가족, 직업(커리어), 건강, 행복으로 세부화했다. 시간이 넉넉한 성인 세미나에서는 이런 방식으로 자기 가치 확인을 상세히 해봐도 좋다.

필자는 김주환 교수의 매뉴얼을 참조하여 제프리 코헨의 포맷에 실천 점검을 추가하는 방식으로 자기 가치 확인 교육을 해보았다.

> 나에게 가장 중요한 가치는 무엇이고, 그 이유는 무엇입니까?
> 그 가치를 실현하기 위해 나는 지금까지 어떤 노력을 해왔고,
> 앞으로 어떤 노력을 할 계획입니까?

교육 참석자 작성 사례 (전선미)

내 삶에서 가장 중요한 가치는 마음의 평화다. 마음의 평화는 내가 하는 모든 일에 영향을 준다고 생각한다. 마음이 평화롭다면 가족을 포함한 타인을 존중하고 신뢰하여 좋은 관계를 만들 수 있고, 일(커리어)에서 어려움이나 고난을 겪더라도 이겨내고 꾸준히 할 수 있기 때문이다.

마음의 평화를 얻기 위해서는 자존감과 회복탄력성을 높이는 것이 먼저라고 생각한다. 그래서 관련된 책을 읽고 공부하며 삶에 적용하고 있다. 실제로 몇 년 전보다 마음이 많이 좋아졌다. 내가 어떤 사람인지 파악하여 수용하고, 어려움을 극복하려 노력하는 과정이 앞으로 남은 인생을 살아가는 데 아주 큰 힘이 되리라 믿는다.

이런 내용을 15~20분 정도 적어 보고, 토론 파트너나 그룹 내에서 서로 이야기를 나눠 본다.

또 'Self-affirmation'을 김주환 교수는 '자기 확언'으로 번역했는데, 자기계발서에서 자주 말하는 "말하는 대로 된다고 믿고, 백 번 외치고 쓰면 꿈이 이루어진다!"라는 식의 긍정 확언이나 자기 확신과 혼동될 것 같다는 생각이 들었다. 심리학계에서는 '자기 가치 확인'으로 번역하는 것 같은데, 다른 유사 과학적 주장과 구분하기 위해 이 번역이 더 맞는 것 같아 이 책에서는 계속 '자기 가치 확인'이라는 용어를 썼다.

이런 성인 버전은 조금 고급 단계일 수 있으므로 우선 부모가 먼저 해마다 써 보고, 중·고등 이상 자녀 가운데 역량이 되는 아이들은 매년 쓰고 그 내용을 계속 확인해 보면 좋을 것 같다.

32

사립초등학교에 다니며
공부 자존감이 낮은 아이

사립초등학교 우등생의 고민

* 다음 상담 사례는 개인의 프라이버시 보호 차원에서 비슷한 상담 사례를 종
합해 가상으로 구성했습니다.

민지(가명)는 강북에 살며 유명 사립초등학교에 다녔다. 부모님
은 전문직 종사자이고 자녀 교육에도 관심이 많았으며, 딸 하나라
교육적으로 필요한 지원은 뭐든 다 해주었다. 민지는 국내파지만 영
어 공부도 꾸준히 해서 자기 의견을 영어로 말할 수 있는 수준이 되
었다. 부모님은 지금 사는 지역의 중학교는 학력이 너무 떨어진다며
민지를 국제중에 보내고 싶어 했다.

아이와 어머니의 KRQ-53 회복탄력성 검사를 해보니, 어머니는 220점대로 상당히 높았는데 아이가 180점대로 한국인 평균(195점)보다 낮게 나왔다. 상담하며 아이에게 자기 자신을 어떻게 생각하는지 물었다.

"민지는 영어도 잘하고, 반장 경험도 있고, 각종 교내 활동도 활발히 했는데, 본인이 제일 잘한다고 생각하는 게 뭐야?"

"글쎄요. 다 조금씩은 하는데 제대로 잘하는 것은 없는 것 같아요."

"그래? 외국에서 살지 않았는데도 영어로 하고 싶은 말을 충분히 표현하는데, 영어를 잘한다고 생각하지는 않니?"

"네, 조금은 하는데 저희 반에 저보다 잘하는 아이들이 아주 많아요."

교육 상담을 하다 보면 이런 학생들을 가끔 보게 된다. 객관적인 공부 능력이나 본인의 위치는 전국 상위권에 속하는데, 경쟁이 너무 치열한 학교나 학군에 있다 보니 자존감이 굉장히 낮아진 경우다. 민지도 그냥 평범한 초등학교에 다녔다면 그 학교에서 최상위 학생으로 선생님이나 친구들에게 인정받았을 것이다. 하지만 탁월한 아이들이 많은 사립초등학교에서 민지는 자기를 그냥 많은 아이 중 하나(one of them)로만 여겼다. 물론 이 아이가 그냥 평범한 강북의 초등학교에 다녔더라도 지금 정도의 영어 실력이나 공부 능력을 갖췄을지는 알 수 없다. 하지만 적어도 공부 자존감이나 회복탄력성 면에서는 6년 동안의 사립초등학교 경험이 그리 도움되지 않았다고 할수 있다.

너무 탁월한 곳에서 느끼는 상대적 열등감

일전에 서울의 유명 국제학교에 다니는 고등학생과 상담하며 역시 비슷한 생각을 한 적이 있다. 이 학생은 해외 체류 경험이 있어서 귀국 후 국내 학교에 편입하지 않고, 비싼 학비를 내며 계속 국제학교에 다녔다. 아버지는 의사, 어머니는 대학교수였다. 아이도 착하고 공부도 열심히 했지만 역시 회복탄력성 점수가 평균 이하였다. 이야기를 나누다 보니 국제학교에 다니며 상대적인 열등감을 많이 느끼고 있었다.

객관적으로 볼 때 이 가정은 우리나라 중산층 이상인데, 아이는 국제학교에서 본인을 하류층으로 생각하고 있었다. 한국 친구들은 준재벌 집 자녀들이거나 경제적으로 상당히 여유 있는 집안 출신이 많다고 한다. 이 친구들은 오늘 저녁은 어느 호텔 뷔페에서 먹을지를 고민하고, 이번 방학에는 어느 나라로 놀러 갈지를 고민한다고 한다. 대학도 외국 대학 어디가 되었든 학비나 생활비 걱정은 하지 않는다고 한다.

그런데 이 아이는 원하는 대학에서 입학 허가(admission)를 받아도 물가가 너무 비싼 도시나 대학은 포기해야 한다고 한다. 대학 급을 낮춰 장학금이 나오거나 생활비가 싼 시골 지역으로 내려갈 생각을 하고 있다. 비록 아버지가 의사지만 자신과 동생들의 비싼 국제학교 학비와 유학 자금을 감당하기는 벅차기 때문이다.

이 학생과 이야기를 나누며 '도대체 그러면 무엇 때문에 국제학교에 갔나?'라는 생각이 들었다. 많은 부모가 무리해서라도 좋은 학교와 학군지에서 자녀를 교육하려 한다. 유명 사립초등학교에 가거나 국제학교 혹은 해외 명문 기숙학교에 가면 그 안에서 좋은 자극을 받고, 인생에 도움이 되는 친구들을 많이 만날 수 있을 거라고 여긴다. 그런데 좋은 인간관계도 내가 기죽지 않고 어느 정도 성과를 내거나 성공해야 만들 수 있는 것이 아닌가?

좋은 환경을 찾기보다 먼저 자신감 있는 사람이 되어야

대치동의 유명 대입학원 원장님은 중학교 때 최상위권을 유지하다가 전국 단위 자사고에 가서 중·하위권에 머물고, 결국 재수와 삼수 이상 하면서 '의대 낭인'이 되는 제자들을 많이 만난다고 한다. 한두 번 해보다가 안 되면 의대를 포기하고 그냥 무난한 대학의 공대라도 가라고 설득해도 이 아이들은 받아들이지 못한다. 나보다 못한 친구들이 다 의대에 가는데, 눈높이에 맞지 않는 대학의 공대는 가기 싫다고 한다.

필자도 편입 현장에서 유명 외고나 자사고 출신 편입생들을 만나는데 이 아이들도 비슷한 이야기를 한다. 친구들이 다 Top 3위권 대학이나 아무리 못해도 Top 10위권 대학은 갔기 때문에 자기도 최소한 Top 10위권 대학은 가야 친구들과 연락하고 만날 수 있다고 한다.

결론적으로 민지와 그 부모님에게는 국제중을 권하지 않았다. 지금 다니는 사립초등학교의 시즌 2를 좀 더 강한 강도로 경험할 것이 눈에 훤했기 때문이다. 지금 사는 지역이 만족스럽지 않다면 중계동에서 중학교에 진학하는 것도 생각해 보자고 했다. 중계동의 중학교 학력이 많이 떨어졌다고는 하지만, 여전히 중계동은 강북을 대표하는 학군지다.

우선은 일반 중학교에서 가서 공부 자존감을 회복할 필요가 있다. 전교 1등은 아니어도 반에서 1등이라는 경험을 할 수 있는 곳에서 중학교 생활을 하는 게 좋다. 이후 해당 지역 고등학교가 마음에 들지 않는다면 특목고나 자사고를 준비할 수도 있다. 지금 중요한 것은 공부 자존감을 회복하고 회복탄력성 점수를 유의미하게 올리는 것이다. 물론 민지가 국제중에 가서 더 좋은 친구들과 경쟁하며 더 발전하고 회복탄력성을 높일 수도 있다. 사람 인생이 다 계획대로 되는 것은 아니니 말이다. 하지만 민지의 경우 이미 사립초등학교에서 그런 실험을 해보았기 때문에 중학교 때는 좀 다른 선택을 해볼 수도 있다.

33

회복탄력성 상담 사례 2
공부가 문제가 아니라
먼저 아이의 마음을 읽어라

회복탄력성 점수가 낮은 중·하위권 학생

일전에 고1에 올라가는 예비 중3 아이의 상담을 해준 적이 있다. 이 아이는 서울에서 나고 자라 서울 비학군지에서 중학교를 다니고 있다. 중학교 성적은 수학만 B이고, 국어와 영어는 C, D 수준이다. 이 중학교는 과고 진학생은 없고 외고 진학생만 4~5명 있으며, 한 해 졸업생이 200명 미만인 서울 비학군지의 평범한 학교다. 이 아이는 평소 게임은 하루에 3~4시간 이상 하고, 학원 수업 시간 이외에 숙제나 혼자 하는 공부는 1~2시간 정도 한다고 한다. 이 정도 기본 정보만으로도 앞으로 고등학교 3년과 입시 결과가 어떨지가 대강 보였다.

　부모님은 앞으로 이 아이가 어느 고등학교에 가서 어떻게 공부해야 할지, 어떤 입시 전략을 짜야 할지 궁금해했다. 그런데 회복탄력성 검사 결과를 살펴보니 지금 이 가정은 공부가 문제가 아니라, 아이 마음을 읽는 게 우선이었다. 아이는 자기와의 소통이라고 할 수 있는 자기 조절 능력이 하위 20%, 남과의 소통이라고 할 수 있는 대인관계 능력도 하위 20%, 주변 환경에 대한 해석과 대응이라고 할 수 있는 긍정성도 하위 20%였다.

　DiSC 유형은 SI로 안정-사교형이어서, 남에게 싫은 소리를 잘 못하고 배려하며 인간관계를 중시하는 유형인데 대인관계 능력도 낮게 나온 것이 충격이었다. 아이에게 "마음을 터놓고 이야기할 수 있는 친구나 어른이 있느냐?"라고 물으니 "없다"라고 답했다. 주위에 사람은 많은데 소통할 사람이 거의 없는 것이다.

　상담 초반부에 부모가 없는 자리에서 아이에게 여러 가지를 물어보았는데, 필자에게 계속 든 생각은 '이 아이는 지금 나와 진로나 공부를 주제로 상담할 것이 아니라, 좋은 심리상담 선생님을 만나 아이와 가족이 함께 심리상담을 통해 적절한 도움을 받는 게 더 중요하지 않을까?' 하는 것이었다. 하지만 내가 주제넘게 이야기할 부분은 아닌 것 같아서 우선 아이에게 다음과 같이 말해 주고, 대체적인 대입 전략이나 공부 방법을 알려 주었다.

　"지금 OO는 입시 공부나 대학을 어디로 가느냐가 문제가 아니고, 앞으로 남은 긴 인생을 행복하게 살기 위해 마음 근육을 어떻게 기르느냐가 더 중요한 것 같아. 그리고 이렇게 마음 근육을 길러야 입시에서도 의미 있는 성과를 낼 수 있단다. 선생님이 우선 세 가지 팁을 주고 싶은데 어떻게, 한번 해볼 수 있겠니?"

"네."

"우선 땀 흘리는 근육 운동을 하는 게 좋아. 집 안에서도 꾸준히 스쿼트(squat)나 팔 굽혀 펴기를 하면 더 좋고. 주말마다 등산을 할 수 있으면 최고지."

"등산은 힘들어도 집에서 스쿼트는 해볼 수 있을 것 같아요."

"둘째로는 자기 전에 감사 일기를 한번 써 보렴. 오늘 하루 동안 지내며 감사했던 일을 최소한 3개 이상 한 노트에 계속 써두렴."

"예, 한번 해볼게요."

아이는 안정-사교형이라 역시 거절하지 않고 하겠다고 답했다. 이런 아이들은 마음을 잘 읽어 주는 멘토가 가이드만 잘해 주면 지금부터라도 마음 근육을 충분히 기를 수 있다.

우리나라는 1인당 국민소득이 3만 달러를 넘어서고 세계 10대 경제 대국이 되었는데, 왜 우리 교육에서는 여전히 인지 공부 이전에 몸과 마음에 관한 공부나 보살핌이 거의 안 되는 것일까? 이런 아이들을 만날 때마다 마음이 너무나도 안타깝다.

5장

DiSC를 활용하여 최적의 진로와
공부 방법을 찾아라

·

제대로 된 교육은 학교에서 배운 것을 다 잊어버린 후에도
남을 것을 가르치는 것이다.
- 알베르트 아인슈타인

"Education is what remains after one has forgotten

what one has learned in school."

– Albert Einstein

34

MBTI보다 활용도가 높은 DiSC 검사

젊은이들 사이에 유행하는 MBTI

2010년대 후반부터 MZ세대로 불리는 20~30대 젊은이들을 중심으로 MBTI가 유행했다. "MBTI가 뭐예요?", "저는 ISTJ처럼 보이지만 실제 검사해 보면 ENTJ로 나와요"와 같은 대화가 온·오프라인에서 많이 오고 간다. 이런 현상에 대해 자신의 정체성을 알려는 욕구와 다른 사람들의 이해되지 않는 성향이나 행동을 이해하려는 욕구가 맞물려 청년 세대에서 MBTI가 유행한다는 분석도 있다.

MBTI는 마이어스-브릭스 유형 지표(Myers-Briggs Type Indicator)로, 정신분석학자 칼 융(Carl Jung)의 심리 유형론을 토대로 만든 성격 유형 검사 도구다. 에너지의 방향과 초점에 따라 외향적(E)인지 내향적(I)인지, 인식이나 정보 수입에서 감각(S)을 주로 쓰는지 직관(N)을 주로 쓰는지, 판단이나 의사 결정에서 사고(T)에 더 의지하는지 감정(F)에 더 의존하는지, 생활양식이나 일 처리에서 판단(J) 중심인지 인식(P) 중심인지를 본다. 이렇게 해서 ISTJ, ENFP 같은 16개 유형으로 사람의 심리 유형을 나눈다.

필자는 입시 현장에서 지도하는 학생들을 더 잘 도와주기 위해 MBTI와 에니어그램(Enneagram), Y&I 학습 유형 검사 도구 등에 관심을 두고 강사 연수도 받고 실제 상담에 이를 활용해 보기도 했는데, 가장 유용하게 썼던 도구는 DiSC 행동 유형 검사다.

단순하면서도 정확한 DiSC

DiSC는 미국 컬럼비아 대학 심리학 교수인 윌리엄 마스턴(William Marston)이 1920년대에 체계화한 행동 유형 검사다. 사람의 말이나 행동이 빠른지 느린지, 행동이나 태도가 사람 중심적인지 일 중심적인지를 기준으로 크게 4가지 주요 성향으로 나눈다. 4가지 주요 성향은 D(Dominant:주도형), I(Influential: 사교형), S(Steadiness: 안정형), C(Conscientiousness: 신중형)이고, 영어 앞 글자를 따서 DiSC 검사라고 부른다.

이후 이 4가지 주된 성향의 조합으로 15가지 패턴을 나누었고 각

패턴에 따른 자기 이해와 진로 및 롤 모델(role model) 설정, 타인과의 커뮤니케이션 전략에 도움을 줄 수 있는 프로파일이 만들어졌다. 미국에서는 기업, 관공서, 교회 등에서 주로 사용되고 한국에서도 주로 기업이나 영업 사원 교육용 프로그램으로 많이 활용된다.

한국에서 정식 DiSC 관련 교육을 하는 곳은 한국교육 컨설팅 연구소로 미국 인스케이프사(Inscape)의 DiSC 관련 프로그램을 한국에 보급하고 있고, 필자도 이곳에서 전문가 교육과정을 이수했다. DiSC에서 I를 소문자로 쓰는 것은 인스케이프 사의 등록 상표임을 표시한다. 필자가 활용하는 DiSC 파일이나 해석은 위의 프로그램을 사용한 것이므로 이 책에서는 DiSC라는 명칭으로 통일해서 표시했다.

우리나라에서는 DiSC가 MBTI나 에니어그램에 비해 많이 알려지지 않았지만, 막상 실제 상담 과정에서 DiSC는 다른 어떤 심리 검사 도구보다 유용했다. 우선 DiSC는 다른 심리 검사 도구에 비해 검사 및 성향 파악이 간단하다. D(주도형), I(사교형), S(안정형), C(신중형)의 4가지 주된 유형을 중심으로 짧은 시간에 내용을 이해하고 실생활에 적용할 수 있는 장점이 있다. 마치 과학적 근거가 없는 ABO식 혈액형(A, B, AB, O형)이 개념 이해와 적용의 편리함 덕분에 폭넓게 사용된 것과 같이, DiSC도 검사나 해석이 어려운 MBTI나 에니어그램보다 더 많이 활용될 가능성이 있다.

DiSC 와 MBTI를 간단히 비교하면 다음과 같다.

구분	DiSC	MBTI
검사 목표	행동 유형 파악 (Behavior patterns)	기질, 성향 (Personality, Traits)
이론적 배경	윌리엄 마스턴 (William Marston) 이론	칼 융(Karl Jung) 심리학
유형 구분	4개 주 성향과 15개 유형 (Major 4 and 15 applications)	16개 유형(16 types)
장점	실용적, 쉬운 평가, 변화 가능성 고려	잘 알려짐, 교육계에서 널리 사용됨
응용	사업, 경영, 고객 만족 교육(CS), 리더십 교육	교육, 상담, 심리 분석

DiSC는 환경에 따른 변화 가능성을 염두에 두어 자기 성향의 변화 발전에 대한 희망을 주는 것이 장점이다. MBTI나 에니어그램은 어찌 보면 사람의 타고난 천성으로 심리 유형을 해석하는 경향이 있다. 하지만 DiSC는 이름 자체에 행동 유형 분석이라는 부제를 붙이는 것에서 알 수 있듯이, 주어진 환경에 대한 사람의 반응을 검사한다. 그래서 DiSC 검사를 할 때는 보통 최근 6개월 동안 가정, 직장, 학교 등에서 자기가 한 행동의 경향성을 표시하라는 안내가 먼저 나간다. 어떤 사람은 가정에서는 S(안정형) 성향을, 직장에서는 D(주도형) 성향을 보일 수도 있는데, 이러한 점은 그 사람의 행동을 개선할 여지를 남긴다. S(안정형)인 총무부의 김 과장이 영업 부서로 자리를 옮기게 되었다면 I(사교형) 성향이나 D(주도형) 성향을 기르기 위해 좀 더 노력할 수 있다.

이런 DiSC 개념의 메커니즘을 설명하면 다음과 같다.

환경 → 자아 → DiSC 행동 유형

즉, DiSC는 나의 행동 성향과 환경의 지속적인 상호작용과 변화 가능성에 초점을 둔다는 장점을 가지고 있다.

정식 DiSC 검사는 DiSC 전문가 교육을 받은 전문 교육자에게 받고, 결과 해석을 듣는 것이 좋다. 하지만 앱으로 간단히 검사하는 방법도 있고, 인터넷에 검색하면 자동으로 검사 결과가 나오는 엑셀 시트를 구할 수도 있다. 전문가의 도움을 받을 수 없는 상황이라면 시중에 있는 이런 도구를 활용하고, 참고자료에 소개해 둔 필자의 강의를 참조하면 개인적으로도 자체 진단을 한 뒤 나의 행동 성향을 파악해 볼 수 있다.

다음은 DiSC 검사에서 자주 나타나는 15가지 유형이다.

■ DiSC 15개 유형

주 성향	15개 유형	성향별 강도
D	개발자(Developer)	강한 D
	결과 지향형(Result oriented)	주 성향 D 부 성향 I
	직감형(Inspirational)	강한 D 강한 I
	창의형(Creative)	강한 D 강한 C
I	촉진자형(Promotor)	강한 I 중간 정도 D
	설득자형(Persuader)	강한 I 강한 D
	상담자형(Counselor)	강한 I 강한 S
	평가자형(Appraiser)	주 성향 I 부 성향 C
S	전문가형(Specialist)	강한 S 중간 정도 C
	성취자형(Achiever)	강한 S 중간 정도 D
	중계자형(Agent)	강한 S 강한 I
	조사관형(Investigator)	강한 S 중간 정도 C 중간 정도 D
C	객관적 사고자(Objevtive thinker)	강한 C
	완벽주의형(Perfectionist)	강한 C 강한 S
	실행가형(Practioner)	강한 C 강한 I 중간 정도 S

참 | 고 | 자 | 료 ··

한국 교육 컨설팅 연구소

DiSC 관련 교육을 받고, 정식 프로파일을 구할 수 있는 곳이다.
www.kdisc.co.kr

심정섭 TV

DiSC 기본 개념과 학습법 및 진로 지도 활용
www.youtube.com/watch?v=mtBul7H06yo&t=786s

DiSC 앱

앱 스토어 등에서 쉽게 DiSC 검사 앱을 구할 수 있는데, 몇몇 앱은 질문이 적
절하지 못하고, 결과도 조금 부정확하다. 가능하다면 정식 프로파일을 구해
검사해 보는 것이 좋다. 대표적인 앱을 소개한다.

행동유형테스트(DiSC 검사)
play.google.com/store/apps/details?id=jbs.DISC

35

DiSC를 활용한 고등학교, 대학교 진학과 진로 지도

고등학교 선택에서 DiSC 활용

고등학교, 대학교 진학 지도에도 DiSC 검사 결과를 유용하게 활용할 수 있다. 특목고나 자사고, 강남급 일반고와 같이 내신 경쟁이 치열한 고등학교에 진학하는 경우 D(주도형) 성향이 높으면 유리한 측면이 있다. D 성향이 높은 학생들의 특징은 승부욕이 강하다는 것이다. 이런 학생들은 강한 상대와 부딪히면 한번 겨뤄보고 싶은 욕심이 생길 수 있다. 또 한번 본인이 해봐서 잘 못하겠다고 생각하면 바로 방향을 전환해 새로운 진로를 고려하는 유연성도 지니고 있다.

예를 들어 중학교 때 전교권 성적을 받다가, 경쟁이 치열한 100

위권 일반고에 진학해 내신이 5~6등급 이하로 밀리는 경우를 생각해 보자. D 성향이 높은 학생은 "나는 수시로는 원하는 대학에 진학하기 힘드니, 정시에 집중해서 원하는 대학에 가겠다"라는 전략적 선택을 빠르게 할 수 있다. 수능 시험에 안 나오는 과목의 내신은 과감하게 포기하거나, 그리 좋은 모습은 아니지만 수능 과목이 아닌 과목 수업에서도 선생님 눈치 보지 않고 다른 수능 과목을 공부하는 모습을 보이기도 한다. 하지만 I(사교형)나 S(안정형) 성향이 높아 관계 중심성이 강한 학생은 여러 사람을 배려하고 눈치를 보느라 과감한 손절이나 전략적 선택이 어려울 수도 있다.

또 S나 C(신중형) 성향이 높은 학생이 경쟁이 심한 고등학교에 진학하는 경우나 영어, 수학 등 주요 과목 선행 학습을 D나 I 성향이 높은 학생보다 더 철저히 해둘 필요가 있다. 그 이유는 S나 C 성향이 높은 학생들은 완벽하게 준비되지 않은 상황에서 융통성 있게 그때그때 닥치는 문제를 해결하는 유연성이 부족하기 때문이다.

유학이라는 대안을 생각해 볼 수 있는 학생

수학이 약해 수학 내신이나 수능 점수가 안 나와 원하는 대학에 가기 힘든 학생이 생각해 볼 수 있는 또 다른 입시 대안이 유학이다. 잘 알려진 미국 유학 말고도, 네덜란드(영어 수업이 가능하다)나 독일, 일본 유학 등 여러 가지 대안이 있다. 그런데 이런 유학 전략을 생각할 때도 반드시 짐검해 봐아 힐 부분이 DiSC 성향이다.

D나 I 성향이 낮고 S나 C 성향이 높은 학생들은 우선 적극적으로 친구 사귀기도 힘들고, 언어 습득에도 시간이 오래 걸릴 수 있다. 그리고 낯선 환경에 적응하고 생각지 못한 문제에 대응하는 과정에서 스트레스를 많이 받을 수 있다. 그렇다고 S나 C 성향이 높으면 유학을 가지 말라는 것은 아니다. 이런 성향이 높은 학생은 미리 한국에서 어학을 좀 더 완벽하게 해 둘 필요가 있다. 어학을 배우는 환경도 사람들이 많은 곳보다 소규모나 일대일로 할 수 있는 곳이 더 좋다. 또 여행이나 어학연수 등을 통해 유학하려는 나라에 관한 공부나 마음의 준비를 미리 해 두는 것도 좋다. 시간이 걸리더라도 완벽하게 준비해서 가는 것이 이런 학생들의 유학 성공률을 높이는 방법이다.

학과나 진로 선택에 DiSC 활용

학생들의 학과 선택이나 진로를 상담할 때도 DiSC는 아주 유용하다. 우선 경영학과와 경제학과를 두고 고민하는 학생이 있다면 경영은 D나 I 성향이 높은 학생들이 유리하고, 경제는 S나 C 성향이 높은 학생들에게 더 맞을 수 있다. 이공계에서 비슷하게 적용해 볼 수 있는 것이 공대와 자연대 사이의 선택이다. 화학을 좋아해 화공과와 화학과를 두고 고민하는 학생이 있다면 역시 마찬가지로 D나 I 성향이 높은 학생에겐 실용적인 화공과가, S나 C 성향이 높은 학생에겐 좀 더 이론적인 화학과가 더 맞을 수 있다. 실용적이고 당장 성과를 내야 하는 분야는 D나 I 성향이 높은 학생들이, 이론적이고 당장 결과가 안 나와도 꾸준히 해야 하는 영역은 S나 C 성향이 높은 학생들이 더 잘할 수 있다.

교대나 사범대에 지원할 때도 자신의 DiSC 성향을 잘 살펴볼 필요가 있다. 유·초등 교육을 희망하는 학생이라면 I나 S 성향 같은 관계 지향성이 높은 것이 좋다. 교육 쪽을 전공하고 싶은데 I, S 성향이 낮고 D나 C 성향과 같은 일 중심적 성향이 강하다면 현장 교사보다 교수나 연구직을 하는 것이 바람직할 수 있다.

이런 식으로 몇 가지 전공과 진로 선택에 DiSC를 활용한 사례는 다음과 같다.

• 의대

D 성향이 강하거나 DC나 CD 창의형(Creative) 학생이라면 좁은 진료실에서 아픈 환자만 계속 봐야 하는 임상의는 힘들 수도 있다. 임상의보다는 병원 경영이나 의료 관련 창업, 사업을 해보는 것이 자기 성향에 더 맞을 수 있다. 의학 계열인데 I나 S 성향이 높으면 아주 즐겁고 보람있게 의사나 의료 전문직을 수행할 수 있다. I 성향이 높은 소아청소년과 의사 선생님은 아이나 부모도 아주 좋아하고 본인도 즐겁게 아이들을 돌볼 수 있다. I, S 성향이 낮고 C 성향이 상대적으로 높은 의대생이라면 역시 임상의 쪽보다 교수나 연구직 쪽으

로 장기적인 진로를 생각해 볼 수 있다.

• 어문 계열

보통 어문 계열은 언어와 문학이 합쳐진 과가 많다. 영어학과 영문학이 합쳐져 영어영문학과와 같이 불리는 식이다. 이 경우 어학 계열은 D나 I 성향이 높은 학생들이 강점을 보일 가능성이 크고, 문학 계열은 S나 C 성향이 높은 학생들이 더 즐겁게 공부할 수 있다. 통·번역 같은 실용적인 학과에서도 I 성향이 높으면 유리할 수 있다.

• 공무원, 대기업 직원

공무원이나 대기업 같은 큰 조직에서 일하는 전공이라면 S 성향이 높은 것이 유리하다. 반대로 S나 C 성향이 낮고, D나 I 성향이 높은 학생들은 비슷한 일을 반복하고 꼼꼼하게 처리해야 하는 업무를 힘들어할 수 있다. D나 I 성향이 높으면 단순한 반복을 견디기가 쉽지 않기 때문이다. 힘들게 공무원 시험에 합격하거나 대기업에 취업하고도 1, 2년 안에 그만두고 새로운 길을 찾아가겠다고 할 가능성이 높다. D나 I 성향이 높으면 짧게 조직 생활을 경험하고, 새롭게 창업하거나 프리랜서(freelancer) 유형의 업(業)을 찾는 것도 장기적으로 바람직하다.

• 사람을 많이 만나야 하는 영업직

영업직은 아무래도 I 성향이 높은 사람들이 유리할 수 있다. 하지만 가끔 보험이나 자동차 판매왕 가운데 D나 C 성향이 높은 사람들도 있다. 자기 주도 성향이나 문제 해결력이 강한 D 성향이나, 신중하고 꼼꼼하게 철저히 준비하고 협상하여 계약 성공률을 높이는 C 성향의 사람이 자신의 강점을 잘 살려 성과를 낸 경우라고 볼 수 있다. 그런데 S나 C 성향이 높은 사람은 많은 사람을 만날수록 자신의 에너지가 쉽게 고갈되며 혼자 있는 시간을 갖고 싶어 한다. 이런 성향이 높은 사람이 영업직을 해야 한다면 만나는 사람을 최대한 줄이면서도 계약 성공률을 높일 수 있는 방법을 찾거나, 일정 정도로 사람들을 만난 뒤에는 반드시 충분한 휴식을 취하는 것이 좋다. 이렇게 자기만의 시간을 가지며 에너지를 채울 시간을 가져야만 그 분야에서 오래 일할 수 있고 성과도 낼 수 있다.

36

DiSC를 활용한 학생 지도 사례 1

D(주도형)

DiSC 활용 전 중요한 전제

DiSC 유형을 이해할 때 가장 중요한 전제는 어떤 유형이 좋고 나쁘지 않다는 점이다. 서로 다를 뿐 각각의 장단점이 있다. 공부에서도 겉으로 보면 약간 덜렁거리는 D(주도형), I(사교형) 성향의 아이들보다 차분한 S(안정형)나 C(신중형) 성향의 아이들이 공부를 잘할 것 같지만 반드시 그런 것만은 아니다. S나 C 성향이 강해서 책상에 오래 앉아 있지만 성과가 나지 않는 엉뚱한 방법으로 고집스럽게 공부하는 아이들도 많다. 모든 유형에는 장단점이 있으므로 장점을 최대한 강화하고 약점을 보완하여 자신만의 길을 찾아야 한다.

D형의 특징과 학습 전략

　D형의 가장 큰 특징은 자기 주도성이다. 기본적으로 사람을 만날 때 나보다 강한 사람인지, 약한 사람인지에 대한 파악과 대응이 분명한 편이다. 그래서 D 성향이 강한 학생들은 본인이 수업을 들을 때 '실력이 없다'고 판단한 선생님이나 강사의 강의에 집중하지 못할 가능성이 크다. 이런 학생들은 실력은 없는데, 사람만 좋은 선생님이나 강사를 별로 좋아하지 않는다. C형도 인간관계보다 실력이나 성과를 중시하지만, 자신의 판단을 쉽게 밖으로 표현하지 않는다. 그냥 조용히 수강 신청을 포기하거나, 눈에 띄지 않게 그 시간에 다른 공부를 하기도 한다. 반면에 D형은 직설적으로 자기 마음을 표현하곤 한다. 그리고 이런 태도가 무례하거나 다른 사람들을 배려하지 않는 것처럼 보이기도 한다. 다른 유형에서도 자기 주도성이 중요하지만, 특히 D형의 학생들에게는 학교나 학원 그리고 문제지나 공부 방법에서 자기 결정권을 주고, 그 결정에 대한 책임을 지게 하는 것이 중요하다. 남이 시켜서 억지로 해야 한다고 생각하면 동기가 급격히 떨어질 수 있다.

D형의 장점과 단점

　D형의 행동 성향이 잘 발휘되어 학습이나 진로 개척에 성공하는

사례는 역시 자기 주도성이나 도전 정신을 잘 활용하는 경우다. D형은 경쟁적이고 자기에게 자극이 되는 환경을 좋아할 수 있다. 특목고나 자사고같이 경쟁이 센 학교에 가서 자극받아 열심히 하는 경우나 유학 가서 성공하는 사례를 들 수 있다.

구체적으로 D형의 학습과 관련한 긍정적인 특징은 다음과 같다.

(1) 모호하고 애매한 상황을 잘 견딘다. 도전하고 문제 해결하는 것을 좋아한다.

(2) 자기보다 실력이 탁월한 스승이나 선배가 있으면 자극받아 열심히 하려고 한다.

(3) 경쟁적인 환경에서 지기 싫어하고 근성을 발휘해서 자기 한계를 넘어서기도 한다.

반대로 D형의 기질이 학습에 방해가 되는 경우는 다음과 같다.

(1) 교사나 친구들을 쉽게 판단하고, 자기가 배울 것이 없다고 생각하면 상대의 이야기를 잘 듣지 않는 경향이 있다.

(2) 자기가 생각한 기준에 미치지 못하면 쉽게 다른 길을 택한다. 이른바 손절이 빠르다. 이때 좀 더 여유를 갖고 대안을 만들기보다 즉흥적으로 판단하고 성급하게 결정할 가능성이 크다.

(3) 자신이 노력해서 잘하지 못할 것 같은 환경에 놓이거나 생각보다 너무 강한 경쟁자를 만나면, 의외로 쉽게 포기하고 성급하게 다른 길을 찾으려고 한다. 질 것 같은 것, 잘하지 못할 것

은 아예 시도조차 하지 않을 수 있다.

(4) 노력은 하지 않으면서 자기가 마음만 먹으면 금방 할 수 있다는 교만한 생각을 갖기 쉽다.

(5) 수업을 들으며 필기나 정리를 잘 안 하는 경우가 많다. 다른 학생이 필기한 것을 복사하거나, 핸드폰으로 사진을 찍거나, 강의 내용을 녹음하는 식의 임기응변식으로 공부할 가능성이 있다.

(6) 본인이 중요하다고 생각하지 않는 것은 아예 안 하려는 경향도 보인다.

(7) 긴 과정을 견디지 못하고, 속성으로 빨리빨리 하려고 하며 편법을 찾으려고 한다.

D형의 장단점이 학습에 미치는 영향을 좀 더 구체적으로 살펴보면 다음과 같다.

• **D형의 장점이 학습에 도움이 되는 경우**

(1) 모르는 문제나 신유형의 문제를 보면 이런저런 시도를 하며 창의적인 문제 해결책을 찾는다.

(2) 외국어를 공부할 때 모르는 단어가 나와도 앞뒤 문맥을 추론하며 전체적인 그림을 보고 내용을 파악하려고 시도한다.

(3) 작문을 하거나 에세이(essay)를 쓸 때 모르는 주제가 있어도

우선 시작하고, 쓰면서 고쳐간다는 유연한 사고가 가능하다.

(4) 요지나 제목 등 글 전체를 봐야 하는 유형의 문제에 강점이 있다(나무보다 숲을 잘 본다).

(5) 발표 수업이나 경쟁적인 대회 등 다른 사람들의 칭찬이나 인정받는 기회를 잘 활용한다.

• D형의 단점이 학습에 방해되는 경우

(1) "~가 아닌 것은?"과 같이 문제를 끝까지 잘 읽고 풀어야 하는 문제에서 실수가 잦다. 끝까지 문제나 지문을 읽지 않고, 쉽게 속단하여 정답을 기재하곤 한다.

(2) "밑줄 친 ___ 이 가리키는 것은?"과 같이 세부적인 내용을 파악하는 문제에 약하다.

(3) 영어의 어휘나 수학의 기본 공식, 과학이나 사회의 용어나 개념 이해 등 기본적인 부분을 소홀히 하고 급하게 실전 문제만 풀려고 한다. 기본기가 약하기 때문에 점수 기복이 크다.

• D형 학생들을 위한 학습 전략

(1) 객관적인 자기 실력 파악: 자기 실력을 주관적으로 고평가할 가능성이 있으므로 정확히 나의 실력이 어느 정도인지 파악하고 적정한 목표를 수립할 필요가 있다. 공부머리 테스트를 잘 활용하여 나의 한계가 어느 정도인지 파악하고 이에 맞는

목표를 세워 본다.

(2) 신뢰할 만한 교사나 선배의 멘토링: D형이 신뢰하는 사람은 성과를 낸 사람이고 실력이 있는 사람이다. 그 분야에서 분명한 성과를 낸 사람을 만나 구체적인 조언을 듣게 한다.

(3) 학교나 학원의 선택: 다른 유형의 학생도 마찬가지지만, 특히 D형은 누가 시켜서 하는 것을 싫어한다. 반드시 자신이 결정하고 책임지는 습관을 갖게 할 필요가 있다.

(4) 교재나 학습 방법 선정: I형에서도 나타날 수 있는데, 한 가지 교재를 진득하게 하기보다 이것 조금, 저것 조금 하는 식으로 깊이 있는 공부를 하지 못할 수 있다. 결과가 검증된 교재나 방법론으로 공부하겠다고 정한 기간에는 충분히 해보고, 그런데도 결과가 안 나오면 방법을 바꾸는 식으로 분명한 기한을 정하고 교재나 학습 방법을 결정할 필요가 있다.

D형 지도 사례 1: 욕심은 많지만 지속성이 약한 학생

*학생의 프라이버시 보호를 위해 비슷한 2~3가지 실제 사례를 묶어 가상으로 구성했습니다.

D 성향이 강한 미림(가명)이는 집안 형편이 어려워 전문대에 진학했다. DiSC 프로파일상으로는 D 성향만 강하고 다른 성향은 낮은 개발자형(Developer)이었는데, 졸업 후 사회생활을 하는데 본인의 기

내 수준이 높아 직장생활 만족도가 떨어졌다. 직장생활에서 번 돈을 모아 미국과 유럽을 여행했다. 미국 유학도 준비했지만, 역시 경제적인 부분이 걸려 포기하고 편입을 결심했다. 기본적으로 공부머리가 있고, 영어 실력도 어느 정도 갖추고 있어 공부를 시작한 지 3~4개월 후 편입 모의고사 기준으로 70~80점대에 쉽게 도달했다.

하지만 끈기가 부족하고 이리저리 신경 쓰는 게 많아 집중력이 약했다. 본인이 집안에서 어떤 역할을 해야 한다는 책임감과 부담도 컸다. 편입 시험에서 운이 따라줘 중위권 대학은 다 떨어지고 상위권 대학 한 곳에 합격했다. 그런데 대학 입학 후 전공에 만족이 안되어 다시 부전공을 선택했다. 총 3년을 다니고 졸업했는데 원하는 직장에 취업이 잘되지 않았다. 지인 소개로 해외 영업 분야가 있는 중소기업에 취업했지만 역시 2년을 채우지 못하고 나왔다. 이후 결혼하고 아이를 낳았는데, 집에서 아이만 돌보는 것을 굉장히 힘들어하고 답답해했다. 아이들이 어느 정도 큰 다음에는 다시 자신의 꿈을 이룰 다른 일을 찾기를 원하고 있다.

- **시사점:** D형은 욕심이 많고 기대 수준이 높아 자기 학벌이나 직장에 만족하지 못하고, 계속 이곳저곳을 전전하느라 실력을 쌓을 기회를 잘 얻지 못할 가능성이 있다. 면접이나 첫인상에서는 열정적인 모습을 보여 주기 때문에 쉽게 합격하지만, 한 곳에 오래 있지 못하는 경우도 많다. 다른 성향도 마찬가지지

만, D나 I형은 특히 '누구'를 만나는지가 중요하고 자신의 꿈과 비전이 분명한 환경에 들어가는 게 중요하다. '누구'와 관련해 D형에게 이상적인 사람은 실력과 업적이 있는 사람이고, I형의 경우에는 말이 잘 통하고 인간적으로 친근한 사람이다.

D형 지도 사례 2: 공부가 많이 안 된 D 성향의 학생

* 학생의 프라이버시 보호를 위해 비슷한 2~3가지 실제 사례를 묶어 가상으로 구성했습니다.

서준(가명)이는 DiSC 검사를 해보니 주 성향이 D이고 부 성향이 I인데, I 점수도 높게 나왔다. DiSC 프로파일에서는 DI 직감형(Inspirational)으로 나왔다. 경험상 보면 이런 학생들 중에는 '느낌이 오면 바로 저지르는' 유형이 많았다. 서준이는 전문대 졸업 후 1년간 직장생활을 하다가 편입 준비를 시작했는데, 4년제 대학을 나와 해외 근무를 하며 한국보다 외국에서 살고 싶다고 했다. 장점은 도전정신이 강한 것이었고, 단점은 자기 절제가 부족하고 슬럼프가 잦아 충분한 공부량을 쌓지 못하는 점이었다.

편입 모의고사 점수가 30점대에서 시작했는데, 공부머리 테스트를 해보니 오픈북 점수가 50점대밖에 되지 않았다. 편입을 하려면 2년 정도 예상해야 하니 영어 공부보다 학사 편입 자격을 갖추고, 편입이 안 되면 학사 학위를 바탕으로 대학원 진학이나 유학을 준비하는 방법도 생각해 보라고 권했다.

- **시사점:** D형은 의지와 욕심은 많은데 그만큼 실력을 갖추지 못하거나 세밀한 계획이 없는 경우도 많다. 자기 실력을 정확히 파악하고, 자기 분수에 맞는 목표를 세우도록 도와줄 필요가 있다.

37

DiSC를 활용한 학생 지도 사례 2
I(사교형)

I형의 특징과 학습 전략

I형은 D형과 마찬가지로 말이나 행동이 빠르고 외향적 에너지가 강하다. 하지만 일이나 성취보다 사람과 정서를 중시한다는 점이 D형과 다르다. 유쾌하고 낙천적인 대신 다른 사람을 많이 의식하고 분위기에 크게 좌우되는 성향이 있다.

• I형의 장점이 학습에 도움이 되는 경우

(1) 모르는 내용을 선생님이나 친구에게 잘 물어보고, 즐겁게 공부한다.

(2) 시험 점수에 너무 일희일비하지 않고, 쓸데없는 걱정을 많이
하지 않는다.

(3) 공부할 때 단순히 눈으로 보는 수동적인 방법보다 듣고, 보
고, 쓰고, 읽는 등 오감을 최대한 활용하는 방법을 쓴다.

• I형의 단점이 학습에 방해되는 경우

(1) 친구 관계를 중시하고 인정받으려는 욕구가 강해서 관계 정
리나 시간 관리를 잘하지 못한다. 마감 기한을 잘 못 지키고,
공부 계획도 잘 지키지 못하는 경향이 있다.

(2) 많이 벌려 놓기는 하는데 하나도 제대로 하는 게 없다. 중도
포기가 많다.

(3) 이런저런 정보에 쉽게 휘둘리고 자신의 중심을 잘 잡지 못한
다(팔랑귀).

(4) 가까운 사람들의 평가에 지나치게 민감하게 반응한다.

(5) 덜렁대느라 아는 문제도 꼼꼼히 보지 않아 실수할 가능성이
있다.

• I형의 학습 전략

(1) 학습 계획을 너무 장기적으로 세우지 말고, 1~2일 단위로 짧
게 수립하여 수시로 바꿀 수 있는 융통성을 둔다.

(2) 동영상 강의보다 현장 강의가 더 맞을 수도 있다. 동영상 강

의를 선택할 때는 최대한 재미있는 강사의 강의를 고른다.

(3) 학원은 인원수가 그리 많지 않고, 수시로 질문하고 토론할 수 있는 여건이 되는 곳으로 선택한다.

(4) 학습 장소를 주기적으로 바꾸며 공부 환경에 변화를 줄 필요가 있다(학교 자습실, 도서관, 커피숍, 스터디 카페 등등).

(5) 집중력 향상을 위해 명상이나 산책 등 나름대로 방법을 찾을 필요가 있다.

• I형을 위한 영어 학습 전략

(1) 어휘: 한꺼번에 너무 많은 양을 외우려 하지 말고, 분량을 나눠서 아침, 점심, 저녁 그리고 자투리 시간을 적극 활용하여 지루하지 않게 외운다. 친구들과 서로 물어보고 답하는 식으로 공부해도 좋다.

(2) 문법: 최대한 재미있는 강의로 개념 설명을 듣는다. 문제를 풀 때는 질문을 많이 하거나 서로 설명해 줄 수 있는 환경이 좋다. 학원, 과외, 친구와의 스터디 등을 활용할 때는 가능한 한 내 입으로 설명할 수 있는 기회를 자주 만든다.

(3) 독해: 지문을 읽다가 잡념에 빠질 가능성이 있다. 큰 그림을 놓치지 않게 중간중간 요약을 적어 둔다. 채점 후 틀린 지문의 단어나 구문을 지나치지 말고 꼼꼼히 정리해 둔다.

(4) 교재 선택: 다른 친구들이 보는 교재가 좋아 보인다고 해서

딜긱 사지 말고, 한 단원 정도 복사해서 풀어 보고 나에게 맞는지 점검한 뒤 신중하게 구매를 결정한다.

I형 학생 지도 사례: 잡념이 많고 집중이 안 되는 학생

* 학생의 프라이버시 보호를 위해 비슷한 2~3가지 실제 사례를 묶어 가상으로 구성했습니다.

지아(가명)는 Top 70~80위권 대학을 다니다가 서울권 법대나 행정 관련 학과를 목표로 편입 시험을 준비했다. 주 성향은 I형이고, 부 성향은 D형인 ID 설득형(Persuader)이었다. 집안에서 장녀로 본인이 공부를 잘해서 동생들에게 본을 보여야 한다는 책임감이 강했다. 대신 공부할 때 잡념이 많고, 집중력이 부족하고, 체력도 약한 편이었다. 밤늦게까지 공부하고 수업 시간에 졸 때도 많았다. 의지와 도전 의식은 높았지만, 욕심만 앞서고 체력이나 시간 관리가 잘 안 되었다.

문법이 약하고 독해는 시간이 모자라며 긴 질문을 읽을 때 잡념이 많이 생긴다고 했다. 성격이 급한 편이어서 문제 풀이에서 실수도 잦았다. 우선 상담에서 무언가를 꼭 이뤄야 한다는 '집착'을 조금 내려놓고, 하루하루 성실히 사는 데 집중해 보라고 했다. 그리고 체력을 먼저 챙기라고 했다. 잠자는 시간을 너무 줄이지 말고 충분히 자고, 깨어 있는 낮에 집중해서 공부하라고 권했다.

- **시사점:** I나 D 성향이 강한데 체력이 좋지 않으면 아파서 낭비하는 시간이 많다. 하루 이틀 무리해서 공부하고 4~5일 컨디션이 무너지거나 몸이 안 좋아 병원에 왔다 갔다 하며 시간을 버리기도 한다. I, D 성향인데 공부 성과가 잘 안 나오는 학생들은 특히 운동과 명상을 통해 집중할 수 있는 몸 상태를 만든 후 공부하는 전략을 써 보는 것이 좋다.

38

S(안정형)

S형의 특징과 학습 전략

S형은 말이나 행동은 느린 편이고, 일보다 사람과 관계를 중시하는 성향을 보인다. 변화보다 꾸준하고 반복되는 일을 좋아하고, 다른 사람에게 상처 주는 말을 잘 못하는 편이다. 그래서 상담할 때 최대한 마음속 이야기를 다 할 수 있는 환경과 신뢰할 수 있는 상담자가 필요하다.

• S형의 장점이 학습에 도움이 되는 경우

(1) 꾸준하고 성실하게 하루하루를 보낸다.

(2) 학교나 선생님의 방침에 잘 따르고, 숙제나 수행평가를 성실하게 한다. 내신을 잘 받을 가능성이 크다.

(3) 자기가 아는 부분에서는 잔 실수를 하지 않는다.

(4) 한 분야에 몰두하면 단기간에 성과가 안 나오더라도 꾸준히 해서 결국 유의미한 결과를 만들어내기도 한다. 대기만성형 인재들 가운데 S형이 많다.

• S형의 단점이 학습에 방해되는 경우

(1) 잘못된 방법으로 성과 없는 공부를 하는 경우가 있다. 방법이 잘못되었는데도 변화를 주는 것을 두려워하는 경향이 있다. 공부하는 시간이 많고 노력도 많이 하는 것 같은데, 노는 것 같은 학생들보다 성적이 안 나오는 예도 있다. 보통 이런 유형을 '고군분투(孤軍奮鬪)' 형이라고 한다.

(2) 꿈과 목표를 너무 낮게 잡는 경향이 있고 "이 정도 했으면 됐지"라며 쉽게 만족한다. 도전하기보다 현실과 타협하기 쉽다.

(3) 창의력이 부족하고 변형된 문제에 약하다.

(4) 성과 없이 학원이나 독서실, 스터디 카페를 다니면서도 자기가 무언가를 하고 있다고 쉽게 자족한다. 결과보다 과정을 중시하고, 무언가 하고 있으면 성과가 안 나와도 좋다고 생각한다.

(5) 생활면에서도 현실과 타협해서 게을러지기 쉽다.

(6) 자기 적성이나 소망보다 부모나 선생님 등 자신에게 영향을

미지는 사람들을 기쁘게 해주어야 한다는 마음에서 엉뚱한 전공이나 진로를 선택하기도 한다. 이런 성향이 있는 학생의 경우 속마음을 읽어 주며, 왜 그런 진로를 선택했는지 동기를 분명히 점검하는 등 섬세하게 진로 지도를 해야 한다.

· S형의 학습 전략

(1) 계획: 분명한 목표와 비전 설정이 필요하다. 쉽게 자족하지 말고, 자신의 수준보다 좀 더 높은 목표를 세울 필요가 있다. 또 계획을 세울 때 숫자로 평가할 수 있는 목표를 세우고 성과가 나는지 반드시 점검한다. 예를 들어 'A 문제지 3번 이상 반복해서 풀고, 모의고사 80점 이상 받기'와 같이 숫자로 평가할 수 있는 목표를 세운다.

(2) 학원 활용: 시스템과 관리가 잘되어 있는 학원이 바람직하다. 본인이 불편하고 힘든 내용이 있으면 참지 말고 바로 상담한다.

(3) 생활 관리: 게으름을 줄여야 한다. 시간 계획을 꼼꼼히 세우는 것이 좋다.

(4) 영어, 국어 독해 영역: 전체적인 그림을 보지 못하고 나무만 보기 쉽다. 제목, 요지, 저자의 의도를 파악하는 문제에 약하다. 모르는 단어나 내용이 나오면 꽉 막히거나 시간이 부족할 수 있다. 찍는 한이 있어도 시간 내에 문제를 푸는 연습을 하고 자세한 내용은 시험 후에 꼼꼼히 정리해 본다.

S형 학생 지도 사례:
자기보다 다른 사람을 기쁘게 해주려고 하는 학생

* 학생의 프라이버시 보호를 위해 비슷한 2~3가지 실제 사례를 묶어 가상으로 구성했습니다.

이서(가명)는 수도권 소재 대학 중문과를 자퇴하고 편입을 준비했다. 1차 연도에 목표한 대학에 가지 못해 편입도 재수했다. DiSC 검사를 해보니 주 성향 S, 부 성향 I로 SI 에이전트형(Agent)이었다. 단어는 아주 많이 알았고, 모의고사에서 점수가 잘 나올 때는 대부분 70~80점대가 나왔다. 그런데 독해에서 주제나 요지를 찾는 등 큰 그림을 그려야 풀 수 있는 문제에 약했다.

마음가짐과 의욕은 좋았다. 편입에 대한 의지가 강하고, 될 때까지 해보겠다는 자세였다. 개인 상담을 해보니 자기 자신을 게으르고 시간 관리를 잘 못한다고 평가했다. 고생하는 부모님께 성과를 보여줘야 한다는 강박관념이 심했고, 무리하게 공부하다 컨디션이 무너지는 악순환이 자주 반복되었다. 그래서 우선 공부보다 꾸준한 등산과 운동으로 마음을 다스리고 강박관념에서 벗어나길 권했다. 그리고 앞에서 말한 대로 문제를 풀 때 시간을 정해 문제 푸는 연습과 함께, 나무보다 숲을 보는 훈련을 시켰다. 다행히 이서는 조언에 따라 운동도 열심히 하고, 문제 풀이 훈련도 잘해서 2년 차에 '인서울' 대학 편입에 성공했다.

- **시사점:** 이서는 전형적인 S형으로 자기 삶에 충실하기보다 다른 사람을 기쁘게 해주어야 한다는 의식이 강했다. 상담하면서는 이런 부분을 내려놓고, 다른 사람보다 자신이 행복할 수 있도록 좋아하는 공부를 하고 자신이 원하는 삶을 주도적으로 살라고 조언을 많이 해주었다. 이서는 대학 졸업 후 직장생활을 2~3년간 하다가 다시 미국 유학길에 올랐다. 안정 성향이어서 새로운 도전을 하기 쉽지 않을 것 같았는데, 유학하러 간다는 이야기에 깜짝 놀랐던 기억이 있다. S형은 자신이 신뢰할 수 있고 좋아하는 사람이 이끌어 주면 이렇게 새로운 환경에 도전할 용기를 내기도 한다. 또 직장생활을 하면서 다양한 사람들을 만나며 안정 성향보다 I나 D 성향이 많이 생겼을 수도 있다.

39

DiSC를 활용한 학생 지도 사례 4
C(신중형)

C형의 특징과 학습 전략

C형은 말이나 행동이 느리고 일과 성과를 중시하는 성향을 보인다. 자신이나 다른 사람에 관한 기준이 엄격하고, 판단이 신중하며 진지한 편이다. 자신에 대한 평가 기준이 높아서 쉽게 만족하지 못하고 우울한 성향이 나타날 수 있다. 한번은 C 성향이 높은 학생이 학원 모의고사 이후 점수가 너무 많이 나왔으니 나중에 원서 상담할 때 이 시험 점수는 빼고 해달라고 했다. 이번 시험에서는 찍어서 맞힌 것이 많아 진짜 자기 실력으로 볼 수 없다는 것이 이유였다. D나 I형 학생들은 찍어서라도 맞히면 기분 좋고 찍는 것도 본인의 실력

으로 보는데, C 성향이 높은 학생들은 이렇게 자기에게 엄격한 모습을 보이기도 한다.

• C형의 장점이 학습에 도움이 되는 경우

(1) 꼼꼼하게 계획하고 엄격하게 자기 관리를 해서 성과를 낸다.

(2) S 성향이 더해지면 완벽주의 성향을 보일 수도 있는데, 이것이 긍정적으로 작용하면 시험 난이도와 관계없이 안정적인 점수가 나온다. 시험에서 잔 실수가 적다.

(3) 대충 넘어가지 않고 세부적인 부분까지 꼼꼼히 공부한다.

(4) D 성향이 더해지면, 남들이 생각하지 못하는 창의적인 방법으로 문제를 해결하기도 한다.

• C형의 단점이 학습에 방해되는 경우

(1) 완벽하게 준비하지 않으면 시작조차 못 하는 경우가 있다. 쓸데없는 걱정만 하고 실제로는 아무것도 하지 않는 자신을 발견하기도 한다.

(2) 자기가 마음속으로 이해되지 않으면 지시에 따르지 않고, 말도 없이 자기만의 방법을 고집한다.

(3) 풀지 못한 문제에 집착하다가 풀 수 있는 쉬운 문제를 놓치기도 한다.

(4) 지나치게 독창적으로 생각해서 남들이 다 맞히는 쉬운 문제

를 틀리기도 한다.

(5) 기준이 너무 높아 자신의 실력을 과소평가해서 공부 자존감
이 낮을 수 있다.

• **C형의 학습 전략**

(1) 계획: 너무 무리하게 계획을 짜지 말고, 중간에 달성하지 못
한 부분을 보충할 시간(버퍼 존)을 넣는다. 계획대로 되지 않더
라도 너무 자책하지 않는다.

(2) 학원이나 교재: 자신의 기준에 맞는 완벽한 학원이나 교재를
찾기보다, 우선 내게 도움이 되는 부분을 적극 활용한다는 융
통성을 가질 필요가 있다.

(3) 생활 관리: 많은 C형 학생이 몸을 잘 안 움직이고 생각만 많이
하는 경향이 있다. 적극적으로 운동하고, 스트레스를 푸는 자
신만의 취미를 만들 필요가 있다. 그리고 이렇게 운동하고 스
트레스 푸는 시간을 아까워하지 말고, 반드시 하루 일상에 포
함하여 장기적으로 꾸준히 공부할 수 있는 에너지를 만들 필
요가 있다.

C형 학생 지도 사례 1:
자기 주관이 확실하고 고집이 있는 이과 학생

* 학생의 프라이버시 보호를 위해 비슷한 2~3가지 실제 사례를 묶어 가상으로 구성했습니다.

준수(가명)는 주 성향은 C형, 부 성향은 S형으로 CS 완벽주의형(Perfectionist)이었다. 조용하고 성실한 학생이었는데, 편입 재수를 했고 수학을 공부하며 '인서울' 이공계열을 희망했다. 전형적인 C형 학생답게 꾸준하고 성실하며 단어나 문법에 강점이 있었다. 그런데 문제 풀이 속도가 느리고 너무 깊이 생각하다 쉬운 문제를 자주 틀리곤 했다.

수학을 좋아해서 수학 교사를 희망했지만, I 성향이 낮아 아이들과 즐겁게 지낼 수 없을 거라는 상담에 공대로 진로를 수정했다. 공대에 가서 대학원까지 하고 전문 연구직으로 가는 게 좋겠다고 권했다. 1~3월은 학원에 다니다가 3개월은 혼자 공부하고, 시험이 임박해서 다시 학원에 왔다. 수학은 주로 동영상 강의로 공부한다고 했다. 영어 모의고사는 70~80점대가 나왔는데, 막상 실전 고려대 편입 시험에서는 점수가 평소보다 10점 정도 안 나왔다. 최종적으로 Top 5위권 공대에 추가로 합격했다.

• 시사점: 준수와 상담하면서는 계속 '아, 이 친구는 본인 고집 때

문에 오랜 시간 상담해도 별 변화가 없겠다라는 생각이 들었다. 자기주장과 소신이 너무 분명했고 잘 수정하려고 하지 않았다. 그나마 DiSC 검사 후 교직은 안 맞을 것 같다는 필자의 조언을 듣고 진로를 수정한 게 신기했다. C 성향이 강한 학생들은 인간적인 교감이나 관계의 친밀함을 통해 설득하기보다, 엄밀한 분석과 과학적 근거를 바탕으로 이야기하는 편이 효과적이다. 이야기의 근거가 자기의 이전 생각을 수정할 만큼 이성적이고 논리적이지 않으면 다른 사람의 이야기를 잘 듣지 않는 경향이 있다.

준수의 경우 그래도 원하는 대학에 진학했는데 이후 직장에서의 소통도 조금 염려되었다. C 성향이 강한 학생들은 자기가 좋아하는 분야나 취미를 중심으로 사람들을 깊이 있게 사귀고, 마음을 터놓고 이야기할 만한 친구나 선후배를 만드는 게 중요하다. 그래야 조직생활도 큰 스트레스 없이 잘할 수 있다.

C형 학생 지도 사례 2: 최상위권 학생의 창의성과 의외의 고집

* 학생의 프라이버시 보호를 위해 비슷한 2~3가지 실제 사례를 묶어 가상으로 구성했습니다.

예준(가명)이는 어려서부터 독서량이 많았고 공부를 잘했다. 주 성향은 C 성향이고 D 성향이 약간 있는 CD 객관적 사고자형

(Objective thinker)이었다. 강북에서 대치동으로 영어와 수학 학원을 다니면서도 향상 상위권을 유지했다. 영어 토론을 좋아하고 학교에서 모의 유엔 등의 동아리 활동도 즐겁게 했다. 대학 졸업 후 해외에 나가 국제기구에서 활동하거나 국제 변호사를 해보고 싶어 했다.

서울대를 목표로 한다면 강북에 있는 200~300위권 학교에서 내신을 잘 받아 서울대 지역 균형 선발로 가면 좋겠다고 생각했는데, 본인은 좀 더 경쟁적인 환경을 위해 수시형 자사고에 입학했다. 영어는 원래 잘했고 수학 선행도 탄탄해서 자사고에 가서도 3년 내내 1등급을 유지했다. 하지만 그 안에서 내신 경쟁을 하며 상당히 스트레스를 많이 받아 몸이 많이 약해졌다.

3학년이 되어 진학 상담을 하니 초·중 때 가졌던 목표와는 달리 철학과에 가겠다고 했다. 원래 꿈대로 정치외교학부에 갈 줄 알았는데 의외의 선택이었다. 아무래도 2, 3학년 때 내신이 조금씩 밀리면서 자신감이 떨어져 그런 게 아닌가 싶어 여러 가지로 우회적인 질문을 던졌지만 쉽게 인정하지 않았다. 자기는 원래 철학을 좋아했고, 철학을 전공하고 로스쿨에 가서 우리나라 변호사 자격증을 딴 뒤 미국 로스쿨도 가서 미국 변호사 자격증을 따겠다고 했다. 그럼 그렇게 철학과에 가고 싶으면 수시 원서 6장에서 나머지 2~3장을 서울대 이외 대학으로 철학과를 쓰겠느냐고 묻고 싶었지만, 아이를 너무 궁지로 모는 것 같아 정곡을 찌르지는 않았다. 이후 다행히 담임 선생님과 상담 후 최종적으로 정치외교학부에 원서를 썼고 수시로 최종 합격했다.

- **시사점:** 객관적 사고형에서 D가 좀 더 강하면 DC 창의형 (Creative)으로 보기도 한다. 이런 학생은 장점이 발현되면 창의 적 융합인재가 될 수 있지만, 단점이 발현되면 똥고집을 부리 는 원칙주의자가 될 수도 있다. 예준이의 경우 담임 선생님의 설득에 원래 자기가 생각한 진로를 선택했지만, 간혹 강한 C형 은 점수가 부족해서 철학과에 가는 것이 아니라는 것을 보여 주기 위해, 융통성 없이 다른 대학 수시 원서도 다 철학과로 넣 을 가능성이 있다(철학과가 안 좋다는 것이 아니라, 특정 대학에 가기 위 해 자신의 꿈을 포기하고 타협하는 모습을 말하는 것이다). 그리고 지기 싫어하는 D 성향이 너무 많이 드러나면 마음의 여유가 없어지 고 까칠해질 가능성도 있다.

예준이에게는 중학교 때부터 운동을 많이 하고, 인문학 지혜 독 서를 꾸준히 하면서 내가 왜 공부하는지에 대한 이유를 점검하 며 즐겁게 공부하라고 했는데, 막상 경쟁적인 상황으로 들어가 니 이렇게 자기 조절이 잘 안 되었다. 강한 C형인데 머리까지 좋 으면 부모나 선생님의 상담이나 조언도 웬만해서는 잘 안 먹히 는 경우가 많다. 정말 그 분야 전문가의 분석을 들어야만 수긍 하고 자신의 단점이나 좁은 생각을 바꾼다. 여기에 D 성향까지 있는 아이라면 정말로 실력 있는 전문가를 붙여 주어야 한다.

6장

변화하는 제도 속에서
변하지 않는 입시의 본질

●

새로운 차원의 경험을 하기 위해 어떤 사람에게는 가능성에 대한 비전이
필요하고, 어떤 사람에게는 그 꿈을 살 수 있는 용기가 필요하다.

- 레스 브라운

"It takes someone with a vision of the possibilities to attain new levels of
experience. Someone with the courage to live his dreams."

– *Les Brown*

40

뒤늦게 공부 목표가 생긴 아이, 어떻게 도와주어야 할까요?

뒤늦게 공부의 필요성을 깨닫는 아이들

아이가 어려서부터 문제지 푸는 공부를 열심히 해서 넓은 길로 갔으면 하는 것이 부모의 마음이다. 하지만 많은 아이가 중·고등학교 때는 내가 왜 공부해야 하는지 모르다가, 사회생활을 하거나 남학생들의 경우 군대생활을 경험하고 뒤늦게 공부의 필요성을 깨닫기도 한다. 이렇게 뒤늦게 공부나 진학에 동기가 생긴 아이들은 어떻게 도와줄 수 있을까? 다음은 실제 이런 내용으로 상담한 사례다. 늦게 시작하는 만큼 남들이 가는 일반적인 길보다 자기만의 창의적인 진로를 찾아가면 훨씬 더 행복한 진로 탐색이 된다.

Q. 특성화고를 졸업하고 사회생활을 하던 아들이 요즘 자기는 적게 벌고 가난 하게 살아도 좋으니, 진정한 삶의 의미를 알아보겠다며 대학 철학과에 가고 싶 다고 합니다. 요즘 지방 4년제 대학 철학과는 수능 성적 없이도 들어갈 수 있다 는 이야기를 들었는데, 앞으로 어떻게 준비하면 좋을까요?

A. 우선 말씀하신 대로 최근 지방대는 정시에서도 모집 인원을 채우지 못하는 곳이 많고, 수능 점수 없이도 입학할 수 있는 대학도 있습니다. 한의대와 같은 특정 학과 이외에는 전공도 마음대로 선택할 수 있고, 입학하면 1년 치 학비를 면제해 주는 등 특혜를 내걸고 학생 유치에 총력을 기울이기도 합니다. 2022학 년도 입시에서 지방의 5개 사립대의 경우 수능 점수 없이도 추가 모집에 지원 할 수 있었는데, 이 중 A 대학 심리학과, B 대학 신학과 등이 철학과와 가장 비 슷한 학과로 수능 성적 없이 바로 진학이 가능할 것 같습니다. 이런 식으로 우 선 관심 대학 입시 요강을 확인하고, 입학처에 문의하여 정확한 정보를 얻어 보 시면 좋습니다.

 "구체적으로 말씀하신 W 대학 철학과는 2021, 2022학년도 연속 으로 정시에서 미달이 났습니다. W 대학 철학과에 꼭 가야겠다면 1 년 정도 (동영상 강의를 활용하여) 국어, 영어 공부에 중점을 두며 수능을 준비해 점수를 받아 두고, 내년에 지원하는 것도 좋지 않을까 합니 다. W 대학 이외에도 지방에 있는 대학 철학과는 미달되는 곳이 많 으므로 정시 원서 3장 중 나머지 2장을 다른 관심 대학 두 곳에 넣어도 합격할 가능성이 있습니다. 우리나라에서 철학과가 개설된 대학이나 학과 정보 자료는 인터넷에 검색하면 쉽게 구할 수 있습니다.

'수능 없이 갈 수도 있는데 꼭 수능 공부를 해야 할까?'라는 생각이 들 수도 있지만, 지금 고등학교 졸업 이후 공부가 별로 안된 상태라면 대학에 가서 수업을 따라갈 수 있을 정도로 수능 공부를 하는 것도 의미가 있습니다. 국어와 영어 실력을 키우고 사회 탐구 영역에서도 윤리와 사상, 생활과 윤리를 선택하여 제대로 공부하면 대학에서도 무리 없이 공부할 수 있을 것입니다. 1년 정도 수능 공부를 해서 내가 점수를 얼마나 받을 수 있을지는 '공부머리 테스트'를 통해서 확인할 수 있습니다."

학부를 건너뛰고 대학원으로 가는 방법도

"그런데 이렇게 공부해서 막상 대학에 가도 학생이 생각한 것과는 다른 상황이 벌어질 수도 있습니다. 지방대 철학과의 경우 정말 철학을 하고 싶어서라기보다 점수에 맞춰서 온 학생들이 많을 수도 있는데, 이런 학생들이 많다면 가르치는 교수님의 교수 의욕도 떨어질 수밖에 없습니다. 그리고 팬데믹 상황이 다시 찾아와 강의가 대부분 온라인으로 이뤄지면 '비싼 등록금 내고 4년 동안 대학을 다녀야 하나' 하는 회의가 들 수 있습니다.

그런 의미에서 정말 철학을 제대로 하고 싶다면 차라리 대학원 진학을 목표로 1·2년 정도 여유를 가지고 준비하는 것도 한 가지 방법입니다. '인서울' 대학 철학과를 수능으로 가려면 아무리 못해도 수능 3등급 이상은 받아야 하지만, 대학원의 경우 수능 점수가 훨씬 낮은 대학을 졸업하고도 상위권 대학 철학과 대학원에 진학할 수 있습니다. 지금 학사 학위가 없으므로 1년 정도 독학사나 학점 은행제를 통해 학사 학위를 취득하면 학부를 거치지 않고 대학원에 진학할 수 있습니다. 학점 은행제와 관련해서는 인터넷에 검색하면 관련 상담과 교육을 안내해 주는 곳이 나옵니다. 몇 군데 직접 방문해서 상담하고 비교 후 선택하면 됩니다. 시간은 1~2년 정도 소요되고, 비용은 200만~700만 원 정도 드는 것으로 알고 있습니다."

학교를 넘어서 진정한 배움의 길로

"마지막으로 학생의 철학 공부 목적이 학위 취득이 아니라, 진정으로 삶의 의미를 찾고 나만의 철학을 하기 위해서라면 굳이 대학이나 대학원에 가지 않아도 되지 않을까요? 내가 좋아하는 철학자나 선생님의 강의를 유튜브나 온라인 강좌, 도서 등을 통해 모조리 듣고, 그분이 진행하는 공부 모임이나 단체에 직접 찾아가 그 선생님의 제자가 되어 배우는 길도 있습니다.

아마 도올 선생님 같은 분을 쫓아다니며 철학을 배우고 싶다고 해도 기꺼이 제자로 받아 주실 것 같고, 고전평론가로 유명한 고미숙 선생님도 다양한 공부 모임을 운영하고 있습니다. 대학에 가서 각 철학을 전공한 교수님들의 강의를 파편적으로 듣고, 철학 서적 한권 제대로 읽지 못하고 졸업하는 것보다, 한 선생님이나 한 철학자를 제대로 파는 것이 더 나은 철학 공부가 될 수도 있습니다. 내가 철학을 공부하고자 하는 의도가 무엇인지 다시 한번 냉정하게 검토해 보면 더 나은 길을 선택할 수 있는 분별력이 생길 것입니다.

마지막으로 이제 고등학교를 졸업하고 사회생활을 하는 자녀라면 부모님이 계속 진로 정보를 찾아주기보다는 본인이 스스로 알아서 찾아오게 하고 '부모로서 내가 도와줄 수 있는 것이 무엇일까?'와 같은 방식으로 소통하는 것이 더 좋지 않을까 싶습니다.

어차피 이제 아이들은 스스로 자기 인생을 살아가야 합니다. 스무 살이 될 때까지 부모로서 먹여주고, 입혀주고, 공부시켰으면 어느 정도 소명을 다했다고 볼 수 있습니다. 물론 더 잘해주고 더 넉넉히 해주는 다른 부모들과 비교하면 한없이 부족하게 느껴질 수도 있겠지만, 어떤 때는 우리가 할 수 있는 부분까지 하고 나서 나머지는 아이에게 맡기고 하늘에 맡겨야 하는 때도 있습니다.

인도 사상에서는 사람의 인생을 4단계로 본다고 합니다. 1단계는 어려서 배우는 시기, 2단계는 커서 결혼하여 자식을 낳고 사회생활을 하는 시기, 3단계는 이제 사회적 소명을 마치고 숲에 들어가 깨달음을 얻는 시기, 4단계는 얻은 깨달음을 나누며 다른 사람들을 위해 사는 시기입니다. 3단계부터는 이른바 출가해서 구도자의 삶을 사는 시기입니다. 우리 문화나 정서에서는 이렇게 가족과의 인연을 정리하고 구도자의 삶을 살기가 쉽지 않습니다. 하지만 굳이 이 정도까지는 아니더라도 스무 살 정도까지 내 자식으로 생각하며 키우고, 이후에는 정서적으로나 경제적으로 독립시키고, 또 그 이후에는 부모-자식 관계가 아닌 같이 진리를 찾아가는 동료 구도자의 관계로 생각하는 것도 삶의 지혜일 것입니다.

이번에 아들의 철학 공부를 계기로 삼아 나도 함께 삶의 의미와 진리를 찾는다는 구도자의 마음으로 같이 강의도 듣고 배운 내용을 나눠 보신다면, 부모님도 삶의 3막을 자연스럽게 여실 수 있을 것 같습니다. 아무쪼록 자녀분이 잘 알아보고 준비해서 남은 인생을 더 의미 있게 살고, 본인이 받은 재능으로 많은 사람을 섬기는 삶을 살 수 있기를 응원하겠습니다."

 참|고|자|료 ···

대학 어디가
대입 정보를 한눈에 볼 수 있는 입시정보 사이트로 교육부 운영
www.adiga.kr

학점 은행제
국가평생교육진흥원에서 운영하는 학점 은행제 안내 사이트
www.cb.or.kr

감이당
고전평론가 고미숙 작가가 운영하는 인문학 학습 공동체
www.gamidang.com/

41

자연 속에서 어린 시절을 보낸
이후의 입시, 진로 로드맵

소신 교육을 택한 가정도 고민되는 입시 현실

최근 경쟁적 교육 풍토 속에서도 나름 출산, 육아 때부터 중심을 잡고 자녀를 제대로 교육하려는 부모들이 늘고 있다. 하지만 자연 육아나 대안적 교육을 하던 가정도 막상 아이가 초등 고학년이 되고, 중학교에 갈 나이가 되면 앞으로도 계속 이렇게 키워도 되는 건지, 앞으로 입시 교육은 어떻게 해야 할지 막연해하기도 한다. 다음은 시골에서 유·초등 시기를 보낸 가정이 앞으로 선택할 수 있는 현실적 입시 로드맵에 대해 상담한 내용이다.

Q. 선생님 말씀대로 시골 자연 속에서 유·초등 시기를 보내고 있는 가정입니다. 아이와 부모 모두 행복한 시간을 보내고 있는데, 막상 중·고등학교 이후를 생각하면 여러 가지로 염려가 됩니다. 학군과는 거리가 먼 지역에서 어린 시절을 보낸 아이의 경우, 앞으로 진로나 입시지도를 어떻게 해주어야 할까요?

A. 네, 귀한 질문 주셔서 감사합니다. 아이가 어려서 자연 속에서 맘껏 놀고 자랐다면 저는 이것만으로도 부모가 해줄 수 있는 것의 절반 이상은 해주었다고 생각하는데요. 어차피 진로는 아이가 스스로 찾아가야 하는 것이고, 부모가 해줄 수 있는 것은 건강한 몸과 평안한 마음을 갖게 해주는 것이라는 게 제가 20여 년의 입시 현장에서 배운 바이기 때문입니다. 하지만 여전히 입시와 학벌이라는 실체가 있는 교육과 사회 환경에서 어떻게 하면 지혜롭게 아이에게 진로지도를 할 수 있을지 같이 생각해 보면 좋을 것 같습니다.

오히려 파악하기 쉬운 시골 학교 학생의 입시 경쟁력

"우선 저는 아이가 입시 쪽으로 가능성이 있다면 이미 시골 학교에서부터 두각을 나타냈으리라 생각합니다. 도시와는 달리 요즘 대부분의 시골 학교는 학생 수와 교사당 학생 수가 적은 편입니다. 그래서 선생님들이 한 아이, 한 아이 상태를 훨씬 잘 관찰할 수 있습니다. 작은 시골 학교에 다녔는데 선생님이 "이 아이는 인지 능력이 보통이 아니에요. 아무래도 이런 작은 시골에 있는 것보다는 도시로 나가 좀 더 공부시켜 보시는 게 좋겠는데요"라고 말하지 않는 이상 현실적으로 아이의 입시 경쟁력이 높지 않다고 봐야 합니다. 큰 도시, 특히 명문 학군지에는 잘하는 아이들이 너무 많아서 우리 아이가 문제지 푸는 공부 쪽으로 가능성이 있는데도 잘 드러나지 않을 수도 있습니다. 하지만 학생 수가 적은 시골 학교라면 탁월한 아이는 어려서부터 주목받게 마련입니다.

그래도 선생님의 말 한마디로 어떻게 아이의 미래를 판단할 수 있느냐는 생각이 든다면 제가 자주 이야기하는 공부머리 테스트를 한번 해보세요. 초등 고학년 때부터 국어나 수학 문제지로 한번 테스트해 보면, 아이에게 공부머리가 없는 건지, 노력을 안 하는 건지 쉽게 판단할 수 있습니다."

입시 경쟁력이 있는 아이의 교육, 진로 로드맵

"만약 시골 초등학교 선생님이 큰 도시로 가서 공부하길 권하거나 공부머리 테스트에서 문제지 푸는 공부의 가능성이 보인다면, 다음과 같은 두 가지 방법을 생각해 볼 수 있습니다.

첫 번째 방법은 많은 가정이 선택하는 대로 큰 도시나 명문 학군지에 가서 중학교 때부터 본격적인 입시 경쟁을 시작하는 것입니다. 후보지는 여러 곳이 있는데, 대치동이나 목동 같은 곳은 집값도 비싸고 과잉 사교육으로 인해 아이가 오히려 위축되거나 자기 페이스를 찾지 못할 수도 있으므로, 어느 정도 교육 인프라를 갖추고 있고 경쟁 강도가 중간 정도인 곳이 좋을 수도 있습니다.

이런 지역으로 추천하는 곳이 서울 중계동, 대전 둔산동, 부산 해운대, 광주 봉선동, 수원 영통, 경기 북부 일산, 제주 노형동, 인천 부평, 부천 등입니다. 자세한 각 학군 상황은 필자의 저서《학군지도》나《심정섭의 학군상담소》를 참조하실 수 있습니다. 해운대, 봉선동, 영통 등의 집값도 그리 싸다고는 할 수 없지만 대치동이나 목동, 대구 수성 등의 명문 학군지에 비하면 훨씬 저렴하니 집안 형편과 부모님의 직장 등을 고려해서 지역을 정하면 되겠습니다.

시골에 있었지만 학군지로 와서도 경쟁력이 있는 아이들은 근성이 있고, 독서 경험(자기가 좋아하는 주제의 책을 1~2시간 집중해서 읽을 수 있는 몰입 독서 경험)이 있는 아이들입니다. 특히 시골 학교에서 1등을 한 경험이 많은 아이들 가운데 근성이 있는 아이들은 집중해서 중·고등 5~6년간 문제지 푸는 공부에 매진하면 대부분 어느 정도 입시 결과를 낼 수 있습니다. 늦게 시작해서 공부 시간이 부족하다면 재수도 있고 편입도 있습니다. 입시는 길게 한다고 성과가 잘 나오는 게 아닙니다. 시기에 너무 연연하며 늦어도 초등학교 5~6학년 이전에는 학군지에 들어가야 한다는 말 등에 지나치게 휘둘릴 필요가 없습니다. 특정 시기가 아니라 아이가 준비되었을 때가 최적의 시기이고, 아이의 준비 여부는 이 책에서 소개한 공부머리 테스트나 다중지능 검사를 통해 확인할 수 있습니다.

두 번째 방법은 학군지로 이사하기 힘들다면 지금 사는 지역에 계속 살면서 농어촌전형이나 의대, 교대 등의 지역 인재 전형을 노려보는 것입니다. 지금 사는 지역이 읍면 단위라면, 앞으로 중·고등 6년을 해당 지역에서 다니면 농어촌 전형 자격이 됩니다. 그리고 정원외 선발인 농어촌 전형을 활용하면 Top 60위권 대학에 갈 성적의 학생을 Top 30위권까지 끌어올릴 수 있습니다. 최상위권 학생이라면 의대나 교대 등 지역 인재 전형이나 서울대 지역 균형 선발에도 도전해 볼 수 있습니다.

이 경우 관건은 수업 분위기가 좋지 않은 속에서도 자기중심을 잡을 수 있는 내공과 수능 대비 능력입니다. 아무래도 시골 중·고등학교는 면학 분위기가 좋지 않을 가능성이 높으므로, 최대한 학교생활을 성실히 하면서 주변 분위기에 휩쓸리지 않아야 합니다. 만약 공부에 뜻이 있는 친구가 2~3명 있어 외롭지 않게 공부할 수 있다면 최상의 환경일 것입니다. 그래서 이론적으로는 공부에 뜻이 있는 2~3가정이 같이 시골에 내려가 공부해 보는 것도 좋다고 봅니다.

시골에 사시는 분들은 도시 아이들이 와서 우리 아이들에게서 농어촌 전형 기회를 뺏어 간다고 불평할 수도 있지만, 크게 보면 긍정적인 면이 더 많습니다. 도시 아이들이 내려오면서 반이나 학교 면학 분위기도 좋아지고, 기존에 있던 상위권 아이들도 자극받아 더 열심히 공부해 학교 전체 입시 결과가 좋아지는 상생(相生) 효과가 생길 수 있으니까요. 그러니 도시 아이들이 내려오는 것을 너무 싫어할 필요가 없습니다. 어차피 농어촌 전형에서도 최상위권 대학의 경우 숨은 강자들과 경쟁해야 하니, 미리 눈앞에서 그런 아이들을 보고 자극받으면 서로에게 훨씬 좋은 결과를 가져올 수 있습니다."

시골 중학교에서 해야 할 공부

"만약 중학교 때 나 혼자 열심히 공부하는 분위기가 너무 힘겨웠고 지역 고등학교에 대한 신뢰가 없다면, 과학고나 외고-국제고, 기숙사가 있는 명문고 등을 목표로 공부할 수 있습니다. 아니면 고등학교 때 아예 명문 학군지로 전학을 생각해 볼 수도 있고요. 명문 학군지에서도 고등학교 1학년 때 내신이 안 좋으면 전학 가거나 자퇴하는 인원이 있기 때문에 자리가 비어 있는 고등학교로 전학하는 것은 그리 어렵지 않습니다.

그런데 이 두 가지 경우 모두 고등학교 영어, 수학 선행이 어느 정도 되어 있어야만 각 명문고에서 내신을 제대로 받고, 입시에서 유의미한 결과를 낼 수 있습니다. 중학교 때 학교 내신 이외에도 개인적으로 동영상 강의 등을 활용해 고등학교 영어, 수학 선행을 부지런히 해두고, 자신이 좋아하는 주제에 대해 깊이 있는 독서가 되어 있어야만 명문고에 가서도 입시 경쟁력을 가질 수 있습니다. 예를 들면 고등학교 수능 문학 분야에 나오는 소설 대부분이나《토지》정도의 대하소설을 2~3회 읽거나, 국사나 세계사 전집을 2~3회 이상 읽거나, 과학 관련 소설이나 자기가 좋아하는 주제의 책을 100권 쯤 읽는 정도의 독서량이나 독서력을 말합니다. 하여간 중학교 때 남는 시간을 어떤 형태로든 잘 활용하여 이런 몰입 독서 경험을 쌓거나 고등학교 영·수 선행을 잘해 두는 게 관건입니다."

수능 대비 능력과 입시정보 확보

"만약 시골 고등학교에 그대로 진학한다면 고등학교 3년 내내 계속 신경 써야 할 것이 수능 대비 능력을 높이는 것입니다. 내신은 그리 어렵게 나오지 않을 것이므로 학교 공부를 열심히 하고, 수행평가를 성실히 해서 무조건 내신 1등급을 받고, 남는 시간은 수능 대비에 온 힘을 다 쏟아야 합니다. EBS, 메가스터디, 이투스 등 동영상 강의를 최대한 활용하거나 필요하다면 방학 때 학원 수강도 고려해 볼 수 있습니다.

방학 때 대치동이나 목동, 대구 수성 등 유명 학군지 학원으로의 유학이나 수강이 어렵다면 몇몇 재수 기숙학원에서 실시하는 겨울 방학 집중 과정 등을 활용해 볼 수도 있습니다. 이런 학원에서는 고1, 고2 학생을 대상으로 겨울방학에 '윈터스쿨'이라는 것을 여는데, 사교육 인프라가 없는 지방 자율고나 전국 선발 자사고 학생들이 수능 대비과정으로 활용하기도 합니다. 동영상 강의의 경우 메가스터디나 이투스 등의 사설 온라인 업체는 교재비가 비싸니 EBS를 적극적으로 활용하는 것도 좋습니다. 공부 방법이나 입시정보는 스터디코드, 교육대기자TV, 입시왕, 피기맘 등의 유튜브 채널을 참조하면 부족함을 채울 수 있습니다.

또 염려되는 부분이 학교 폭력이나 질이 안 좋은 아이들과 어울릴 가능성인데, 이런 위험은 비단 시골이나 지방 소도시뿐 아니라 대도시도 마찬가지이므로 아이가 중심을 잘 잡는다면 극복할 수 있는 문제라고 생각합니다.

마지막으로 입시를 넘어 인생 전체를 바라보는 큰 그림을 그릴 필요가 있습니다. 모든 진로 지도의 결론을 20대 때 어느 대학에 가느냐로 국한하면 정말 몇 가지 답밖에 찾을 수 없습니다. 20대에 의미 있는 대학에 가는 인원은 매년 4년제 대학 입학자 35만 명 가운데 7만~10만 명 정도밖에 되지 않습니다. 20대에 학부 입학에 집중하기보다, 30~40대에 자기가 좋아하는 일을 하고 행복한 삶을 사는 진로를 찾자는 시각으로 봐야 다양한 가능성을 볼 수 있습니다.

지금까지 말씀드린 내용을 바탕으로 아이와 잘 소통해 보시고, 아이에게 알맞은 입시 로드맵을 찾으시면 좋겠습니다. 그리고 만약 개인적인 상담이 더 필요하시면 제 블로그에 있는 개별상담 절차를 활용하셔도 좋습니다. 이 책에서 소개한 4가지 주요 검사를 해보시고, 구체적인 교육 상담 내용을 적어서 보내 주시면 시간을 잡아서 상담해 드리겠습니다. 아무쪼록 우리 가정에 맞는 교육의 해법을 찾아 더욱 행복한 가정을 이루시길 다시 한번 기원합니다."

농어촌 전형 관련 필자 블로그 포스팅

blog.naver.com/jonathanshim/222387453807

의대 지역 인재 전형 관련 필자 블로그 포스팅

blog.naver.com/jonathanshim/222762950570

EBS 동영상 강의

www.ebs.co.kr/search

라이프코드(구, 스터디코드)

스터디코드라는 학습이론을 개발해서 학생들을 지도하고 있는 조남호 대표
가 운영하는 채널이다. 공부법, 최신 입시정보를 제공한다.
www.youtube.com/watch?v=5OR1lmvnZfA

교육대기자TV

대형 언론사 교육기자 출신의 방종임 대표가 운영하는 채널이다. 교육 질문
을 부모의 관점에서 대신 물어봐 주는 콘셉트로 입시, 교육, 육아 각 분야 전
문가의 견해를 들을 수 있다.
www.youtube.com/watch?v=pPZ73lmDhl4

입시왕

입시 컨설턴트 최승해 소장과 2명의 입시 전문가가 운영하는 대입 전문 채널
이다. 각 대학의 수시, 정시 경향 및 대입 전형 대비 방법을 자세히 안내한다.
www.youtube.com/watch?v=lu2SlECjYXl

피기맘

이해웅 타임교육 입시전략연구소장이 주로 출연하는 대입 전문 채널이다. 의
대 및 구체적인 대학 입시 정보를 데이터에 기초해 상세히 설명해 준다.
www.youtube.com/watch?v=Bo7acJRBoVc

42

꿈과 목표가 없는 아이의 진로 지도는 어떻게 해야 하나요?

점점 중요해지는 학생 중심의 진로 지도

2025년 고교 학점제 전면 시행을 앞두고 학생 중심의 진로 선택과 준비가 더욱 중요해졌다. 교육 제도 개편뿐 아니라 실제로 4차 산업 혁명이나 인공지능 시대에 대비하여 문제지 푸는 공부를 어설프게 하는 것보다, 자신이 좋아하고 잘하는 것을 찾아 강점을 강화하고 창의적인 진로를 모색해야 하는 상황이다.

그런데 대부분의 평범한 가정에서는 아이가 중학생이 되어서도 분명한 꿈이나 목표도 없이 학교나 학원만 왔다 갔다 하는 게 아닌가 하고 염려한다. 이렇게 "꿈도 목표도 없는 아이를 어떻게 지도해야 하는가?"라는 질문을 받을 때마다 필자가 권하는 책이 두 권 있다. 바로 2013년 K팝 스타2를 통해 데뷔한 '악동뮤지션'의 찬혁, 수현과 그들의 부모님이 쓴 책인《목소리를 높여 high》,《오늘 행복해야 내일 더 행복한 아이가 된다》다.

꿈과 목표가 분명하지 않았던 중학생 아들

어려서부터 음악적 재능이 탁월했던 수현 양은 초등학교 때부터 '버클리 음대 진학'이라는 분명한 진로 목표를 세우고 여러 가지로 노력했다. 이에 비해 뭐 하나 제대로 하는 것이 없어 보였던 찬혁 군은 중학생이 되어서도 분명한 삶의 목표가 없었다. 가끔 아버지에게 "아빠, 나 그림을 그려 볼까?", "아빠, 나 춤춰 볼까?"라고 물으면 아버지는 "그런 꿈도 좋지만, 현실적으로 그림이나 춤으로 먹고사는 문제를 해결하고 사회생활을 하기는 쉽지 않아"라는 식으로 답하며 찬혁 군의 말문을 막았다.

이런 갈등이 깊어지자, 찬혁 군은 아버지가 논리적으로 반박할 수 없는 꿈과 목표가 생기기 전까지는 입을 열지 않겠다고 생각했다. 중2 때는 거의 1년간 아버지와 이야기하지 않았다고 한다. 아들이 이러자 아버지는 사춘기 아들이 자신에게 반항한다고 생각했고 둘 사이는 더욱 틀어졌다.

이런 과정에서 아이들이 부모를 바라보는 관점은《목소리를 높여 high》에, 부모가 아이들을 보며 한 생각은 《오늘 행복해야 내일 더 행복한 아이가 된다》에 잘 나타나 있다. 부모와 자녀가 이 두 책을 읽고 서로의 관점이 어떻게 다른지에 관해 이야기를 나눠 보면, 각 가정이 가지고 있는 진로 고민과 소통 문제도 자연스럽게 해결될 것이다.

아이의 재능은 어느 날 갑자기 쏟아진다

찬혁 군의 진로 문제는 우연한 기회에 해결되었다. 그 고민 많던 중학교 시절 찬혁 군은 어머니에게 "엄마, 나 작곡이나 한번 해볼까?"라는 말을 툭 던졌다. 그때까지 기타 코드도 잘 모르고 악보도 그릴 줄 몰랐던 아들이 엉뚱한 이야기를 하는 것 같았지만, 어머니는 무시하지 않고 격려해 주었다.

"그래, 한번 해 봐! 하다가 잘 안될 수도 있지만, 그러면서 배우는 거지….."

결과는 놀라웠다. 그 한 해에 찬혁 군은 100곡이 넘는 곡을 썼다. 악보를 그릴 줄 모르니 생각나는 가사와 음을 녹음해서 음악을 하는 선배들에게 들려주고 코드와 악보를 받는 식으로 정리했다. 그리고 이 중 대표곡들을 골라 K-pop 스타2에서 자작곡으로 발표했다. 이런 모습을 보며 찬혁 군의 어머니는 이렇게 말했다.

"아이들의 재능은 어느 날 갑자기 하늘에서 쏟아진다!"

아이들이 자신의 재능을 발견하고 계발하는 데 부모가 해줄 수 있는 가장 큰 역할은 믿고 기다려 주는 것이다. 어떤 아이들은 재능을 일찍 드러낸다. 어려서부터 영재성을 보이기도 하고, 각종 교내외 대회에서 수상하며 뚜렷한 성과를 낸다. 반면에 어떤 아이들은 재능이 늦게 드러난다. 또 어떤 아이들은 특별한 재능 없이 주어진 일을 다 무난히 해내기도 한다. 하지만 사회에는 이런 아이들도 필요하다. 모두 다 음악가나 의사 또는 변호사가 될 필요는 없다. 재능의 크기는 작지만 성실하게 자기가 맡은 일을 충실히 해 나가는 회사원이나 공무원이 될 수도 있고, 작은 가게나 카페를 운영하는 소상공인이 될 수도 있다.

분명한 목표보다 중요한 하루하루의 성실함

이런 의미에서 중학교 때부터 분명한 삶의 목표와 비전을 갖는 것보다 중요한 것은 하루하루를 성실히 사는 것이다. 특별한 재능이 일찍 드러나지 않는 아이라면 학교생활을 열심히 하고, 학교 공부 가운데 크게 노력하지 않아도 점수가 잘 나오는 과목을 더욱 열심히 해보는 것이 좋다. 못하는 과목보다 잘하는 과목을 더 잘하는 게 중요하다. 그러고도 남는 시간이 있다면 자신이 좋아하는 취미에 몰입하는 시간을 많이 갖는 것이 좋다.

미래에는 상위 2%의 사람들만이 부가가치를 창조하고, 나머지 사람들은 기본 소득을 받으며 살아가야 할지도 모른다고 미래학자들은 예측한다. 지금도 자영업 5년 생존율은 20~30%를 넘지 못한다. 경제성장률 둔화로 기업의 고용이 감소하면서 일자리를 잃은 많은 사람들이 자영업으로 몰리고 있다. 하지만 자영업계도 점점 기업화되고 상위 1, 2위 회사가 시장을 대부분 장악하면서 소규모 영세업자는 열심히 일하고도 손해만 보고 빚만 지는 경우가 많다. 앞으로는 어설프게 일하는 것보다 나라에서 주는 기본 소득을 받고, 자기가 좋아하는 일을 하면서 소박하게 사는 것이 대다수 삶의 패턴이 될 수도 있다. 이럴 때 자기 삶의 목표가 분명하고 확실한 취미가 있는 아이들은 로봇이나 인공지능이 자기 일을 대체해도 새로운 삶을 주도적으로 찾아갈 수 있다.

우리나라 아이들에게는 자기가 좋아하는 것을 더 잘할 수 있는 기회가 주어지기보다, 하기 싫은 것을 억지로 해야 할 때가 많다. 중·고등학교에 올라가면서 아이들이 스스로 자기 삶을 선택할 수 있는 기회는 거의 없어진다. 똑같은 교복을 입고, 똑같은 교과서로 공부하고, 똑같은 시험을 보고, 비슷하게 진로를 준비해야 한다. 이런 상황에서 그래도 성적이 잘 나오고 선생님이나 부모의 칭찬을 받는 아이들은 괜찮다. 하지만 대다수 아이는 해도 별 성과가 안 나오는 일을 억지로 해야 한다. 이렇게 하기 싫은 것을 억지로 하면 스트레스를 받고, 운동이나 취미를 통해 스트레스를 제대로 풀지 못하면 게임이나 화장, 유튜브 시청과 같은 중독적인 행위에 몰두하게 된

다. 아이들에게 자기가 하고 싶은 것을 하라고 하면 맨날 게임만 하고 유튜브만 본다고 하는데, 거꾸로 생각하면 자기가 정말로 하고 싶은 것을 아직 모르기 때문에 게임과 동영상 시청에만 몰두하는 것일 수도 있다.

자기가 좋아하는 일을 하며 사는 아이들

필자와 함께 인문학 지혜 독서를 오랫동안 해온 중학생은 연 날리는 것을 좋아해서 아침저녁으로 연 날리는 취미를 갖게 되었다. 이 학생은 자신이 사는 지역에서 연 동아리를 만들어 활동하며 다양한 인간관계를 맺고 그 안에서 소통하는 법을 배워나갔다. 학교 성적은 탁월한 편은 아니지만, 크게 스트레스받지 않고 자존감을 지키며 학교생활을 성실히 하고 있다. 이렇게 자기가 정말 좋아하고 잘하는 것을 발견한 학생들은 게임 할 시간이 없다. 학교 수업을 듣고, 기본적인 학교 과제를 하고 나서 나머지는 자기가 좋아하는 일을 하기에도 하루가 모자란다.

시골 작은 고등학교에 다닌 지인 아들도 비슷했다. 시골 학교에서도 성적은 하위권이었는데, 본인이 노래하는 것을 좋아해 학교에서 노래 동아리 활동을 하고, 방과 후에는 보컬 트레이닝 수업을 더 들었다. 노랫말을 잘 이해하고 감정을 담아 불러야 한다며 국어 공부도 나름 열심히 하고 시나 소설도 많이 찾아 읽었다. 이후 대단한 가수가 된 것은 아니지만, 이렇게 3년을 보내며 나쁜 친구들과 어울리지 않고 무탈하게 고등학교 생활을 마쳤다. 이후 평범한 대학에 가서 평범한 사회생활을 하고 있다.

아이들의 진로 지도에서 절대 하지 말아야 할 말은 "쓸데없는 짓 하지 마"라는 이른바 '초 치는' 말이다. 이런 말 대신 "범죄가 아니면 뭐든지 한번 해 봐"라고 말해 주는 것이 좋다. 우리나라 교육 현실에서 '쓸데없는 짓' 하지 않고 부지런히 문제지 풀어서 국·영·수 점수를 늘 90점 이상으로 유지하려 노력해야 하는 아이들은 입시로 승부를 볼 수 있는 상위 10~15% 정도다. 나머지 아이들은 문제지 푸는 공부 이외에 다양한 '쓸데없는 짓'을 하면서 자기가 좋아하고 잘하는 일을 찾아야 한다. 그러면서 그 안에서 자기 효능감도 높이고, 다양한 시행착오를 겪으며 메타인지도 기르며, 다양한 사람들과 소통하는 법을 배워야 한다.

35만 명이 4년제 대학을 졸업하고 7만 명에서 10만 명 정도만 제대로 된 일자리를 가질 수 있는 시대다. 나머지 25만 명은 어차피 비정규직의 쳇바퀴를 돌거나 새로운 시대가 만드는 새로운 일자리를 찾아야 한다. 아이들을 제대로 지도하고 이끈다는 논리로 어설프게 중간을 만드는 것보다, 범죄가 아닌 이상 아이들이 하고 싶은 일을 최대한 할 수 있도록 격려하고 스스로 자신의 진로를 찾아가게 도와 주는 것이 미래를 대비하는 올바른 진로 대비책이 아닐까 싶다.

43

나라와 기업이 일자리를 주기 힘든 시대의 진로 지도(특히 문과)

중위권 대학을 휴학하고 사회에 바로 나오려는 아이들

최근 필자의 지인 자녀들 가운데 다니던 대학을 휴학하고 새로운 일을 찾거나, 부모님이 하는 일을 배우며 이후 사회생활을 준비하는 친구들이 많다. 코로나로 인해 다니는 대학에 소속감도 적고 교우 관계가 없는 탓도 있고, 대부분 문과생이어서 막상 4년을 마치고 졸업해도 취업이 막막하기 때문이다. 의미 없는 학부 생활을 계속하느니 바로 사회에서 부딪혀 보겠다고 생각하는 것 같다.

전형적인 강남 키즈로 영·유아 대상 영어학원, 사립초등학교, 명문 중·고교를 나와 재수 끝에 '인서울' 30위권 대학 인문 계열에 들어산 A군은 군대에 갔다 온 후 휴학계를 내고, 아버지가 하는 인터넷 비즈니스를 배우고 있다. 필요한 프로그램 코딩을 배우고 영상 편집 작업도 직접 해보고 있다. 대학에 다시 돌아갈 생각은 없으며 공부가 더 필요하면 나중에 유학을 가거나 대학원에 갈 거라고 한다.

전국 100위권 수도권 명문고에서 내신 4~5등급을 받고, 현역 때 논술로 Top 20위권 이상 대학에 지원했다가 수시 6개 대학에 다 떨어지고, 재수해서 Top 50위권 대학의 정치외교학과에 간 B군도 마찬가지다. 이 친구는 고등학교 2학년 1학기 때까지 내신이 계속 안 좋았지만 성실한 편이었다. 필자는 자퇴-검정고시를 거쳐 재수 기숙학원에서 2년 정도 수능에 '올인' 하기를 권했다. 본인이나 아버지는 좋은 전략이라고 찬성했는데, 어머니가 "그래도 고등학교 졸업장이 있어야 나중에 취업하거나 사회생활을 하는 데 지장이 없다"라며 반대했다. 이후 결국 수시, 정시 다 안 되고 필자가 처음 이야기했던 재수 기숙학원에 갔다. 나중에 만나니 "선생님 말씀대로 했으면 학교에 왔다 갔다 하는 시간은 줄이고 수능 점수는 좀 더 올려서 Top 40위권 대학에는 갔겠다"라며 후회했다.

하지만 지금은 Top 50위권에 가나 Top 40위권에 가나 별 의미 없는 상황이 되었고, 이 친구도 역시 2년간 대학에 다니다가 군대에 갔다 와서 휴학했다. 지금은 아르바이트와 주식 공부를 병행하면서 아버지가 준 종잣돈으로 투자하고 있다고 한다. 그런데 의외로 투자하는 게 재미있고, 투자 강의도 오히려 전공 공부보다 현실적인 이야기가 많아 주식이나 부동산 전업 투자자 쪽으로 가야겠다고 한다.

　너무 어려서부터 투자나 재테크 쪽에 관심을 두는 게 조금 염려스럽기도 하지만, 4년간 대학에 다니고 졸업해도 본인이 원하는 일자리를 얻기 쉽지 않은 상황에서 토익을 준비하고 인턴을 거치며 의미 없는 스펙을 쌓는 것보다, 본인이 관심 있는 공부를 하며 사회에 부딪혀 보는 것이 더 나은 것 같기도 하다. 이렇게 보면 결국 어머니가 4년 전에 말한, 고등학교 졸업장이 없으면 사회생활을 제대로 못한다는 논리는 별 의미가 없어졌다. 어차피 고등학교, 대학교 졸업 사실을 이력서에 써야 하는 방향으로 나갈 생각이 없기 때문이다.

정규직 공채가 줄어드는 사회 현실

　나라나 기업이 제공하는 일자리가 점점 줄어들고 있다. 공무원은 뽑는 인원이 한정되어 있고 경쟁률은 100:1에 육박한다. 대기업의 대규모 공채도 거의 사라지고 있고, 경력자 수시 채용이 주를 이룬다. 문과는 더 암울하다. 앞서 말한 A군과 B군의 경우 애매하게 공부하느니, 5~6년 전부터 자기가 잘하는 강점 지능에 집중해 이른바 '덕후(마니아)'가 되는 전략을 취했더라면 어땠을까 생각해 본다.

　A군은 문과지만 게임도 잘하고 그림이나 그래픽 능력도 있었다. 전국 100위권 고등학교에서 내신 5~6등급이 나왔으니, 차라리 이때부터 코딩이나 그래픽을 배웠더라면 지금은 이 분야 경력이 5~6년

은 쌓았을 것이다. B군도 돈 버는 데 관심이 있다면 고등학교 때부터 주식 공부를 시키거나 스마트 스토어 등 새로운 사업 분야를 경험하게 해줄 수 있었을 것이다. 그랬더라면 지금은 역시 5~6년 차 투자자에 20대를 위한 투자 멘토링을 하는 유튜버로 새로운 진로를 개척할 수도 있지 않았을까?

구독자 수 52만 명의 〈김짠부의 재테크〉라는 유튜브 채널을 운영하는 김지은 씨는 원래 월급 200만 원을 받으면 족족 다 쓰는 욜로(YOLO)족의 삶을 살았다. 그러다가 내 집 마련의 꿈을 가진 후 근검절약을 실천해 월급의 80%를 저축해서 1년 6개월 만에 5,000만 원을 모았고, 스물여덟 살에 내 집 마련에 성공했다. 그리고 그동안의 근검절약 경험과 재테크 정보를 20대의 취향에 맞게 제공하며 경쟁이 치열한 유튜브 재테크 분야에서도 나름의 위치를 지키고 있다.

만약 위 아이들이 필자의 자녀라면 과감히 전략을 수정할 수 있었겠지만, 남의 자식들이니 더 강하게 이야기할 수 없었다. A군은 내신 5~6등급이었지만 명문 자사고에 다녔고, 1~2학년 수능 모의고사에서는 2~3등급이 나왔다. 재수생이 들어오는 3학년 때 모의고사 성적은 1~2학년 때보다 더 떨어지고, 긴장되는 수능 시험장에서는 수능 등급이 더 떨어질 수 있다는 것을 예상하지 못했다. B군도 수도권 명문고에 다녔고 역시 1~2학년 수능 모의고사에서는 3~4등급이 나왔다. 하지만 현역 실전 수능에서 A군은 평균 4등급을 받았고, B군도 4등급대에 한국사 최저도 못 맞췄다. 이런 상황에서 대학 진학 이외에 파격적인 다른 진로를 모색하자고 했다면 아이나 부모 모두 도저히 받아들이지 못했을 것이다. 초·중등 때부터 정확한 현실 인식과 전략적 사고가 없으면 고등학교 때 이런 결단을 내리기란 거의 불가능하다.

해당 분야 인력과 대학 정원의 불일치

문과나 예·체능 진로 지도의 근본적인 문제는 사회에서 필요로 하는 해당 분야 인력과 대학 정원의 불일치(mismatch)에 있다. 전국의 4년제 대학 190여 개 가운데 약 97개 대학에 경영대가 개설되어 있다. 보통 경영대 정원은 200~300명대다. 평균 200명으로 잡아도 매년 약 2만 명의 졸업생이 배출된다. 그런데 경영학과 졸업생이 갈 만한 제대로 된 신규 일자리는 연 4,000~5,000개를 넘지 않는다. 또 이 자리를 놓고 경영대뿐 아니라 경제, 통계 등 유사 학과 졸업생들과도 경쟁해야 한다. 문과에서 그래도 취업이 제일 잘된다는 경영대가 이 정도니, 다른 문과 전공이 어느 정도일지는 굳이 자세히 이야기할 필요가 없다.

이상적으로는 각 경영대 정원을 200명 정도로 제한하고, 약 50개 대학에만 경영대를 개설하게 해야 한다. 이렇게 해도 졸업생 대비 일자리는 2:1이지만, 이전 졸업자 가운데 취업이 안 된 사람들까지 포함하면 매년 체감 경쟁률은 3~4:1 정도는 될 것이다. 이 정도는 되어야 그래도 내가 경영대에 가서 열심히 공부하면 전공을 살려 취업할 수 있겠다는 '제대로 된' 희망을 품어 볼 수 있다. 지금은 거의 '희망 고문' 수준이다.

문과에서 그래도 수요, 공급 매치가 잘되는 곳은 교대(전국 13개 교대, 3,800명대 정원)다. 요즘 저출생으로 인해 100% 임용은 불가능하지만, 그래도 교대 졸업생의 80% 이상은 초등교사가 될 수 있다. 그렇기에 교대에 가려면 정시 기준으로 거의 Top 3~5위권 대학 정도의 수능 성적이 필요하다.

교대에 비해 사범대는 최악이다. 채용 인원은 한정되어 있는데 전국에 46곳의 사범대(입학정원 9,000명대)가 있고, 교직 이수자에 교육대학원 인원까지 포함하면(연간 2만 6,000명 수준) 2급 교원자격증으로 임용고시를 봐서 1급 중등교원이 되는 길은 험난하다. 학원이나 과외 등 사교육 시장에서 사범대 졸업자를 받아주지 않으면 교육 분야 청년 실업률은 더욱 심각해질 것이다.

현실이 이렇다고 해서 교육 개혁을 통해 취업이 안 되는 대학이나 학과는 다 통폐합하고, 이공계로 전향하라고 할 수도 없다. 교수나 대학 종사자의 일자리, 대학 재산 처분 등 해결해야 할 문제가 하나둘이 아니기 때문이다. 이런 상황이니, 자녀 적성이 문과 쪽이라면 정말 정신 차리고 초·중등 때부터 입시 전략을 잘 짜야 한다. 대학만 나오면 어떻게든 될 거라는 순진한 생각은 1~2년만 대학에 다녀 보면 금방 깨진다.

문과생의 현실적인 진로 지도

그럼 이런 상황에서 문과 적성인 학생들에게 어떻게 진로 지도를 해주어야 할까? 아이 성적이나 적성에 따라 여러 가지 이야기를 할 수 있지만 공통적인 두 가지를 생각해 볼 수 있다.

첫 번째로 아이가 중학교 2학년 내신 성적을 기준으로 국·영·수 모두 A가 나오는데, 아이의 적성이 뚜렷하지 않다면 대학 레벨을 10개 대학 정도 낮춘다고 생각하고 이과 쪽 입시를 준비해 볼 수 있다.

문, 이과 통합으로 치러진 2022학년도 수능 수학에서 수학 1등급의 90% 가까이는 이과에서 나왔다. 문과(정확히 말하면 확률통계와 사회 탐구를 주로 선택한 학생들)에서 수학 1등급을 받은 학생은 10%에 불과하다. 어차피 '나는 이과다' 하고 생각하고 미적분과 과학 탐구를 선택해서 우선은 이과 공부를 하는 것이 좋다. 물론 그러면 위에서 말한 대로 대학 레벨을 많이 낮춰야 한다. 2022학년도 정시에서 Top 30위권 대학 공대의 최상위 학과에 갈 수능 점수면 Top 5위권 대학 인문 사회 계열에 갈 수 있었다. 바꿔 말하면 문과로 가면 Top 5위권 대학에 갈 수 있는데, 이과로 가서 취업이 수월한 학과를 선택하면 대학 레벨을 Top 30위권으로 낮춰야 한다. 이른바 **대학 간판보다 학과를 보고 진학함으로써 우선 현실적으로 취업하고 사회생활을 경험할 기회를 확보하는 것이다.** 그러다가 정 적성에 안 맞으면 그때 대학원에 가거나 필요한 공부를 더 하며 문과 쪽 일자리를 알아볼 수 있다.

두 번째로 아이가 문과 적성이라면 최대한 사교육비를 쓰지 않고, 이후 유학이나 사회생활 자금을 마련하는 전략을 써 볼 수 있다. 특히 필자는 문과 상위권이 외고-국제고, 자사고를 생각하면서 초·중등 시절 사교육비를 많이 쓰는 것을 좋게 보지 않는다. 아무리 명문 외고라고 해도 자기가 원하는 대학과 전공을 찾아가는 비율은 30~40%이고, 대학에 가서 자기 전공을 살릴 확률도 역시 30~40% 미만이다. 학부 입학에 너무 목매지 말고, 자기가 좋아하는 과목이나 분야에 집중하고, 빨리 사회에 나와서 자기 진로를 찾고, 공부가 더 필요하면 유학이나 대학원을 생각해 볼 수 있다.

이렇게 뼈 때리는 현실 이야기를 들으면 더 심란할 수 있다. 하지만 이 책에서 소개한 4가지 검사를 통해 아이의 역량과 성향을 정확하게 파악하고, 아이와도 이런 냉정한 현실에 대해 미리 이야기를 나눠 보면 좀 더 창의적으로 진로를 지도할 수 있다. 아무쪼록 이 책을 통해 위에서 말한 내용을 실천해 보는 가정이 더 많아지기를 바란다.

44

연말연시에 아이의 미래를 준비하는 가족 세미나를 해보자(보홀 프로젝트)

가족에 온전히 집중하는 〈보홀 프로젝트〉

필자는 지난 10여 년간 탈무드식 역사 토론(역사 하브루타)과 인문학 지혜 독서를 같이하는 가정과 함께 매년 12월에 한 해를 정리하는 북 파티(book party)를 해왔다. 가족들이 함께 한 해를 돌아보고 감사 나눔을 하며, 한 해 동안 읽었던 감명 깊은 책을 나누고 다음 가정에 선물하는 모임이다.

코로나 팬데믹 이전에 필자는 필리핀 보홀에서 가족 세미나를 몇 번 진행했다. 3~4가정이 일주일간 같이 지내며 인문학 지혜 독서와 탈무드식 토론(하브루타)을 하는 방식이었는데, 이 책에서 소개한 여러 가지 섬사를 함께 해보고 다음 한 해를 준비하는 시간으로 점차 발전시키고자 했다. 그랬는데 코로나 팬데믹으로 인해 2년 정도 해외여행이 힘들어지면서 해외에서의 가족 세미나 계획을 보류하다가, 2023년부터 다시 본격적으로 실천하기 위해 준비하고 있다.

국내에서 이런 세미나를 열 수도 있는데 군이 해외를 선택하는 이유는 온전히 이런 프로그램에 집중할 수 있는 시간과 장소를 확보하기 위해서다. 아무래도 한국에 있으면 여러 가지로 방해가 많다. 제일 이상적인 곳은 인터넷도 안 되는 오지인데, 안전문제도 있어 보홀을 선택했다. 보통 필리핀에서는 세부로 많이 가지만, 보홀은 직항편(인천발 제주항공)도 있고 세부에 비해 그렇게 번잡하지 않으며 자연 해변도 많아 최종적으로 이곳을 세미나 장소로 선택하게 되었다.

이른바 〈보홀 프로젝트〉로 부르는 연말연시 가족 세미나 프로그램의 내용은 다음과 같다. 2024년 1월에 1기 세미나를 진행하려고 하는데, 참석 가정은 2023년도 사자소학 실천 모임과 나눔 교육 실천(뒤의 참고자료에 상세히 설명해 두었다)에 동참한 가정 가운데 선발할 예정이다. 인연이 되어 보홀이나 해외에서 이런 프로그램을 함께 하면 좋겠지만, 사정이 여의찮은 가정은 다음 내용을 참고해 마음이 맞는 2~3가정과 함께 국내 조용한 장소에서 하루나 이틀간 가족 세미나를 해보면 좋을 것 같다.

연말연시 가족 세미나 진행 계획

1. 아침 공부

새벽 5시에 일어나 참석 가족들이 모두 모여 같은 인문학 텍스트를 읽고 나누는 시간을 갖는다. 《사자소학》,《명심보감》, 신앙 텍스트 등 자신이 나누려는 텍스트에 맞게 팀을 정해 2~3가정 아이와 부모가 함께하는 시간을 갖는다.

2. 바닷가 아침 운동

6시에는 바닷가에 나가 다음과 같이 운동한다.

1) 운기오행(運氣五行): 오장육부를 풀어 주는 전통 체조다(참고자료의 동영상 참조).

2) 사륜(四輪) 걷기: 팔과 다리를 동시에 움직이는 제자리 걷기 운동으로, 좌뇌와 우뇌를 활성화하고 치매나 뇌 기능 저하를 막아준다(참고자료의 동영상 참조).

3) 건강 스쿼트: 공복 상태에서 단전을 강화하고 하체 근육을 강화하는 스쿼트를 한다. 백용학 건강 문화 연구소 소장이 제안하는 방식으로, 일반적인 스쿼트와는 조금 다르다. 체력에 따라 100~300개 정도 한다(참고자료의 동영상 참조).

4) 토끼 뜀: 림프관 활성화를 위해 토끼뜀을 40회 정도 한다.

5) 팔 굽혀 펴기: 상체 근육 강화를 위해 체력에 맞게 팔 굽혀 펴

기를 20~50개 정도 한다.

6) Zone 2 운동: 기본 체조가 다 끝나면 체력이 비슷한 두 명씩 짝을 지어 Zone 2 운동을 30분 정도 한다. 서로 대화가 가능할 정도로 가볍게 뛰거나 빠르게 걷는다. 실제로는 가능하면 대화는 하지 않고, 코로 숨 쉬며 운동한다(Zone 2 운동에 관해서는 참고자료의 김주환 교수 동영상 참조).

3. 아침 식사, 휴식

7~9시 사이에 샤워를 하고, 과일식 위주로 아침 식사를 한 뒤 휴식을 취한다.

4. 아침 세미나, 토론

9~12시 사이에 에어컨이 나오는 공간에서 같이, 혹은 줌으로 세미나를 진행한다. 바인더를 하나 준비해서 해마다 작년에 비해 변화된 부분이 무엇인지 확인하고, 매년 내용을 업데이트하며 다음 한해의 실천 사항을 정리한다.

세미나 주제는 다음과 같다.

1) 제프리 코헨의 자기 가치 확인(self-affirmation) 업데이트

아이들과 함께 15분 정도 자기 가치와 이유를 적고, 그 내용을 가지고 하브루타 토론(1:1 짝 토론)을 한다. 부모나 중·고등 고학년은 앞에서 소개한 가치-이유-실천을 적는 방식으로 해본다.

2) 공부머리 테스트

세미나 동안 목표한 과목의 공부머리 테스트를 해보고, 그 결과를 가지고 부모 혹은 같은 또래 친구와 토론해 본다.

(1) 유·초등 저학년은 공부머리 테스트를 생략할 수 있다.

(2) 초등 고학년은 국어나 수학 과목으로 한 학기 정도 앞서는 내용의 단원평가 문제를 풀어 본다. 영어 공부가 많이 된 학생은 본인이 진학할 가능성이 높은 중학교 1학년 영어 교과서 문제지나 2학년 내신 문제를 구해서 풀어 봐도 된다.

(3) 일반적인 중학생은 한 학기나 한 학년 앞선 내신 문제를 풀어 본다.

(4) 고등학교 진학이 고민되는 중학생은 본인이 진학을 희망하는 고등학교 1학년 1학기나 2학기 내신 문제를 구해서 풀어 본다.

(5) 자신의 수능 대비 역량을 측정하고 싶은 학생은 고1 3월 모의고사나 고2 3월 모의고사를, 최상위권 학생은 실전 수능 문제를 공부머리 테스트로 풀고 매년 그 결과를 기록해 둔다.

3) 커리어넷 진로 검사(다중지능 검사)

세미나 기간에 이 책에서 말하는 다중지능 검사를 해보고 해마다 내용을 기록하고 관찰한다.

(1) 유·초등 저학년도 중·고등 진로 검사를 활용한다. 아이가 답하기 어려운 경우 부모가 관찰한 내용으로 기재하고, 검사 결과를 기록해 해마다 변화 상황을 관찰한다.

(2) 초등 고학년 이상 학생은 중·고등 진로 검사로 매년 진행하고, 결과지를 계속 바인더에 모으며 변화 상황을 관찰한다.

(3) 결과지에서 알려주는 강점 지능 강화 방안과 추천 직업에 대해 해마다 아이와 같이 토론해 보고, 다음 한 해 동안 어떤 활동을 중점적으로 할지 계획을 세워 본다.

4) 회복탄력성 검사

세미나 기간에 회복탄력성 검사(KRQ-53)를 해보고, 해마다 내용을 업데이트한다.

(1) 유·초등 저학년은 이 책에서 소개한 간단 체크리스트를 활용할 수 있다. 또는 부모가 관찰한 내용으로 정규 검사지에 기재하여 검사 결과를 얻고, 그 변화 상황을 관찰한다.

(2) 초등 고학년 이상은 정규 검사지로 매년 진행하고, 아이의 회복탄력성 결과를 기록하며 변화 상황을 관찰한다.

(3) 내용을 보고 부족한 영역을 강화하기 위해 일상생활에 어떤 변화와 훈련이 필요한지 아이와 함께 토론하고 실천해 본다.

5) DiSC 검사

세미나 기간에 DiSC 검사를 해보고, 해마다 내용을 업데이트한다.

(1) 유·초등 저학년은 부모가 관찰한 내용을 기재하여 검사 결과를 얻고, 그 내용의 변화 상황을 관찰한다.

(2) 초등 고학년 이상은 정규 검사지로 매년 검사한다. 아이의 DiSC 행동 유형 결과를 기록해 두고 변화 상황을 관찰한다.

(3) 검사 결과를 보고 장점 성향을 잘 활용하기 위해 다음 해에 어떤 활동을 해볼지 아이와 함께 토론하고 실천해 본다.

6) 자기소개서 업데이트

해마다 상급 학교 진학 혹은 취업을 위한 이력서를 낸다고 생각하고, 자기를 소개하고 자신의 꿈과 목표를 정리하는 자기소개서를 매년 업데이트한다. 현실 대학 입시에서는 자기소개서가 폐지되었지만, 한 해 동안 자신의 활동을 돌아보고 다음 해를 준비하는 데 중요한 방향성을 잡을 수 있다.

(1) 유·초등 저학년의 경우 다음 항목의 초등 고학년 버전을 구술로 물어보고, 아이가 말하는 내용을 해마다 기록하고 변화 상황을 관찰한다.

(2) 초등 고학년의 경우 아래 질문에 대한 답을 적어 보게 하고, 매년 그 내용을 기록해 둔다.

"○○이가 제일 좋아하는 과목은 무엇인가요? ○○이의 꿈은 무엇이고, 그 꿈을 이루기 위해 어떻게 공부하고 있나요? 앞으로 고등학교나 대학교 진학에 대해서는 어떤 계획을 세우고 있나요?" 또는 "세계적으로 유명한 하버드 대학교 같은 곳에서 한국 학생을 한 명을 뽑으려고 합니다. ○○이가 그 주인공이 되어야 하는 이유를 설명해 줄 수 있나요?"

(3) 특목고나 자사고 진학 목표가 있는 학생은 해당 학교 자기소개서 양식으로 기록해 본다(다음 페이지의 양식 참조).

(4) 대학 진학이나 취업을 생각하는 학생 역시 필요한 양식으로 자기소개서를 작성해 본다. 가능하면 부모도 이직이나 새로운 커리어 도전을 위한 이력서를 작성한다는 느낌으로 자신만의 자기소개서를 작성하고 아이와 함께 그 내용을 나눠 본다.

■ **주요 고등학교 자기소개서 양식**

> **외대부고(전국 선발 자사고) 자기소개서 문항**
>
> □ 나의 꿈과 끼, 인성(1,500자 이내)
>
> ○ 본인이 스스로 학습 계획을 세우고 학습해 온 과정과 그 과정에서 느꼈던 점, 건학 이념과 연계해 용인한국외국어대학교부설고등학교의 해당과정에 지원하게 된 동기, 고등학교 입학 후 자기 주도적으로 본인의 꿈과 끼를 살리기 위한 활동 계획 그리고 고등학교 졸업 후 진로 계획에 관하여 구체적으로 기술하십시오.
>
> ○ 본인의 인성(배려, 나눔, 협력, 타인 존중, 규칙 준수 등)을 나타낼 수 있는 개인적 경험 및 이를 통해 배우고 느낀 점을 구체적으로 기술하십시오.
>
> **서울과학고등학교(영재학교) 자기소개서 문항**
>
> 1. 서울과학고등학교에 지원한 동기와 자신의 미래 모습에 대하여 적어 주십시오. (띄어쓰기 포함 1,000자 이내)
> 2. 수학·과학 분야에서 지원자가 지닌 뛰어난 능력, 흥미, 특기 등을 구체적으로 적어 주십시오. (띄어쓰기 포함 1,000자 이내)
> 3. 지원자가 겪은 특별한 경험이 있으면 구체적으로 적어 주십시오. (띄어쓰기 포함 500자 이내)

대원외고 자기소개서 문항

☐ 나의 꿈과 끼, 인성(1,500자 이내)

1. 자기주도학습 과정

학습을 위해 주도적으로 수행한 목표 설정, 계획, 학습 그리고 그 결과 평가까지의 전 과정(교육 과정에서 동아리 활동 및 진로 체험, 꿈과 끼를 살리기 위한 활동 및 경험 등 포함)을 구체적으로 기술하십시오.

2. 지원동기 및 입학 후 활동 계획

본교의 특성과 연계해 본교에 관심을 두게 된 동기와, 본교 입학 후 자기 주도적으로 본인의 꿈과 끼를 살리기 위한 활동 계획을 구체적으로 기술하십시오.

3. 졸업 후 꿈을 이루기 위한 구체적 활동 계획

본교 졸업 후 본인의 꿈을 이루기 위한 진로 계획 및 실현 방법에 관하여 구체적으로 기술하십시오.

4. 인성 영역

봉사·체험활동을 포함한 본인의 인성을 나타낼 수 있는 개인적 경험 및 이를 통해 배우고 느낀 점을 구체적으로 기술하십시오. (배려, 나눔, 협력, 타인 존중, 규칙 준수 중 택1)

5. 점심 식사, 휴식

12~3시 사이에 점심을 먹고 수영 등을 하며 휴식 시간을 갖는다.

6. 오후 세미나, 토론

3~5시 사이에 위의 세미나를 이어서 진행하고 토론한다.

7. 저녁 명상 훈련

5~6시 사이에 바닷가에서 호흡 명상 훈련이나 움직임 명상 훈련을 한다(참고자료의 동영상 참조).

8. 저녁 식사, 정리 휴식

6~9시 사이에 저녁 식사를 하고, 하루를 정리하는 감사 나눔 모임을 갖는다. 그런 다음 9시 이전에 반드시 잠자리에 든다.

9. 나눔 교육 실천

〈보홀 프로젝트〉에서는 하루를 빼서 보홀 현지의 고아원이나 어려운 형편 가운데 아이를 키우는 가정을 탐방하기 위해 준비하고 있다. 1년 동안 깨끗한 헌 옷이나 학용품을 준비해 두었다가 필리핀 방문길에 아이들에게 전달하고, 한국 아이들이나 부모 가운데 자신이 가진 재능을 필리핀 아이들과 나누는 시간을 가지려 한다.

가능한 재능 나눔 프로그램은 다음과 같다.

1) 한국 요리 같이 만들고 대접하기: 김밥, 떡볶이, 잡채 등(조리 도구는 현지 준비, 현지에서 구하기 힘든 재료는 한국에서 준비)
2) 태권도 가르쳐 주기: 태권도를 할 수 있는 아이들은 필리핀 아이들에게 태권도 강습을 해준다. 도복이나 띠를 준비해 아이들에게 나눠 줄 수도 있다.
3) 악기 연주해 주기: 바이올린 등 자기가 가진 악기 혹은 기타, 키보드를 현지 아이들에게 연주해 준다(기타, 키보드, 드럼은 현지에 준비되어 있음).
4) 미술 활동 같이 하기: 종이접기, 캘리그래피, 양말 인형 만들기 등 만들거나 그리기 등 미술 활동을 함께 한다(활동에 필요한 재료는 한국에서 준비해감).
5) 자기 가치 확인(self-affirmation), 회복탄력성(resilience test), DiSC 등 진로 심리 테스트를 영어 버전으로 교육하기

위와 같은 프로그램을 준비하고, 현지 스태프와 의논해서 최종 진행 프로그램을 결정할 예정이다.

참 | 고 | 자 | 료 ··

1. 운동 영상

(1) 운기오행 체조: 오장육부를 풀어 주는 자연 건강 체조
    www.youtube.com/watch?v=HplvgPkPAVg&t=4s

(2) 사륜 걷기: 좌·우뇌를 모두 자극하는 전뇌 운동
    www.youtube.com/watch?v=BHivwBc43v0&t=23s

(3) 백용학 건강 스쿼트
    www.youtube.com/watch?v=AKi9D9jX4us

2. 김주환 교수 명상, 운동 관련 영상

(1) 내면소통 명상 – 호흡 훈련의 기초(호흡을 통한 내부감각 훈련)
    www.youtube.com/watch?v=PvlP2Z0S9J4&list=PLPNP2pukAASsZAV
    Ks4p4JaDJwYUUFuVNn

(2) 고유감각 훈련을 위해 서서 하는 명상
    www.youtube.com/watch?v=Gatc5C2eBGc

(3) 움직임 명상(타이치)
    www.youtube.com/watch?v=sN-N9rC3liM

(4) 5060도 가능한 건강해지고 젊어지는 운동법(Zone 2 훈련)
    www.youtube.com/watch?v=c6SUakOSuhk

45

자녀 교육에 정답은 없으며,
우리 가정만의 해답을 찾아가야 한다

어떻게 해야 아이를 잘 키울 수 있을까요?

많은 학부모가 아이를 잘 키우는 방법을 물을 때마다 필자는 자주 이렇게 답하곤 한다.

"아이를 키우려고 하지 말고, 나를 먼저 키워야 하지 않을까요!"

많은 경우 아이를 잘 키우고 싶다는 말 뒤에는 아이가 부모의 마음대로 되었으면 좋겠다는 동기가 있는 것 같다. 여기서 부모의 마음이란 대부분 아이가 말 잘 듣고 공부 잘해서 돈을 많이 버는 좋은 일자리를 갖는 것이다. 필자는 요즘 강연에서 부모님들께 다음과 같은 질문을 던진다.

"아이들이 공부 잘해서 좋은 대학에 가고, 좋은 직장을 얻으면 성공한 것일까요? 그리고 성공하면 행복할까요? 물론 돈 많이 벌고, 유명해지면 행복할 수 있습니다. 그렇지만 다 그런 것 같지는 않습니다. 어느 현자의 말대로, 자신이 만족하고 행복하면 굳이 세상이 말하는 성공을 하지 않아도 됩니다. 우리 아이의 교육 목표를 이 세상이 말하는 성공에 두어야 할지, 아이와 부모가 생각하는 행복한 삶에 두어야 할지 진지하게 생각해 볼 필요가 있습니다."

의대나 로스쿨에 가서도 자기가 불행하다고 느끼는 아이들이 있고, 대학에 안 가고 자기가 하고 싶은 일을 하면서도 행복하다고 느끼는 아이들이 있다. 결국 아이들의 인생이다. 부모가 아이의 인생을 대신 살아줄 수 없음에도 불구하고 "우리가 인생을 살아보니 이렇게 하는 게 좋더라. 다 너를 위한 거야"라며 부모의 기준을 아이에게 적용한다. 여기서부터 아이 교육이 힘들어진다.

보여주기식 교육의 위험성

공부를 잘해야, 구체적으로 영어나 수학에서 또래 아이들보다 앞서 나가야 아이가 제대로 하는 것이고, 이후 입시나 사회생활에서도 성공할 가능성이 크다고 생각하는 부모들이 많다. 사교육이 영·유아 수준까지 내려오면서 이런 인지 교육에 대한 과열 경쟁이 여러 가지 부작용을 낳고 있다. 또 자신들의 육아나 교육적 성과를 블로

그나 SNS를 통해 알리며 일부에서 보여주기식 엄마표 공부가 등장하는 것 같다.

하지만 나름 입시 현장에서 20년간 지내며 학생 수천 명을 상대로 진학 지도를 해본 입장에서는 '어린 시절 이런 가시적 인지 교육 성과가 무슨 소용이 있을까?'라는 회의적인 생각이 많이 든다. 아이가 수학 학습지를 또래보다 1~2학년 앞서 푼다고 해서 수능 수학에서 고득점을 받을 수 있을까? 아이가 영어 그림책과 챕터북(chapter books)을 많이 읽고, 초등학교 때 이미 《해리 포터》를 원서로 읽는다고 해서 수능 영어에서 90점 이상을 받고 내신 만점을 받을 수 있을까? 필자가 영어 선생님이지만, 수능 100점을 받고 토익이나 토플에서 고득점을 받는 데 필요한 것은 동화책 읽는 능력이 아니라, 배경지식을 갖추고 출제 의도를 파악할 수 있는 고등 사고력이다. 그리고 이런 능력은 단어 암기나 단순 독해력이 아닌, 몰입 독서와 독서 토론과 같은 깊은 사고 훈련을 통해 기를 수 있다.

사실 유·초등에서는 이른바 '교육적 성과'가 빨리 나올 수 있다. 이 책에서도 말했지만, 수능 9등급 수준의 인지 능력을 7~8등급 정도 받을 수 있도록 반복 훈련으로 어느 정도 가능하다. 그리고 그 작은 성취를 부모들에게 보여주기 위해 학원에서는 여러 가지로 무리한 시도를 할 수도 있다. 하지만 입시에서 중요한 것은 수능 내신 7~8등급 정도 실력으로 빨리 가는 게 아니라, 천천히 가더라도 자신의 강점 지능을 발견하고 고등 사고력을 길러 수능 내신에서 2~3등급 이상 받을 수 있도록 제대로 된 실력을 쌓는 것이다. 또래에 비해 무언가를 빨리 하는 게 중요한 것보다 최소한 대입이나 이후 사회생활에서 성과를 낼 수 있는 진짜 실력을 기르는 게 중요하다.

문제 풀이 능력만으로는 미래를 대비할 수 없다

한번은 자녀 교육에 관심이 많아 어려서부터 아이에게 학습지와 엄마표 영어 등으로 다양하게 인지 교육을 해온 엄마와 상담한 적이 있다. 상담 내용 가운데 "매일 꾸준히 공부하고, 책 읽는 습관은 잘 잡혀 있는데, 아이 멘탈이 약하고 숫기가 없어서 친구가 바뀌는 것을 싫어한다"라는 부분이 있었다. 이에 필자는 '감성 지수(EQ)나 회복탄력성 측면에서 안 좋은 조짐'이라고 말씀드렸다.

앞으로 인공지능 시대에는 암기와 계산을 잘하는 단순한 인지 능력이 점점 의미가 없어질 것이다. 반대로 친구관계가 좋고, 자기 통제력과 역경 극복 지수가 높은 아이들이 좀 더 두각을 나타내고 사회에서도 큰 성과를 낼 수 있을 것이다. 동아리 활동도 열심히 하고, 반장도 하고, 봉사 활동도 열심히 하면 좋다. 창의적인 시도를 많이 하고, 궁극적으로 실패를 두려워하지 않아야 한다. 그렇다고 해서 적극적이고 사교적인 성향의 아이들만 성공할 수 있다는 이야기는 아니다. 자신의 기질에 맞게 다른 아이들과 협력하고 소통하는 방법을 배워야 하는데, 이는 문제지만 푸는 인지 학습만으로는 기르기 힘든 영역이다.

　그렇다면 앞으로는 인지 교육보다 어떤 교육을 해야 할까? 이성적인 것은 우선 집에서부터 아이와 끊임없이 묻고 답하면서, 사고의 깊이를 더해가는 것이다. 가장 좋은 방법은 필자가 강조하는 대로 부모와 함께 인문학 지혜 독서를 하는 것이다. 《사자소학》이나 《명심보감》 혹은 신앙이 있는 가정에서는 신앙 텍스트로, 아이와 함께 나는 왜 살고 어떻게 살아야 하는지에 대한 인문학적 질문에 답하며 아이의 인문학적 소양과 소통 능력을 기를 수 있다. 필자는 바로 이 인문학적 소양과 소통 능력이 미래 교육의 핵심이라고 생각해 지난 10여 년간 여러 권의 책을 내며 뜻을 같이하는 가정과 꾸준하게 실천해 왔다. 《질문이 있는 식탁, 유대인 자녀 교육의 비밀》, 《탈무드식 역사 토론(역사 하브루타)》, 《하루 15분 인문학 지혜독서》, 《1% 유대인의 생각훈련》, 《언스쿨링 가족여행》 등이 이와 관련된 책이다.

　이렇게 인문학 교육과 지혜 교육에 우선순위를 두면 어떤 가정에서는 인지적인 성과가 덤으로 따라오기도 한다. 어휘력과 표현력이 늘면서 아이의 독서력도 늘고 자연스럽게 인지 교육이 잘되기도 한다.

교육, 아이 삶의 행복을 찾아가는 예술!

　필자는 20년 이상 입시 현장에서 수많은 제자를 대학에 보냈고,

진학한 대학이 마음에 안 든다며 다시 편입을 준비하는 아이들을 가르쳤다. 그러면서 좀 더 제대로 된 교육을 해보려고 유대인 자녀 교육에 관심을 두고 하브루타 운동에도 동참했다. 진정한 부모 교육은 임신과 출산에서부터 시작해야 할 것 같은 생각에 자연 출산 운동을 같이 하며 임신과 출산 교육도 해보고, 이 가정들과 함께 자연 육아도 해보았다. 부족하지만 교육의 끝인 입시에서 교육의 출발점이라고 할 수 있는 태교, 출산까지 훑어 내려오며 내린 결론은 임신, 출산, 육아, 교육은 과학이 아니라 예술이라는 것이다. 한마디로 정해진 하나의 답이 없다. 저마다 가진 해답이 수없이 존재한다. 우리 아이와 남의 아이가 다를 뿐 아니라, 같은 배에서 난 첫째와 둘째도 다르다. 모든 아이가 나름대로 재능을 갖고 태어났음을 믿고, 아이와 나 그리고 주어진 환경의 조화를 생각하며 우리 아이라는 하나의 예술 작품이 성장하는 것을 지켜보는 수밖에 없다.

아무쪼록 많은 가정이 아이들이 저마다 지닌 천부적인 재능을 존중하고, 부모가 원하는 교육이 아니라 아이가 정말 행복하게 살 수 있는 교육의 길을 찾기를 기대해 본다. 그리고 그 행복이 지금은 힘들고 하기 싫은 일을 하지만 나중에는 행복할 거라는 희망 고문이 아니라, 아이가 지금 바로 느낄 수 있는 진정한 행복이길 바란다.

《사자소학》, 나눔 교육 실천 모임

필자는 2023년 3월부터 《사자소학》 인문학 지혜독서 실천모임을 진행하고
있다. 진서원의 《뿌듯해 사자소학》이나 본인이 가지고 있는 《사자소학》 교재
로 아이 연령에 따라 4자 혹은 8자씩 공부하고, 부모와 함께 10~15분 동안
같이 생각을 나눈 뒤 그 내용을 짧게 정리해 단톡방에 사진과 함께 공유하는
실천 모임이다. 필자의 블로그를 통해 3개월 단위로 신규 기수를 모집하고 있
고 2월, 5월, 8월, 11월 말에 신규 참석 가정 오리엔테이션과 파일럿(pilot) 실
천 주간을 거쳐 추가 참석 가정을 확정한다. 주된 참석 연령층은 유·초등 학
년이고, 자세한 실천 사항이나 필자가 아이들과 같이 《사자소학》 나눔을 실천
하는 영상은 필자의 블로그 사자소학 실천 폴더에서 확인할 수 있다.

또 《사자소학》 나눔 실천 가정 중 원하는 가정을 비롯해 다른 독서 모임에서
인연이 된 가정들과 함께 1년에 한두 번 필리핀과 베트남에 있는 형편이 어려
운 아이들을 위해 옷과 학용품을 전달하는 나눔 모임을 꾸준히 진행하고 있
다. 앞에서 말한 〈보홀 프로젝트〉는 이 두 모임 중 하나 이상 참석한 가정들과
함께하려고 준비 중이다.

참고: 사자소학 실천 모임 1기 오리엔테이션 안내
blog.naver.com/jonathanshim/223015548791

46

아이 공부가 애매하다면 온 가족이 힘을 합쳐 경제적 자유에 도전하자

좋은 대학을 나오면 원하는 일자리를 얻을 수 있을까?

공부를 열심히 해서 대학에 가는 이유 중 하나는 대학을 졸업하면 돈을 많이 버는 전문직을 갖거나 좋은 회사에 취직할 수 있을 것이라는 기대 때문이다. 그런데 요즘 현실을 보면 과연 그런 기대가 여전히 유효한지에 대한 의구심이 든다. 물론 지금도 의사 같은 전문직은 취업이 보장될 뿐 아니라, 돈도 많이 벌 기회가 있고, 사회적으로 인정도 받을 수 있다. 공대 쪽에서도 인공지능이나 가상현실 등의 첨단 산업 분야에서는 더 뽑고 싶어도 인재가 모자란다고 한다.

하지만 문과 쪽 최고 전문직이라는 변호사는 어떤가? 해마다 로스쿨(전국 25개 대, 3년 6학기 평균 획비 4,300만 원) 입학생 2,000명 가운데 졸업 해당 연도에 변호사 자격증을 받는 비율은 절반 이하다. 2022년도 제11회 변호사 시험에서는 3,197명이 응시하고 1,712명이 합격해서 합격률이 53.55%였다. 서울대, 고려대, 연세대 등 이른바 명문 로스쿨은 졸업과 동시에 변호사 시험에 합격하는 초시 합격률이 80%를 넘지만, 지방 로스쿨은 초시 합격률이 절반에도 못 미치고 수도권과 지방 로스쿨 간 격차도 점점 커지고 있다. 변호사 시험에 합격해도 문제다. 해마다 신규 채용 검사나 로클럭(law clerk, 법원의 재판연구원, 판사 전 단계)의 수가 줄어들고 있고, 안정적인 직장이라고 할 수 있는 대형 로펌(law firm)도 몇백 명 정도만 신규로 채용하고 있다. 결국 나머지 신임 변호사들은 각자도생해야 하고 부동산, 노동, 가사 등 자기만의 전문 분야를 찾아 나가야 한다.

2020년 교육부와 한국교육개발원에서 발표한 '2020년 고등교육기관 졸업자 취업통계'에 따르면 취업 대상자 48만 149명 중 취업한 사람은 31만 2,430명으로 65.1%의 취업률을 보였다. 2019년보다 2.0% 하락한 결과라고 한다. 전공별로 보면 의약계열(82.1%), 공학계열(67.7%), 자연계열(62.3%), 예체능계열(62.2%), 교육계열(62.1%), 사회계열(60.9%), 인문계열(53.5%) 순이다. 이른바 '문송합니다(문과여서 죄송합니다)' 현상은 계속되고 있고, 여전히 문과나 예체능 전공으로는 취업도 힘들고, 취업해도 비정규, 저임금 등의 질 낮은 일자리밖에 얻을 수 없는 상황이다.

그나마 통계적으로는 그래도 대졸자의 반은 취업이 되는 것 같은데, 주변에서 지인 자녀들이 대학을 졸업하고 취업하는 현황을 보면 과연 이런 통계가 현실을 제대로 반영하고 있는지 회의가 든다. 이른바 정규직 이상의 안정적인 일자리를 얻었다는 소식을 거의 듣기 힘들기 때문이다.

정규직으로 취업했다는 이야기를 듣기 힘든 현실

서울에서 나름 자리 잡은 법무법인을 운영하는 A 변호사의 자녀 둘은 영·유아 대상 영어 학원-사립초등학교-명문 학군지 중학교-자사고를 나왔다. 첫째는 재수를 하고도 Top 30위권 대학에 떨어져 미국 유학을 보냈다. 둘째는 재수 끝에 Top 30위권 대학에 갔다. 하지만 둘 다 졸업하고 지금은 아버지 회사 일을 돕고 있다. 이 일도 보람 있는 일이고, 그동안 고등학교와 대학교의 다양한 교육을 통해 배운 것도 많다. 하지만 이력서를 낼 필요도 없는 아버지 회사에 취업하기 위해 몇억 원씩 사교육비를 쓸 필요는 없었다는 생각도 든다.

수도권에서 수학 학원을 운영하는 원장님 아들은 역시 재수 끝에 정시로 Top 50위권 대학 언론계열학과에 갔다. 졸업 후 언론 고시도 준비하고 나름대로 전공과 관련된 일을 해보려 했지만 결국 취업하지 못했다. 이 친구도 역시 아버지 일을 도우며 학원을 물려받으려 생각하고 있다. 하지만 앞으로 저출생 상황에서 학생들이 줄어들 것도 걱정이고, 자신이 직접 수학 강의를 하지 않고 선생님들을 관리하는 것만으로 학원을 아버지 때 수준으로 운영할 수 있을지 고민이라고 한다.

이렇게 서울 수도권에서 나름 변변한 사업장을 가진 가정만 이른바 '가족 채용'을 하는 게 아니다. 필자가 사는 증평에서 방역(해충 제거, 소독 업무) 업무를 하는 B 사장님도 최근에는 아들과 조카를 데리고 일하고 있다. 둘 다 건장하고 성격도 좋은 청년들이다. 대학을 졸업하고 여기저기 구직을 한 끝에 비정규직으로 취업했는데, 그렇게 일하느니 차라리 지금 자기가 하는 일을 물려주는 게 낫겠다 싶어 같이 데리고 다니며 일도 가르치고 영업 인맥도 이어주고 있다고 한다.

이 사장님은 청주에 집도 있고, 고급 자동차를 몰고 다닐 정도로 경제력도 된다. 여름에는 고급 자전거를 타고 청주에서 증평까지 자전거로 출퇴근하기도 한다. 가끔 전국 사이클 대회에 참석할 정도로 건강하고 취미 생활도 확실하다. 지금 은퇴해도 될 만큼 노후 준비를 마쳤지만 은퇴하고 아무 일도 하지 않는 것도 심심하고, 자식이나 친척 아이들에게 일자리를 마련해 주기 위해서라도 좀 더 일해야겠다는 생각이 든다고 한다. 지방 소도시의 열쇠 가게, 페인트 가게, 인테리어 가게, 철물점 등은 대부분 60~70대의 어르신들이 운영한다. 큰 도시에 나가서도 제대로 된 일자리를 구하지 못하는 젊은이들이라면 낮은 거주비로 지방에 살면서 현지에서 자신이 할 만한 일을 찾아보는 것도 방법일 수 있다.

회사와 나라가 일자리를 보장하지 않는 시대

주변에서 이런 모습을 보며 점점 드는 생각이 '이제 회사와 나라가 우리 아이들의 일자리를 보장해 주는 시대는 이미 끝났다'는 것이다. 부모가 어느 정도 자리 잡은 사업장을 가지고 있다면, 그 사업을 물려받아 생계를 유지할 수 있다. 하지만 지금 같은 불황에 사업이 어디 쉬운가? 자신 있게 할 수 있는 사업이 없다면, 비정규직 일자리를 갖고서라도 돈 걱정하지 않고 살 수 있는 가족 전체의 자산이 어느 정도 있어야 한다.

이런 관점에서 필자는 깨어있는 젊은 부모들에게 이렇게 조언한다. 4년제 대학을 나와도 취업이 보장되지 않는 시대에 결과도 불확실한 사교육에 수천만 원을 쏟아붓느니, 문제지 푸는 공부가 애매한 아이들은 어려서부터 공교육만 시키자고. 대신 온 가족이 힘을 모아 제대로 된 사업을 하나 일구든지, 사업이 힘든 가정이라면 경제적 자유를 이룰 수 있는 '파이프라인'을 하나 만드는 방법을 생각해 보자고. 그리고 자녀 교육의 목표를 20대의 명문대 합격이 아니라 30~40대의 경제적 자유에 두고, 돈 걱정 없이 자기가 하고 싶은 일을 하고 살 수 있는 삶을 일궈 보자고. 다음 장에서 구체적인 사례를 소개하겠지만, 이는 어려서부터 교육의 중심을 분명히 잡고 쓸데없는 사교육비만 쓰지 않아도 많은 가정이 충분히 도전해 볼 수 있는 목표다.

한편, 이런 이야기를 하면 "아이들에게 교육을 물려줘야지 돈을 물려주면 어떡하느냐?", "돈은 금방 없어지지만 교육은 평생 남는다"라는 원론적인 말씀을 하는 분들이 있다. 물론 맞는 말이다. 그런데 여기서 어떤 교육인지가 중요하다. 나는 왜 살고, 어떻게 살아야 하는지를 배울 수 있고, 내가 좋아하고 잘하는 것을 찾아갈 수 있게 해주는 의미 있는 교육이라면 당연히 아낌없이 돈을 투자해야 한다. 하지만 그 교육이 10년 뒤 아이의 미래를 보장해 준다는 보장도 없고 지금 당장 성과도 잘 안 나오는 문제지 푸는 공부라면, 또 이를 위해 노후를 포기해야 할 정도로 부담된다면 굳이 그런 교육에 돈 쓸 필요가 없다는 말이다.

우리나라 대부분의 서민 가정에서 결국 돈을 좀 더 잘 버는 직업을 갖게 하려고 자녀들에게 문제지 푸는 공부를 시키는 현실을 인정한다면 이 책에서 말하는 내용에 귀를 기울일 필요가 있다. 아이가 문제지 푸는 공부에 가능성이 있다면 학군지 이주나 사교육과 같은 교육적 투자를 하고, 그렇지 않다면 그 비용을 아껴 아이와 가정의 경제적 자유를 이루는 데 도움이 되는 일에 투자하는 것이 현명할 것이다.

47

아이 공부에 '몰인' 하는 대신 부모가 공부한 가정의 놀라운 성과

아이 대신 부모가 공부한 가정

필자가 잠실에 살 때 만났던 한 어머니는 아이 대신 자신이 공부해서 자녀 교육과 본인 노후를 동시에 해결했다. 공부가 애매한 두 남매를 바라보니, 앞으로 이 아이들이 공부를 잘해 좋은 대학에 가서 번듯한 직장을 얻기는 힘들 것 같았다. 또 이렇게 학군지에서 높은 거주비를 감당하며 사교육비를 쓰다가는 자신의 노후도 불안하다는 것을 깨달았다. 마침 집안에 여러 가지 어려움도 있어서 두 아이를 앉혀 놓고 솔직히 말했다.

"내가 너희들 공부하는 것 보니, 공부로 승부를 보기는 힘들 것 같

아. 너희들 공부가 애매한 상황이라면 차라리 이제부터 엄마가 공부해서 새로운 일을 찾아보려고 해. 그렇게 해야 우리 가족 생계도 유지하고, 엄마도 노후에 너희들에게 신세 지지 않을 것 같아. 그러니 앞으로 우리 집안에서 누가 공부할지 오늘 확실히 해 두자. 너희들이 정말 죽기 살기로 공부할 자신이 없으면 차라리 엄마가 공부할게."

이 엄마는 그때부터 토플 공부를 하고 미국 대학 중에서 학비가 저렴한 시골 지역 대학에 가서 TESOL(Teaching English to Speakers of Other Languages, 영어가 모국어가 아닌 사람들에게 영어를 가르치는 국제 영어 교사 양성을 위한 학위나 자격증) 학위를 받아, 영어 공부방부터 시작해 영어 학원에서 강의를 했다. 그리고 미국에서 본인이 공부하느라 바빠 아이들 공부는 스스로 하게 맡겨 두었는데, 정말 극적인 일이 벌어졌다.

엄마가 자기 공부에 바빠 간섭이나 잔소리를 하지 않으니, 그렇게 말을 안 듣던 아이들이 스스로 공부하기 시작했다. 2년간의 미국 생활을 마치고 한국에 와서 큰딸은 고등학교 때 열심히 공부해 Top 10위권 대학에 갔고, 게임만 하던 둘째 아들은 사관학교에 갔다. 너무나도 역설적이었다. 엄마가 모든 것을 포기하고 아이들을 붙잡고 공부시킬 때는 Top 30위권도 힘들어 보였는데, 아이들 교육을 내려놓고 본인 공부에 집중하니 Top 10위권 대학 입학이라는 결과가 나왔다. 이것은 꾸며낸 이야기나 가상 사례가 아니라 정말 실화다! 이 엄마는 아이들이 대학에 간 이후에도 계속 영어를 가르치며 자신의 노후를 준비하고 있고, 공부방을 하려고 사둔 집값이 오르면서 경제적으로 더 윤택해졌다.

물론 유학도 아무나 가는 것도 아니고, 미국에 갔다 왔다고 해서 아이들이 모두 이렇게 좋은 방향으로 변하는 것도 아니다. 하지만 이 집안을 보면서 '아! 정말 어느 나이대에 운이 트인다는 게 이런 거구나' 하는 생각이 들었다. 그리고 "아무리 노력해도 안되면, 만나는 사람을 바꿔 보고, 사는 땅을 바꿔 보라"라는 이야기도 생각났다. 부부 관계도, 아이 교육도 마음대로 되지 않아 힘들기만 했던 가정의 극적인 반전이었다.

아이 공부에서 성과가 안 나는 가정의 또 다른 선택

필자는 종종 강연에서 아이에게 공부를 시켜 봤는데 너무 공부하기 싫어하거나 성과가 안 나면, 초등 고학년이나 중학교 때 아이와 진지하게 한번 이야기를 나눠 보라고 권한다.

"지금까지 엄마, 아빠가 너를 공부 쪽으로 이끌어 주려고 학원도 보내고, 학습지도 시키고 여러 가지로 해보았는데, 너는 공부하는 데 별로 관심도 없고 성과도 별로 안 나는 것 같구나. 그러면 이제 한번 진지하게 생각하고 결정해 보자. 네가 정말 열심히 공부하려는 마음이 없으면 엄마, 아빠도 더 이상 너에게 공부하라고 잔소리도 안 하고, 교육적인 투자도 안 하려고 해. 앞으로는 그냥 공교육만 시켜 줄게. 대신 니 학원 보내고 대학 보낼 비용으로 엄마, 아빠가 대학원에 가거나 공부해서 새로운 인생을 준비해 보려고 해. 그러니 잘 생각해 보고 어떻게 할지 결정해 봐. 우리 집안에서 모두가 공부할 수 없다면, 정말 제대로 할 만한 사람을 밀어주는 게 낫지 않을까?"

어찌 보면 어린아이를 앉혀 놓고 무슨 협박을 하느냐고 할 수도 있지만, 이성적으로 보면 너무나 당연한 대화다. 사교육을 시켜 졸업장을 받아도 취업조차 불확실한 대학에 보내는 데 수천만 원을 쓰느니, 차라리 그 돈을 아이 공부를 염려하는 '나'에게 투자하는 셈이다. 정규 대학이나 대학원에 다니기 힘들면 방송통신대학이나 사이버대학으로 시작할 수 있다. 관심 있는 분야를 새로 공부해 볼 수도 있고, 형편이 좀 더 된다면 유학을 갈 수도 있다. 정식 학위 과정이 힘들다면 취업이나 재테크, 자기 계발, 인문학 등 좋은 강의를 찾아다니며 부지런히 배워서 이후 인생의 하반기를 제대로 준비할 수도 있다. 이렇게 부모가 열심히 살고 돈을 모아 아이들에게 대도시에 집 한 채라도 물려주거나, 나중에 자식들에게 의지하지 않고 먹고살 만큼 충분한 노후 자금을 준비하는 게 가족 모두를 위해 좋을 수 있다.

제일 가능성 있는 가족에게 교육 자원 집중하기

이런 선택과 집중은 옛날에 아이는 많은데 집안에 돈이 없어, 소팔고 땅 팔아 아이 하나 간신히 대학에 보낼 때 쓰던 방법이기도 했다. 공부가 어설픈 아이는 그냥 농사짓게 하고 제일 똘똘해 보이는 한 아이만 대학에 보냈다. 그리고 그 아이가 대학을 나와 번듯한 직장에 들어가서 동생들을 공부시키거나 다른 가족들을 부양했다.

이런 전략을 지금도 적용해 볼 수 있다. 가족 중 가장 유능하고 가능성 있는 사람에게 모든 재정적 역량을 집중하는 것이다. 가장 이상적인 것은 미래가 창창한 아이들이 그 혜택을 받고, 온 가족의 지원을 받으며 문제지 푸는 공부를 열심히 해서 성과를 내는 것이다. 하지만 현실에서 이런 아이들은 15~20% 정도밖에 되지 않는다.

그렇다면 대부분의 평범한 가정에서는 어떤 선택을 해야 할지 너무나 분명하다. 문제지 푸는 공부가 애매한 아이들이 있는 가정은 사교육이라는 밑 빠진 독에 물 붓기를 하기보다, 차라리 부모가 더 공부하고 노력해서 가족의 사업이나 자산을 일구는 게 더 현명할 수 있다.

노후를 위해 시작한 투자 공부

그 공부 중 하나가 내공 있는 투자 공부일 수도 있다. 초등교사로 일하며 아이도 키우던 C 선생님은 아이가 초등학교에 가면서 아이 뒷바라지를 위해 교직을 그만두었다. 이후 아이가 기숙사 고등학교에 간 후 시간에 여유가 있어 부동산 공부를 하고, 남편의 외벌이 수입을 아껴 틈틈이 투자를 실천했다. 아이는 원하는 대학에 가고 유학까지 갔다 왔지만, 결국 본인 전공 살리지 못하고 한국에 돌아와 결혼하고 육아에만 전념하고 있다. 반면 엄마는 그 사이에 매해 종합부동산세와 양도세를 걱정해야 하는 자산가가 되었다. 이 가정은 아이 교육과 자신의 투자 공부라는 두 갈래 전략을 썼는데, 결국 자녀 교육보다 투자의 열매가 더 컸다.

학군지 부동산 투자의 역발상

《학군지도》를 쓴 뒤로 부동산 쪽에 지인들이 많이 생기면서 2017~2022년 부동산 상승기에 부동산 공부를 통해 경제적 자유를 이루는 가정을 많이 만날 수 있었다. 서울 수도권에서 맞벌이하던 한 어머니는 어렵게 대출까지 받아 수도권에 집을 샀는데, 부동산 상승기에 본인 집만 오르지 않는 것이 이상했다. 그래서 그때부터 뜻이 맞는 주변 동료들과 함께 부동산 공부를 시작해서 자신도 좀 더 입지가 좋은 집으로 이사하고, 투자로도 상당한 수익을 냈다.

이렇게 열심히 공부하지 않아도 운이 맞아 필자의 책을 보고 한두 가지 실천하는 것만으로도 큰 경제적 이익을 얻은 분들도 보았다. 《학군지도》 출간 이후 처음으로 학군 강의를 한 곳이 하남 스타필드 문화센터였는데, 당시 하남 신도시에서 다자녀 특별 공급 분양을 받은 한 부부가 강의를 들으러 왔다. 당시 필자는 서울 수도권에서 비싼 전세나 대출 비용을 감당하며 사는 것보다, 아이들이 어렸을 때 집은 학군이 좋은 곳에 사두고 실거주는 좀 더 저렴한 외곽지역에 하면서 학군지에 투자하는 역발상을 해보라고 자주 강조했다. 이 부부는 함께 강의를 들었기에 마음을 맞춰, 필자가 말한 대로 하남의 분양 아파트는 전세를 주고 거주 비용이 저렴한 하남 외곽으로 이사했다. 그리고 그렇게 마련한 종잣돈으로 분당에 30평대 아파트, 대치동에 20평대 아파트를 한 채씩 사두었다. 당시 분당의 아파트는 전세를 끼고 5,000만~6,000만 원을 투자하면 살 수 있었고, 대치동의 20평대 아파트는 2억 5,000만 원 정도의 투자 자금이 필요했다. 이후 잘 알려진 대로 저금리 기조가 이어지며 서울 수도권 학군지 아파트는 큰 폭의 상승을 경험했다. 분당의 아파트는 6억 원에서 14억 원이 되었고, 대치동의 아파트는 8억 원에서 24억 원까지 갔다가 조정을 받고도 20억 원대를 유지하고 있다. 이렇게 운이 맞아 나에게 필요한 책을 보고, 하나만 제대로 실천해도 자신의 노후와 아이의 교육비를 해결할 수 있다는 것을 확인하는 순간이었다.

부동산 이외에도 필자가 말하는 방향대로 아이들 교육에 매달리기보다 본인이 공부하고 실천해서 의미 있는 결과를 만들어 내는 가정이 많이 있다. 아이 셋을 키우며 꾸준히 필자의 책을 읽고, 필자가 말한 대로 사교육비를 줄이고 인성 중심의 가정 교육에 중점을 두는 한 엄마는 최근 투자한 주식이 급등하며 큰 수익을 내고 있다. 이 가정은 아이가 셋이지만 사교육비를 거의 쓰지 않고 공교육만 시켰다.

대신 필자가 말한 대로 TV 없는 집에서 아이들을 심심하게 키우며 아이들과 함께 사자소학을 공부하고, 아이들이 어려서는 마음껏 놀게 하고 억지로 공부시키지 않았다.

남편의 외벌이 수입만으로도 근검절약하며 돈을 모아 2022년부터 이차 전지 관련주를 꾸준히 매수한 결과, 2023년 7월 현재 수백% 수익을 내고 있다. 아이 둘을 학교에 보내고 막내는 집에서 돌보며 틈틈이 믿을 만한 전문가의 유튜브 방송을 보고, 아이들이 잠들었을 때 이차 전지 관련 책을 보며 공부한 결과다. 물론 주식은 투자 가운데서도 좀 더 많은 공부가 필요하고 위험이 많은 자산이다. 하지만 C 선생님이나 위 엄마의 공통점은 아이 공부에만 모든 것을 걸지 않고, 본인이 나름대로 공부하고 투자 경험을 쌓아 나갔다는 것이다.

대부분의 평범한 가정에서는 자녀를 위한 사교육비 소비와 미래를 위한 투자 둘을 병행하기 힘들다. 그래서 전략적으로 판단하기 위해 공부머리 테스트와 같은 나름의 기준이 필요하다. 공부머리 테스트와 이 책에서 소개한 인지, 비인지 검사를 해보고 아이의 입시 역량을 냉정히 살펴, 입시로 가능성이 있는 아이라면 비싼 학군지에서 사교육에 올인 하는 모험을 해볼 수도 있다. 하지만 문제지 푸는 공부를 해서 상위 15~20%에 들 자신이 없는 가정이라면 과감하게 방향을 전환하고 온 가족이 힘을 모아, 앞의 사례처럼 가족의 사업이나 자산을 일구는 데 더 집중하는 것이 현명할 것이다.

틀 안에 답이 없다면, 틀 밖에서 찾자

아이에게 미래를 준비할 수 있도록 제대로 된 교육을 시켜주고 싶은데, 아이가 능력도 부족하고 도대체 꿈도 목표도 없다면, 이제 아이로 향하던 시선을 부모 자신에게 돌릴 필요가 있다. 초등 고학년이나 중·고등학교 때 이렇게 부모가 자기 삶에 바쁘면 아이들과 싸울 일도 줄어든다. '사춘기'니 '중2병'이니 하는 것도 우리 가정과는 거리가 먼 이야기가 될 수 있다. 그리고 그렇게 나는 나대로 열심히 살고, 아이들은 아이대로 열심히 살도록 자율성을 주면 아이들은 나름대로 자기 길을 찾아간다. 교육에 관심이 많은 부모가 계속 아이들만 바라보고 있으면 답이 나오지 않을 수 있다. 10년 이상 아이를 지켜봤는데 입시에서 답이 나올 것 같지 않다면, 이제 아이를 가르쳐서 뭔가를 해보겠다는 고정관념을 깰 필요가 있다.

"왜 애들만 공부하고, 애들만 대학에 가야 하지? 내가 공부해서 대학원도 가고 유학도 가면 안 되나?"

아이들을 위해 희생하고 헌신하느라 내 삶이 없어졌다는 부모들이 많다. 초등 고학년 정도까지 의식주를 챙겨 주며 건강하게 키웠다면 부모로서 기본 책무는 다한 셈이다. 중·고등학교는 이제 스스로 알아서 다니라고 하고, 나는 나의 인생을 만들어 가는 것이 오히려 아이들에게도 자극이 되고 자기들도 공부하겠다고 마음먹는 계기가 될 수 있다.

참고 문헌

■ 자녀 교육, 일반

EBS 제작팀, 《학교란 무엇인가 1, 2》, 중앙북스, 2011.

게리 채프먼, 《5가지 사랑의 언어》, 생명의 말씀사, 2010.

고리들(고영훈), 《인공지능 Vs. 인간지능 두뇌 사용설명서》, 행운출판사, 2015.

고리들(고영훈), 《인공지능과 미래인문학》, 행운출판사, 2017.

김난도 외, 《트렌드 코리아 2023》, 미래의창, 2022.

김수영, 《꿈을 요리하는 마법카페》, 꿈꾸는지구, 2019.

김영회 외, 《DISC 누구도 피할 수 없는 우리 행동의 4가지 특성》, 학이시습, 2012.

김용성, 《홈스쿨 대디》, 소나무, 2019.

김유라, 《아들 셋 엄마의 돈 되는 독서》, 차이정원, 2018.

김은정(카르페디엠), 《공부그릇과 회복탄력성》, 바이북스, 2022.

김주환, 《내면소통》, 인프루엔셜, 2023.

김주환, 《회복탄력성》, 위즈덤하우스, 2019.

김주환, 《그릿 GRIT》, 쌤앤파커스, 2013.

김지현, 《준규네 홈스쿨》, 진서원, 2019.

김혜경, 《하브루타 부모 수업》, 경향비피, 2017.

노태권, 《공부의 힘: 중졸 아들을 서울대에 합격시킨》, 21세기북스, 2014.

대니얼 카너먼, 《생각에 관한 생각》, 김영사, 2018.

데이비드 호킨스, 《의식혁명》, 판미동, 2011.

도널드 클리프턴, 톰 래스, 《위대한 나의 발견 강점혁명》, 청림출판, 2017.

마셜 로젠버그, 《비폭력대화》, 한국NVC 센터, 2017.

만프레드 스피처, 《디지털 치매》, 북로드, 2013.

매슈 워커, 《우리는 왜 잠을 자야 할까》, 열린책들, 2019. (원제 : Why We Sleep)

박왕근, 《수학이 안되는 머리는 없다》, 양문, 2014.

박규현 외, 《하늘에서 온 글, 한글 훈민정음의 글자 짓기에 따른 새 한글 지도안》, 수신제, 2017.

박재연, 《엄마의 말하기 연습》, 한빛라이프, 2018.

박혜란, 《다시 아이를 키운다면》, 나무를 심는 사람들, 2013.

박혜란, 《믿는 만큼 자라는 아이들》(개정 3판), 나무를 심는 사람들, 2013.

방종임, 《자녀교육 절대공식》, 위즈덤하우스, 2023.

보도 섀퍼, 《열두 살에 부자가 된 키라》, 을파소(21세기북스), 2014.

사교육걱정없는세상, 《아깝다 영어 헛고생》, 우리학교, 2014.

사교육걱정없는세상, 《아깝다 학원비》, 비아북, 2010.

서형숙, 《엄마학교》, 큰솔, 2006.

세이노, 《세이노의 가르침》, 데이원, 2023.

성유미, 《돈을 아는 아이는 꿈이 다르다》, 잇콘, 2020.

손주은 외, 《채용 대전환, 학벌 없는 시대가 온다》, 우리학교, 2022.

수 클리보드, 《나는 가해자의 엄마입니다》, 반비, 2016.

악동 뮤지션, 《목소리를 높여 high》, 마리북스, 2014.

엘리 홀저, 《하브루타란 무엇인가》, 디씩스코리아, 2019.

이범, 《이범의 교육 특강》, 다산에듀, 2009.

이성근, 주세희, 《오늘 행복해야 내일 더 행복한 아이가 된다》, 마리북스, 2014.

이승욱 등, 《대한민국 부모》, 문학동네, 2012.

이요셉, 《머니패턴》, 비즈니스북스, 2018.

이임숙, 《엄마의 말공부》, 카시오페아, 2015.

이지안, 《초보 엄마 심리학》, 글항아리, 2019.

장주영, 《기획자의 경험》, 바이북스, 2020.

전성수, 《부모라면 유대인처럼 하브루타로 교육하라》, 예담프렌드, 2012.

전은주, 《웰컴투 그림책 육아》, 북하우스, 2015.

전혜성 《섬기는 부모가 자녀를 큰 사람으로 키운다》, 랜덤하우스, 2006.

전혜성 《엘리트보다 사람이 되어라》(개정판), 중앙북스, 2009.

전혜성, 《생의 목적을 아는 아이가 큰 사람으로 자란다》, 센추리원, 2012.

정선주, 《학력파괴자들》, 프롬북스, 2015.

정재영, 《왜 아이에게 그런 말을 했을까》, 웨일북, 2019.

정현숙, 《공교육 천국 네덜란드》, 한울, 2019.

조엘 펄먼, 《아이를 변화시키는 두뇌음식》, 이아소, 2008.

존 가트맨, 최성애, 조벽 《내 아이를 위한 감정코칭》, 한국경제신문사, 2011.

최광현, 《가족의 두 얼굴》, 부키, 2012.

최승필, 《공부머리 독서법》, 책구루, 2018.

최원일, 《한 권으로 끝내는 초등 독서법》, 라온북, 2017.

최하진, 《파인애플 공부법》, 나무&가지, 2023..

최하진, 《세븐파워교육》, 나무&가지, 2019.

최하진, 《자녀를 빛나게 하는 디톡스교육》, 나무&가지, 2017.

켄 블랜차드, 《춤추는 고래의 실천》, 청림출판, 2009.

토드 로즈, 《평균의 종말》, 21세기북스, 2018.

하워드 가드너, 《다중지능》, 웅진지식하우스, 2007.

학교란 무엇인가 제작팀, 《학교란 무엇인가》, 중앙북스, 2011.

■ **저자의 다른 서적**

심정섭, 《스무 살 넘어 다시 하는 영어》, 명진출판, 2011.

심정섭, 정환욱 역, 메리 몽간 저, 《히프노버딩》, 샨티, 2012.

심정섭, 《강남에서 서울대 많이 보내는 진짜 이유》, 나무의 철학, 2014.

심정섭, 《질문이 있는 식탁, 유대인 교육의 비밀》, 예담프렌드, 2016.

심정섭, 《심정섭의 학군상담소》, 진서원, 2020(전자책).

심정섭, 《1% 유대인의 생각훈련》, 매경출판, 2018.

심정섭, 《심정섭의 대한민국 입시지도》, 진서원, 2019.

심정섭, 《공부보다 공부그릇》, 더디퍼런스, 2020.

심정섭, 《학력은 가정에서 자란다》, 진서원, 2020.

심정섭, 《언스쿨링 가족여행》, 더디퍼런스, 2021.

심정섭, 《탈무드식 역사토론》(역사하브루타 개정판), 더디퍼런스, 2023.

심정섭, 《심정섭의 대한민국 학군지도》(전면 개정판), 진서원, 2023.

■ **미디어 및 인터넷 자료**

네이버 블로그, 심정섭의 학군과 교육 blog.naver.com/jonathanshim

네이버 카페, 더나음 연구소 cafe.naver.com/birthculture

네이버 카페, 월급쟁이 부자들 cafe.naver.com/wecando7(학군, 교육 칼럼)
다음 카페, 맞벌이 부부 10년 10억 만들기 cafe.daum.net/10in10(사교육비 경감 칼럼)

■ 유튜브 채널 및 영상

심정섭 TV www.youtube.com/channel/UC7cZrVYmD8L9vvOmBDZV1kA
김주환의 내면소통 www.youtube.com/@joohankim
EBS 육아 학교 출연 영상 《유대인에게 배우는 밥상머리 교육법》(2016.4.1. 방송)
www.youtube.com/watch?v=pCS5pys39Xk&t=2602s
심정섭 TV: 입시와 학군의 의미_학군과 사교육을 고민하기 전에 꼭 알아야 할 입시 현실
www.youtube.com/watch?v=jWx-MV5pAEQ&t=9s
손주은 회장, 월급쟁이 부자들 TV 인터뷰: 아직도 대치동? 학벌이 중요한 시대는 끝났다
www.youtube.com/watch?v=atehEXhk6T4&t=829s
심정섭 TV: 공부그릇 키우기와 동기부여라는 환상_공부머리 테스트
www.youtube.com/watch?v=SW68avqud7Y

■ 교육, 입시 관련 유튜브 채널

교육대기자 TV www.youtube.com/watch?v=pPZ73lmDhl4
스터디코드 www.youtube.com/watch?v=5OR1lmvnZfA
입시왕 www.youtube.com/watch?v=lu2SlECjYXl
피기맘 www.youtube.com/watch?v=Bo7acJRBoVc

■ 저자 출연 유튜브 채널

월급쟁이 부자들 www.youtube.com/@weolbu_official
다독다독 www.youtube.com/@dadokbooktalk
매부리TV www.youtube.com/@maeburitv
웅달책방 www.youtube.com/@woong-dal

특별부록

공부머리 발견을 위한
6가지 도구 결과지 샘플

1 공부머리 테스트 결과 기록지

공부머리 테스트 결과 작성 예

일시	과목/내용	시험환경(점수)	오픈북(점수)	비고
22.12.30	중2 국어/1학기 중간고사	70점	90점	성취도 A
22.12.30	중2 수학/1학기 중간고사	60점	80점	성취도 B
23.03.05	중3 영어/1학기 중간고사	76점	92점	성취도 A
23.04.01	중3 국어/1학기 중간고사	80점	98점	성취도 A

*비고: 성취도나 결과 표시, 시험 범위 등 기록.

공부머리 테스트 결과

일시	과목/내용	시험환경(점수)	오픈북(점수)	비고

다중지능 검사 결과 작성 예   일시: 2022.11.10

구분	내용	비고
강점지능(상위 4)	언어(84), 공간(69), 수리·논리(61), 자기성찰(60)	
약점지능(하위 4)	음악(6), 예술시각(12), 손재능(18), 신체운동(19)	
추천진로	(1) 언어: 기자, 변호사, 통역사 (2) 공간: 조종사, 건축가, 무대감독 (3) 수리·논리: 회계사, 애널리스트, 변리사	
본인희망진로	외교관, 국제 관계 전문가	
강점강화 실천 계획 (다음 학기, 다음 해)	(1) 소설 등 관심 주제 글이나 책 더 읽기 (2) 수능 언어 영역 문제 틈틈이 풀어 보기 (3) 내 수준에 맞는 수학 동영상 강의 찾아보기	

수능 대비력 검토 (중·고생 이상)	구분	영역 1	영역 2	영역 3
	수능 국어/영어 관련 지능 점검	언어 (84)	수리·논리 (61)	대인관계 (36)
	수능 수학 관련 지능 점검	공간지각 (69)	수리·논리 (61)	창의력 (41)
	*평어: 어느 정도 노력한 만큼 수능 등급이 나올 것으로 판단됨.			

다중지능 검사 결과   일시:

구분	내용	비고
강점지능(상위 4)		
약점지능(하위 4)		
추천진로	(1) (2) (3)	
본인희망진로		
강점강화 실천 계획 (다음 학기, 다음 해)	(1) (2) (3)	

수능 대비력 검토 (중·고생 이상)	구분	영역 1	영역 2	영역 3
	수능 국어/영어 관련 지능 점검	언어 ( )	수리·논리 ( )	대인관계 ( )
	수능 수학 관련 지능 점검	공간지각 ( )	수리·논리 ( )	창의력 ( )
	*평어:			

3 회복탄력성 검사 기록지

회복탄력성 검사 결과 작성 예   일시: 2022.11.10

구분	점수	평균	평어	비고
총점	179	195	하 – 나약파	
자기 조절력	61	63	노력 필요	
대인관계력	66	80	노력 필요	
긍정성	52	63	반드시 노력	
자기 조절력 낮은 문항(2~3)	1번 어려움에서 감정 통제가 잘 안 된다. 4번 집중할 일에서 스트레스를 받는다.			
대인관계력 낮은 문항(2~3)	2,8번 상대의 행동을 이해하기 힘들다. 36번 마음을 터놓을 친구가 거의 없다.			
긍정성 낮은 문항(2~3)	45번 나는 내 삶에 만족이 안된다. 47번 다시 태어나면 현재와 같은 삶을 살기 싫다.			
* 총점 평어: '상–인재파, 중–노력파, 하–나약파'로 기록 * 개별 영역 평어: Great, 양호, 노력 필요, 반드시 노력 * 낮은 문항 기술: 점수가 1~2점으로 낮게 나온 대표적인 문항 번호 내용을 요약해서 기술				

회복탄력성 검사 결과   일시:

구분	점수	평균	평어	비고
총점				
자기 조절력				
대인관계력				
긍정성				
자기 조절력 낮은 문항(2~3)				
대인관계력 낮은 문항(2~3)				
긍정성 낮은 문항(2~3)				

* 총점 평어: '상-인재피, 중-노력파, 하-나약파'로 기록
* 개별 영역 평어: Great, 양호, 노력 필요, 반드시 노력
* 낮은 문항 기술: 점수가 1~2점으로 낮게 나온 대표적인 문항 번호 내용을 요약해서
  기술

DiSC 검사 결과 작성 예   일시:

DiSC 결과 값	구분	값	결과
	최고	7	D
	다음	6	C
	그다음	2	i
	최저	1	S

* DiSC 정식 검사지 및 Excel 자동 서식 결과를 최고치 순서로 기록

진로, 적성 활용	(1) 창의적이고 개척적인 진로 개척 (2) 이론적인 학문보다 실용적인 학문, 진로 선택
공부법 활용	(1) 자기 결정성 강화 (2) 너무 독창적으로 생각해서 틀리는 문제 없도록 주의
소통, 관계 적용	(1) 운동, 취미 등을 통한 스트레스 해소 방법 마련 (2) 마음을 터놓고 이야기할 수 있는 스승이나 친구 필요

* 성향 및 진로 유형 참고 자료
(1) 주도형(D): 개발자(D), 결과지향성(Di), 직감형(DI), 창의형(DC)
(2) 사교형(I): 촉진자형(id), 설득자형(ID), 상담자형(IS), 평가자형(Ic)
(3) 안정형(S): 전문가형(Sc), 성취자형(Sd), 중계자형(SI), 조사관형(Scd)
(4) 신중형(C): 객관적 사고자(C), 완벽주의형(CS), 실행가형(CIs)
DiSC의 대·소문자는 강도를 표시함. 대문자는 강함, 소문자는 중간.

DiSC 검사 결과   일시:

DiSC 결과 값	구분	값	결과
	최고		
	다음		
	그다음		
	최저		

* DiSC 정식 검사지 및 Excel 자동 서식 결과를 최고치 순서로 기록

진로, 적성 활용	(1) (2)
공부법 활용	(1) (2)
소통, 관계 적용	(1) (2)

* 성향 및 진로 유형 참고 자료
(1) 주도형(D): 개발자(D), 결과지향성(Di), 직감형(DI), 창의형(DC)
(2) 사교형(I): 촉진자형(id), 설득자형(ID), 상담자형(IS), 평가자형(Ic)
(3) 안정형(S): 전문가형(Sc), 성취자형(Sd), 중계자형(SI), 조사관형(Scd)
(4) 신중형(C): 객관적 사고자(C), 완벽주의형(CS), 실행가형(CIs)
DiSC의 대·소문자는 강도를 표시함. 대문자는 강함, 소문자는 중간.

5 자기 가치 확인 글쓰기

자기 가치 확인 글쓰기 작성 예

일시	
가치	나에게 가장 중요한 가치는 하루하루 성실히 최선을 다하는 것이다.
이유	하루하루 주어진 상황에서 최선을 다하다 보면 좋은 기회가 찾아오고, 좋은 사람을 만나게 되어 내가 꿈꾸는 것을 이룰 수 있기 때문이다.
실천	이 가치를 실현하기 위해 나는 새벽 5시에 일어나서 아침에 나를 돌아보는 공부를 하고, 저녁에 자기 전에 감사 일기를 쓰고 자는 훈련을 하고 있으며, 앞으로도 계속해 나갈 것이다.

* 가치의 예: 건강, 가족, 행복, 자아실현, 성공, 돈 벌기, 원하는 학교 가기, 사랑 등등.

자기 가치 확인 글쓰기

일시	
가치	나에게 가장 중요한 가치는 _____이다.
이유	
실천	

6 공부 목표와 현재 순수 공부 시간 기록지

공부 목표와 현재 순수 공부 시간 기록 작성 예

일시	공부 목표	가용시간	순수 공부시간	비율	비고
1월 3일(금)	Top 3 대학 or 과고 진학	6시간	3시간	50%	게임, 유튜브 2시간 사용
1월 4일(토)	Top 3 대학 or 과고 진학	12시간	6시간	50%	운동, 유튜브 4시간 사용

* 최소 월~금 1회 이상, 토~일(공휴일) 1회 이상 기록.
* 가용 시간: 수면, 학교 수업, 학원 수업 등의 필수 시간을 빼고 순수하게 내 마음대로 쓸 수 있는 시간(이동 시간 같은 자투리 시간을 활용해 공부할 수 있으면 이 시간도 포함).

공부 목표와 현재 순수 공부 시간 기록

일시	공부 목표	가용시간	순수 공부시간	비율	비고

공부머리의 발견

1판 1쇄 발행 2023년 8월 25일
1판 3쇄 발행 2024년 1월 25일

지은이   심정섭
펴낸곳   거인의 정원
출판등록   제2023-000080호(2023년 3월 3일)
주소   서울특별시 강남구 영동대로602, 6층 P257호
이메일   lee@giants-garden.com